西南大学教育学部
现代教育文库

德育科学化初探

张正江 著

人民出版社

图书在版编目（CIP）数据

德育科学化初探／张正江 著. — 北京：人民出版社，2017

ISBN 978-7-01-018717-4

Ⅰ. ①德… Ⅱ. ①张… Ⅲ. ①德育－教学研究 Ⅳ. ①G41

中国版本图书馆CIP数据核字(2017)第318837号

德育科学化初探
DEYU KEXUEHUA CHUTAN

著 者：张正江
责任编辑：阮宏波 韩 悦
出版发行：人 民 出 版 社
地 址：北京市东城区隆福寺街99号
邮政编码：100706
印 刷：廊坊市海涛印刷有限公司
版 次：2018年6月 第1版
印 次：2018年6月 河北第1次印刷
开 本：710毫米×1000毫米 1/16
印 张：23.75
字 数：315千字
书 号：ISBN 978-7-01-018717-4
定 价：68.00元
销售中心：(010) 65250042 65289539

目　　录

第六篇　德育实施论

绪　论

众所周知，我国教育学的科学性不够高。同样，德育学的科学性也不高。首先，体现在研究者们还没有意识到人性问题对于德育学的重要性，许多德育学教材没有专门探讨人性问题。即便有探讨者，也探讨得不深。其次，研究者们不重视道德问题，许多德育学教材基本上没有探讨道德的起源、本质、规律等问题。也就是说，我们是在既不认识德育对象（人）的人性、也不认识德育的内容（道德）的基本理论问题等的基础上，就要求培养学生具有各种品德。第三，德育学的学科体系缺乏逻辑性，内容的编排随意性很大。第四，小学、中学、大学的德育内容随意性很大，变化性很大。

德育学的科学性低，还表现在许多方面，诸如：在美德教育（品德教育）中，没有专门而深入地阐述为什么要培养学生具有美德（品德）、究竟要培养哪些美德等；在德育的内涵与外延问题上，众说纷纭，莫衷一是；对于儿童读经问题，德育学之外的人们议论纷纷，德育学界则基本上保持沉默，不敢进行专业性论争；在思想政治教育领域，科学性重视不够，思想性、政治性过重……

本书要研究解决的重点问题是：**如何道德和人道地教道德、科学和专业地教道德、教科学和人道的道德。**

本书研究德育的科学性，是从以下几方面入手的：第一，探讨德育的对象。德育对象是人，所以首先应探讨人与其他动物的关系，弄清楚人的本性。第二，探讨道德的起源、本质、规律。德育是教道德的，那么道德究竟是什么？不知道的东西，如何去教给学生？第三，探讨个体（学生）道德发展的规律。以上三方面是重点。在此基础上，探讨德育目的、德育功能、德育过程与方法等的科学性。当然，本书只是一个初探。

德育学的科学性很低，后果是严重的。突出的表现就是德育的随意性很大，德育实践很混乱。结果是：在学生的思想道德与精神发展过程中，学校德育的影响作用很小，尤其是专门的德育课教学对学生的道德发展影响作用很小。学生思想道德的发展，客观上确实受社会环境和家庭环境影响巨大。但是这种状况并非不可改变。如果学校德育的科学性、专业性很高，情况或许不是现在的样子。此外，现在这样的德育，如果对学生发生作用，那么所培养的可能是盲目的道德，或者是"知其然而不知其所以然"的道德。

德育学的科学化，不仅是德育实践的需要，也是德育学这门学科自身发展的需要。

德育学要走向科学化，首要问题是确定德育学的研究领域、范围。其次，德育学的研究方法也非常重要。

一、德育是什么

什么叫"德育"？"德育"是什么？"德育"与"道德教育""思想政治教育""价值教育""马克思主义教育"等之间是什么关系？德育对学生思想道德等方面的影响作用究竟能够达到多大？能够实现把学生培养成为道德高尚的人吗？如果实现了，结果将是怎样？我们先来谈谈这些问题。

在我国当今的社会，"德育"的内涵与外延是一个很有争议的问题。研究者们提出了各种有相当见地、真理性比较高的观点，但是，都还没有最终解决问题。

"德育"，显然就是在"德"方面的教育。因此还是得从"德"说起。在一般人看来，"德"就是"道德"的简称。那么，何谓"道德"？此时，我们就不能局限于从《现代汉语词典》等工具书中去理解道德，否则就肤浅、狭隘了。

在我国古代，"道德"不是一个词，而是"道"和"德"两个词。古代的两个词在现代变成一个词的现象很普遍，如"妻子"、"知道"、"教育"、"聪明"、"中庸"、"矛盾"等，这些在古代往往是并列词组，而非一个词。

"道"，在我国古代包括"天道"和"人道"。天道主要是指世界观。"人道"之"人"，往往不只是指个人，还包括"人类"。"人道"不只是指个人之"道"（人生理想、人生道路等），还包括个人要去实现的人类社会之"道"（理想社会、理想政治、理想国家等）。我国古代的"人道"观念并不完全同于西方的"人道"观念。可见，比完整地理解"人道"应包含三方面的意思：一是个人之道，主要指个人的人生观、价值观、理想、信念、追求等，可以简称"人道"；二是社会之道，主要指理想社会、理想政治等，可以简称"世道"；三是我们常见的"人道主义"、"革命的人道主义"等含义中的"人道"。这主要是指要把人当人看，要尊重人，尊重人的独立性、人格、尊严，等等。这是含义丰富的人道主义中的其中一个含义，可以称为狭义的人道主义。本书简称"人道主义"。"把人当人看"，不仅指要把他人当人看，同时也指要把自己当人看，要自尊、独立、维护自己的人格尊严等等。几乎所有合理的道德，无论是公德还是私德，基本上都可以从"把人当人看"中推演出来。或者说，"德"可以从"道"甚至是"人道主义"中推演出来。

"人道主义"在德育中有两个位置：一是可以成为"公德"（或"人德"）的一部分内容，即人道主义教育、人权教育；二是要求在德育活动中尊重人，尊重教师和学生，尤其是要尊重学生，把学生当人看，尊重学生的独立人格、尊严，尊重学生对自己人生道路与人生方向等的决定权，等等。不要借道德之名行侵犯他人权利之实。

"德"，一般认为包含"公德"和"私德"。公德，通常指公共道德，在公共场所应遵守的道德。私德，指在私人生活上所表现的道德品质。这样的划分似乎难以涵盖所有的道德。例如家庭道德，如何对待家庭成员的道德，似乎既不属于公德，也不属于私德。因为家庭不属于公共场所，所以家庭道德不属于公德。家庭道德是如何对待家庭其他成员的道德，不是个人如何对待自己的道德，所以似乎不是私德。于是，我们认为把"德"区分为"我德"（或"己德"）与"他德"（或"人德"似乎更正确一些。己德是人如何对待自己的道德，如认真、踏实、一丝不苟、细致、勤奋、自信、刻苦、耐心、节制、节俭等（严格说来，这些属于个性心理品质，不属于道德品质，因为根据现代道德的概念，道德根本上是指如何对待他人与群体的）。

人德是如何对待他人、群体等的道德，如大方、慷慨、诚实、正直（正派、公正、正义）、同情、爱心（热爱父母、热爱老师、热爱集体、热爱祖国、热爱中国共产党、热爱社会主义）、勇敢、尊重他人、自觉排队、遵纪守法、遵守社会秩序、宽容、平等、民主等。

根据以上分析，道德的外延如下：

道德	道	天道		世界观
		世道		理想社会、理想政治
		人道	个人之道	人生观、价值观、理想、信念、追求
			他人之道	尊重、平等、自由
	德	我德		独立、自尊、自信、自由、勤奋、严谨……
		他德		爱心、公正、遵守规则……

根据以上分析，当今我国德育中的辩证唯物主义可以归入天道的范

围，历史唯物主义和科学社会主义可以归入世道的范围，毛泽东思想、邓小平理论等也可以归入世道的范围。其他内容同样可以纳入以上框架之中。同时，还应注重革命人道主义教育和社会主义人权教育。此外，我国古代的一些优秀的、积极的天道观、世道观、人道观方面的内容也应纳入进来，如《道德经》、《论语》、《孟子》、《大学》、《中庸》等。

总之，可以把"德育"当作"道德教育"的简称，但是这里的"道德"需要重新理解。"道德"包括"道"和"德"。所以，道德教育包括道的教育和德的教育。

二、德育的可能性

网络上流传着这样的话："世界上最难的两件事情是：第一，把别人的钱装入自己的口袋里；第二，把自己的思想装入别人的脑袋里。前者成功了叫老板，后者成功了叫老师。"

做老师难，做德育老师更难。难在哪里？不仅要把学生培养成有道德的人，首先自己要成为一个有道德的人。否则，你有什么资格去教学生？你凭什么去教学生？

德育似乎注定是一项不可能完全成功的事业。我们似乎不可能把所有学生培养成有完全道德的人、道德高尚的人。因为，如果德育完全成功了，这样的结果将是怎样？这个世界会怎么样？是儒家的大同社会吗？

李汝珍《镜花缘》中君子国里的尴尬

第十回、第十一回摘选

不多几日，到了君子国，将船泊岸。林之洋上去卖货。唐敖因素闻君子国好让不争，想来必是礼乐之邦，所以约了多九公上岸，要去瞻仰。走了数里，离城不远，只见城门上写着"惟善为宝"四个大字。

话说唐、多二人把匾看了，随即进城。多九公道："据老夫看来，他这国名以及'好让不争'四字，大约都是邻邦替他取的。刚才我们一路看来，那些'耕者让畔，行者让路'光景，已是不争之意。而且士庶人等，无论富贵贫贱，举止言谈，莫不恭而有礼，也不愧'君子'二字。"

说话间，来到闹市。只见有一隶卒在那里买物，手中拿着货物道："老兄如此高货，却讨恁般贱价，教小弟买去，如何能安心！务求将价加增，方好遵教。若再过谦，那是有意不肯赏光交易了。"只听卖货人答道："既承照顾，敢不仰体！但适才妄讨大价，已觉厚颜；不意老兄反说货高价贱，岂不更教小弟惭愧？况敝货并非'言无二价'，其中颇有虚头。俗云：'漫天要价，就地还钱'。今老兄不但不减，反要加增，如此克己，只好请到别家交易，小弟实难遵命。"只听隶卒又说道："老兄以高货讨贱价，反说小弟克己，岂不失了'忠恕之道'？凡事总要彼此无欺，方为公允。试问那个腹中无算盘，小弟又安能受人之愚哩。"谈之许久，卖货人执意不增。隶卒赌气，照数付价，拿了一半货物，刚要举步，卖货人那里肯依，只说"价多货少"，拦住不放。路旁走过两个老翁，作好作歹，从公评定，令隶卒照价拿了八折货物，这才交易而去。

唐、多二人不觉暗暗点头。走未数步，市中有个小军，也在那里买物。小军道："刚才请教贵价若干，老兄执意客教，命我酌量付给。及至尊命付价，老兄又怪过多。其实小弟所付业已刻减。若说过多，不独太偏，竟是'违心之论'了。"卖货人道："小弟不敢言价，听兄自讨者，因敝货既欠新鲜，而且平常，不如别家之美。若论价值，只照老兄所付减半，已属过分，何敢谬领大价。"只听小军又道："老兄说那里话来！弟以高货只取半价，不但欺人过甚，亦失公平交易之道了。"卖货人道："老兄如真心照顾，只照前价减半，最为公平。若说价少，小弟也不敢辩，惟有请向别处再把价钱谈谈，才知我家并非相欺哩。"小军说之至再，见他执意不卖，只得照前减半付价，将货略略选择，拿了就走。卖货人忙拦住道："老兄为何只将下等货物选去？难道留下好的给小弟自用么？我看老兄如此讨巧，就是走遍天下，也难交易成功的。"小军发急道："小弟因老兄定要减价，只得委曲认命，略将次等货物拿去，于心庶可稍安。不意老兄又要责备，且小弟所买之物，必须次等，方能合用，至于上等，虽承美意，其实倒不适用了。"卖货人道："老兄既要低货方能合用，这也不妨。但低货自有低价，何能付大价而买丑货呢？"小军听了，也不答言，拿了货物，只管要走。那过路人看见，都说小军欺人不公。小军难违众论，只得将上等货物，下等货物，各携一半而去。……

实际上，像君子国这样一个人人道德高尚的社会是很难实现的。但是，社会还是需要德育。为什么？实际上，许多事情并没有绝对的成功和绝对的失败。所以，我们要打破极性思维。极性思维就是非此即彼的思维，如把人分为好人、坏人，分为有道德的人和无道德的人；把做一件事情的结果分为要么成功、要么失败。例如：或者认为新课程改革失败了，或者认为成功了。与此相对的是量性思维，认识到事物是存在程度的差异的。例如：许多事情没有百分之百的成功，也没有百分之百的失败；许多人并非绝对的坏人或好人。

所以，德育不能培养出完全有道德的人，但是能够培养出有一些道德的人。学生接受德育之后，不能成为完全有道德的人，但是比不接受德育来说，要多一点道德。即：德育能够推动人从"无道德"向着"有道德"的方向前进一段距离。

也就是说，德育没有完全的作用，但是有一些作用。

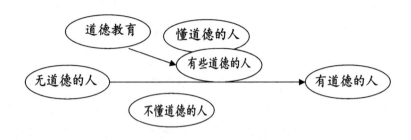

图1 道德教育与人的道德之间的关系

　　一个人，没有接受道德教育，并不等于说他就是一个没有道德的人。这是我们需要注意的。看图1，一个没有接受道德教育的人，他并不是处于最左端，而还是处于中间某一处。但是接受道德教育之后，他能够前进一点。

　　也就是说，一个人没有接受道德教育，他也有一些道德。此外，科学的、专业的德育，其基本任务应在于培养学生掌握道德真知、道德真理，成为真正懂道德的人。与此相反的是不懂道德的人。两类人在图1中的位置表明：懂道德的人是站立的人、是挺立的人，是在道德领域获得解放与自由的人，进入道德自由王国的人；不懂道德的人是道德盲人、道德文盲，在道德领域是趴着的人，是处于道德必然王国的人，受道德客观必然性束缚的人。

三、德育研究的解释学方法论①

　　道德、教育、人性等问题，属于人类社会的问题，是人们生活领域的问题，不在生活之外，因此最适合用解释学的方法来研究。那么，解

——————————

① 本部分主要参考了［美］肖恩·加拉格尔：《解释学与教育》，张光陆译，华东师范大学出版社2009年版。

释学的方法是什么？它是针对什么方法而言的？

（一）解释与理解问题的提出

请看这首非常熟悉的诗：

题西林壁

苏轼

横看成岭侧成峰，远近高低各不同。

不识庐山真面目，只缘身在此山中。

庐山的形状、轮廓、高低起伏、走向等等，在庐山之内是看不清楚的，必须在庐山之外才能够看清楚。正所谓当局者迷，旁观者清。问题是：庐山的内部情况呢？庐山的土壤、植被、地质结构等里面的情况，在庐山之外看得见吗？显然看不见。只有进入庐山里面去，才能够看清楚。

可见，要完整地把握庐山，既要在庐山之外，又要在庐山之内。总之，要全面、完整地认识、理解和把握一个事物，需要从两个立场交替进行：

（1）身在这个事物之外，在庐山之外认识庐山。但只能认识这个事物的外表、轮廓、表面性质，难以认识事物的内部情况，尤其难以把握事物与人类生活的关系。

（2）身在这个事物之内。不入虎穴，焉得虎子！外行看热闹，内行看门道。要把握一个事物的本质、实质、内部情况，必须打入内部去。

为了区分这两种不同的认识和把握事物的方式，学界通常把在事物之外认识这个事物，叫"认识"；在事物之内认识或把握这个事物，叫"理解"或"解释"。认识发展的高级形式就是科学认识，或者哲学认识论；理解发展的高级形式就是哲学解释学，简称解释学。

（二）认识与理解的关系

1. 认识与理解的区别

（1）对象上的区别：认识的对象是在我们身外的事物，是我们难以接近、即使接近了也难以进入其内部的事物，如日月星辰、声光电、动物植物等。理解的对象是我们处于其中的事物或事情，如爱情、友谊、人生、命运、文化、历史、社会等。

（2）方法上的区别：认识、科学认知的方法或过程一般是：观察、测量、调查、实验、统计分析、分类、归纳、概括、演绎、逻辑推理、抽象等。解释和理解是以语言、对话、交往等进行的，实质上是以我们的生命去体验、感受、感悟。

（3）认识者（解释者）与对象的关系：在认识中，认识者与认识对象之间的关系是：认识者在认识对象之外，二者之间有一段距离。认识者不带感情色彩，是客观的、价值中立的，不参与、不进入对象之中去。认识对象是外在的、陌生的、异己的。在解释和理解中，理解者通过移情、设身处地等方式进入理解对象之中，带着自己的感情色彩、生活经历、思想观念等去与被理解者进行"视域融合"。

（4）目的：认识的目的是把握事物的性质、本质、特征、规律等，获得真理。理解的目的不只在于把握事物的含义、真相，更在于把握人类与世界的关系，理解生活与人生的意义、真谛。

（5）学科性质不同：认识属于哲学认识论范畴，理解属于本体论、存在论范畴。正因为如此，在认识的时候是主、客分离的，而在理解的时候是没有主、客之分的。理解根本上不是认识的一种方式，而是人的存在方式，人的存在是理解性的。在承认解释和理解本质上属于存在论的范畴的前提下，我们还是可以把理解和解释当作一种特殊的"认识论"。因为毕竟理解和解释是我们把握世界的一种方式，一种与认识论截然不同的方式。二者既然能够构成一对范畴，那么它们就属于同一层面的东西。因此，理解和解释既是存在论的范畴，又是特殊的认识论、方法论，还是一种具体的方法。

2. 认识与理解的联系

认识与理解是人类认识和掌握世界的两种根本的方式。二者之间不是对立、相互排斥的关系，而是互补的关系。人类认识和把握世界的过程是：

（1）每个人刚降生到这个世界上之时，他（她）对世界一无所知，世界对他（她）充满陌生感、异己性。他（她）对世界没有任何经验，他（她）头脑里可以说是一片空白。世界在他（她）之外，与他（她）之间具有一段距离。所以这时还不能进行理解，只能通过感知觉来认识世界。于是经验开始积累。

（2）随着经验的增加，他（她）开始熟悉周围的世界。周围世界的陌生感与异己性逐渐消失，周围世界与他（她）的距离越来越小，他（她）慢慢地融入了这个世界，他（她）开始理解周围的世界了。

（3）理解又是进一步认识的基础。感性经验的积累，生活经验的丰富，为他（她）进一步认识世界奠定了基础。例如：进入小学一年级的学生，如果有关数、数量的经验很丰富，那么学习数学就很容易，反之则困难。

总之，认识是理解的基础，理解是认识的高级形式。外在于客观事物的认识者，通过认识而一步步走近事物，事物对认识者越来越熟悉，陌生感、异己性逐渐消失，最后，认识者进入了事物，就开始理解了。

认识不等于理解，认识只是半理解。认识的东西有待理解。请比较这两句话："我认识刘德华"，"我了解刘德华"。"认识刘德华"，只是知道哪个人是刘德华，认识的是这个人的外表、轮廓、形象等，但是并不了解他的为人、人品、思想观念等内在的东西。"了解刘德华"，是对他的为人、人品、人生、事业等有一些把握。可见，认识只是"一知半解"。认识有待理解，而理解又为进一步深入认识奠定了基础。人类把握世界的过程就是：认识→理解→认识→理解……这样，人们对世界和人类自己的认识与理解就越来越深，越来越广。

自然科学的研究，并非只能采用认识的方法。当自然科学的研究接近事物、进入事物的时候，就开始理解了。例如：苯环结构的发现、元素周期表的发现等，就是认识进入到理解的阶段而实现的。

（三）解释学的思想流派

1．从解释的对象看（解释什么）

（1）**文本解释学**：就是研究如何理解、解释文本（或称"本文"，包括字、词、句、篇等）的学问。

（2）**普遍解释学**：人们常说，一个人就是一本书，生活是一本书，社会是一本书，世界是一本书。如何阅读、理解这些书？普遍解释学就是研究如何理解人生、社会、生活、历史、人类命运这些大"书"的学问。

2．从解释的任务与目的看（为了什么，为什么要解释）

（1）**规范解释学**：属于传统的解释学，把解释学定义为一种技艺，一种解释的方法、程序、规范，提供如何解释的规定，具体研究如何进行解释，强调的是"How"。如德国的施莱尔马赫、狄尔泰等。

（2）**哲学解释学**：是研究解释与理解的本质，理解发生的条件、可能性及受到的限制，研究解释与理解是如何运行的、规律性。研究的是"What"。二者的区别就像科学与技术的区别：科学研究世界是什么，技术研究如何、怎样。

3．从理论倾向、观点看

（1）**激进解释学（主观解释学、解构主义解释学、后现代解释学）**：认为文本和作者的意义、意图是不能获得的，文本甚至原本根本就没有确切的意义，"作者死了！"解释就是摆脱语言的限制而创造新的理解。"一千个读者，就有一千个哈姆雷特"，读者"误读"作品是一种常见的文学现象。认为解释、理解、阅读是一种游戏，是与文本中的文字一起游戏、跳舞，而不是发现文本中的意义、真理。

（2）**客观解释学（保守解释学）**：认为文本的作者有明确的写作意图，文本表达的意思（意义）与作者的意图是一致的、客观的、确定的，解释就是通过种种方法，脱离解释者的偏见、历史时代性等，把文本的意义即作者的意图原原本本地解释出来。解释是再现，是客观的、中立的。

（3）**中庸解释学（主、客观之间）**，代表人物如伽达默尔等，认为解释既不能获得完全的意义，也不会一无所获；解释既不是纯粹的再现，不是完全客观的解释，也不是纯粹的主观任意性的解释与发挥，解释介于再现与创造之间、主观与客观之间，解释不能走向任一极端。解释不是单向的获得、接受、拿来，解释者的偏见、传统会影响你拿到什么、拿到多少。

（4）**批判解释学**：认为政治权力、经济剥削、意识形态的控制等限制了我们的理解，解释就是要通过批判性反思、对话等洞察虚假意识，揭露我们的信仰之中的意识形态本质，达到没有扭曲的交流和解放。

（四）解释学的基本理论要点

1. 解释学循环

所有的理解与解释都不是直线进行的，而是循环进行的。正是在这一循环过程中，解释者对意义、真理的理解越来越多、越来越深。不同的解释学流派对解释学循环的描述是不一样的。主要有：

（1）古典解释学循环：要理解一个文本的整体意义，首先需要理解该文本每一部分的意义；而要理解一个文本某一部分的意义，又需要理解该文本的整体意义（根据上、下文来猜测某一部分的意思）。即对部分的理解依赖于对整体的理解，而对整体的理解又依赖于对各部分的理解。由此构成一个循环结构。

部分与整体是相对的，不是绝对的。一个单词是部分，一句话是整体；而对一段话来说，一句话又是部分，一段话是整体；对一章、一节来说，一段话是部分，一章一节是整体；而对整个文本来说，一章一节是部分，整个文本是整体。

（2）施莱尔马赫、狄尔泰的表述：像《古兰经》、《周易》这样的书，无论是整个文本，还是文本中的任一部分，我们都难以理解，怎么办呢？施莱尔马赫、狄尔泰等认为：在解释学循环中，整体不是指整个文本，而是指作者的总体思想观念、作者的生活经历、作者生活的时代背景等等，而整个文本则成为部分。于是解释学循环变为：要理解一个文本，首先需要理解作者的生活经历、时代背景、作者的总体思想观念等。而要理解作者的思想观念、生活经历乃至其时代特征，又需要理解一个一个的文本。

（3）现象学解释学的循环模式：《金瓶梅》是淫书吗？一些人认为是淫书，一些人则认为是文学名著。大家都懂得《金瓶梅》创作的历史背景、作者的思想感情等。为什么看法却完全不同？在现象学解释学看来，整体不是指作者的总体思想观念、作者的生活经历、作者生活的时代背景等等，而是指我们理解者的生活经历、时代背景、我们的思想观念、价值追求等，待理解的事物则是部分。

胡塞尔认为：我们在理解任何一个具体事物之前，我们已经有了一个视域结构、前预测的经验、先验知识，它提供了一种语境，一种整体性知识、总体印象。对某一具体事物的理解依赖于这一语境、总体印象。同时，对任何具体事物的理解、意义的把握，又增加和改造了我们的整体知识；而改造之后的整体知识对其他事物的理解更容易。

海德格尔把胡塞尔所称的先验知识、视域结构明确地称为先验条件、前概念、前有、前见。伽达默尔则把整体称为前结构、视域。解释学的循环变成视域融合、视域扩大。

（4）图式解释学循环模式：解释学循环中的整体就是图式，待理解的事物是部分。人们自生下来，在认识和理解外界事物之前，就有一个先验图式。人们依靠这个先验图式才能认识和理解外界事物。同时，新的信息可以被图式"同化"；如果不能被同化，图式本身就发生改变而"顺应"新的信息。调整、修改后的图式使我们更容易理解新的事物。甚至对难以理解的事物、知觉信息不完全的事物，我们也能够把它建构出来。解释、理解具有"建构性"、生成性。我们也可以把这个解释学循环结构中的整体叫作"认知结构"。

解释学循环表明：对部分的理解依赖于对整体的理解，而对整体的理解又依赖于对各个部分的理解。那么，对于一些事物，如果我们既不理解整体，又不理解部分，怎么办呢？这时候就需要"认识"，而不是"理解"。理解的对象是我们有所了解、有所熟悉的事物。完全陌生的事物对我们充满陌生感、异己性，与我们之间存在一段难以跨越的鸿沟。这时候，解释学就难以运用，就需要运用认识和科学认知、科学研究。

所以，解释学循环不是恶性循环，不是原地循环，而是螺旋式上升，是良性循环。

那么，理解有没有结束的时候？我们对一个事物有没有确定的、完整的理解？解释学循环何时停止？一般来说，如果没有外界因素的干扰，理解永远不会停止，人们对事物的理解永远不会结束。一些保守、客观解释学家认为，理解有完成、结束的时候。但是绝大多数解释学家，包括许多保守解释学家都承认，没有绝对的、完整的、最终的理解。解释学循环永远不会破裂。因为：

第一，一个人的知识、经验、思想观念、生活等都是发展变化的。因此，在不同的时间、场合、心态下，一个人对于同一个文本、事物，就会有不同的理解。

第二，不同的人对同一个文本、事物，有不同的理解、认识。仁者见仁，智者见智。"一千个观众，就有一千个哈姆雷特"。所以，学术争论往往是不了了之。鲁迅指出："一部《红楼梦》，经学家看到易，道学家看到淫，才子看到缠绵，革命家看到排满，流言家看到宫闱秘事……"

2. 历史传统对理解与解释的限制

人是历史中的人，文化中的人。历史文化传统是人的一部分，构成了理解的前概念、认知结构、先验图式的一部分，从而限制着人的理解。

有许多人曾经妄想摆脱历史文化传统的限制，不带任何成见、偏见、价值倾向，完全中立、冷静、客观地来认识或理解世界，但是这些努力最后都失败了。如：

（1）笛卡尔：笛卡尔生活于 17 世纪欧洲经院主义神学笼罩之下，一切科学知识都被神学化，充满迷信、谬误、盲目信仰。于是，笛卡尔对此产生了普遍的怀疑。为了建立一门基础稳固、经受得住理性检验和科学批判的哲学，为了建立一切真实可靠的科学，就需要抛弃一切现成的知识、思想、观念、历史、传统，从零开始寻找一个确信而稳固的基础、第一原理，建立哲学和一切科学。这个基础和第一原理就是"我思故我在"。由此开始，笛卡尔推论出了上帝存在。有了上帝，就可以推论和建立出一切哲学、科学，整个世界。

但是，笛卡尔失败了。我们说他失败，不是指他没有建立一门基础稳固的哲学，而是指他并没有真正抛弃现成的一切。在他抛弃一切重新建立的哲学中，依然包含着大量现成和传统的概念、思想，如：上帝、思维、理性、实体、形式、实质，等等。

（2）胡塞尔：针对哲学中的怀疑主义、不可知论，为了获得真正科学的真理，首先需要建立一门完全正确的哲学。而一门完全正确的哲学首先需要抛弃现成一切值得怀疑的知识、理论，从零开始，重新建立。胡塞尔提出了"先验悬置"、"加括号"、"中止判断"等概念，表示对一切现成知识、理论、思想的拒绝。

这样做之后，从哪里开始呢？想象、推理、思维的东西都不可靠。只有直觉才是可靠的。我直接看到一个人站在我前面。但是也许这是一个影子，不是真实的人。不过，不管是不是真实的人，在我头脑中、意识中的这个人的形象、表象、现象是真实存在的。所以，胡塞尔把他的哲学叫做现象学。现象学就是通过直觉来认识现象，通过认识现象去认识事物的本质。具体是怎样进行的呢？有两个步骤：

第一步：中止判断。即对一切给予的东西打上可疑的记号，对一切现成的知识、思想观念搁置、悬置起来，放入括号，不予理会。

第二步：本质直觉，即本质还原，就是"面向事物本身"，让事物的本质、共相清楚地呈现出来，为我们直觉地把握。本质不是别的什么，本质就是真实的现象，就是事物所真实显现出来的它是什么。所以，如果出现在我们的意识中的现象不是假象，那就是真实的。如何判断意识中的现象不是假象呢？

第三步：从个别到一般，从殊相到共相。即首先把现实或想象的个别对象当作例子，通过自由想象的变换（随机变更），进一步产生多种多样的例子。在众多的例子中，有些性质是不同的，有些性质是共同的。这些共同的性质就是共相、本质。这第三步，实际上可以简单地说成是归纳、概括。

例1：飞碟是什么？我们可以通过直觉观察各种各样的飞碟，最后就可以归纳、概括出飞碟的本质特征：飞碟是一种能够在空中飞行的圆盘状的怪物。

那么，世界上真有飞碟吗？真有外星人吗？这是一个飞碟的存在问题，不是飞碟的本质问题。我们需要区分"本质"与"存在"，不能混为一谈。那么，如何把握事物的存在呢？世界上是否真的有飞碟存在？胡塞尔提出了先验还原方法。

例2：鬼存在吗？我们不知道是否存在鬼。但是我们经常遇见鬼。从古至今，人们为我们描述了鬼的各种各样的形状、行为、故事。那么，鬼究竟是什么？通过本质直觉，我们可以获得鬼的本质：鬼是一种似人非人的怪物，有一定的神奇力量，一般认为是人死后变成的。

问：世界上真的有鬼吗？

答：有。

问：鬼在哪里？

答：在一些人的意识里、头脑里，心里。你心中有鬼！

这难道不是事实吗？难道不对吗？有些人头脑里、心里确实有鬼！在我们的身外没有鬼，但是在我们的心里，确实有鬼存在。

先验还原是一种唯心主义思想，把客观世界的存在还原为世界是相对于主体而存在的。我相信有鬼，鬼就存在。当然是鬼的观念存在。实体性、物质性的鬼是不存在的，但是观念性的鬼存在。

胡塞尔渴望重新建立一门基础牢固的哲学，最后是失败的。第一，他的现象学是一门彻头彻尾的唯心主义哲学。我们可以追问：意识之外、头脑之外是否有鬼存在？实体性、物质性的鬼是否存在？现象学是不能回答的。第二，本质直觉的方法不能获得事物的本质。因为我们在自由变换的时候，我们的头脑中其实是有一个该事物的观念、概念的。否则，我们如何知道其中一些事物的性质发生了变化呢？既然头脑中先在地具有了一事物的概念，则怎么可以说是在"本质直觉"呢？怎么可以说是"中止判断"了呢？第三，体现在海德格尔背叛了他的学术思想。

（3）中国近代新文化运动试图抛弃传统的失败。新文化运动，陈独秀、胡适、李大钊、鲁迅等，猛烈抨击传统文化，打倒孔家店。一些人甚至强烈主张抛弃汉语，提倡语言拉丁化，用拉丁符号书写。最后失败了！

结论：我们生活在历史、文化、传统中，我们属于传统，永远不能完全脱离传统之外，摆脱传统。

我们可以区分出两种传统观：

第一，认知论中的传统观及不足。认识论的传统观认为，传统是一个在我们身外的、客观的、过去的东西，我们可以而且应当把历史与传统当作一个客体来研究。从认识论、科学认识、科学研究的角度来看，这样看待传统是正确的。我们要研究一个东西，必须要与之保持一段距离，客观、中立地研究。要认识庐山，必须要站在庐山之外。不足：历史传统一直在影响着我们，历史传统就在我们身上，我们属于传统，我们难以超脱、跳出传统之外，传统已经构成我们理解的认知结构、认知图式的一部分，成为我们的解释学循环的整体之一，根本无法摆脱。

第二，解释学的历史与传统观（效果历史意识）。传统并非外在的、过去的，我们身在历史传统中，我们属于传统，传统是我们的一部分，传统是内在的、现时的，传统对我们具有一种"居先"关系。试图抛弃传统，就如同竭力走出我们的皮肤、如同蜗牛爬出壳一样，是根本不可能的。伽达默尔把历史传统的这种作用叫作"效果历史"，即历史并没有成为过去，而是对我们依然有效，影响着我们。诸如朱元璋、洪秀全等革命领袖、农民起义领袖，他们打倒了独裁者，自己却又成为了独裁者；他们推翻了人民头上的大山，自己又成为大山；他们推翻了一种等级、压迫制度，又建立了一种等级与压迫制度。为什么？《被压迫者教育学》深刻地指出：因为他们早已内化了剥削制度、等级观念。传统影响我们的理解，因为传统是我们理解的前概念、认知图式、认知结构的一部分，参与理解。并在理解过程中得到同化或顺应，得到调整、修正，从而得以保存下去。传统、偏见、成见有生成性的，对理解起作用、使理解成为可能的偏见，也有非生成性的偏见，妨碍理解并导致误解。对于这两类偏见，我们不能提前区分，只能在理解过程中通过反思而识别，同时有意识地克服非生成性偏见。偏见、传统是理解的起点，不应把它们当作理解的标准或目标。

3. 语言和理解、解释

传统是如何影响我们的理解的？传统最主要是通过语言（包括口头语言与书面语言：经典书籍等）而参与到理解与解释中。存在着两种语言观：

（1）认识论的（语言学家的）语言观。在认识论或语言学家看来，语言是一种外在于人的、客观的东西。语言学家把语言客体化，当作一个对象、客体来研究、分析，认为语言是人类交流思想情感等的一种工具。这是不完全正确的。因为在你把语言当作一个客体与对象来研究之前，语言已经属于你，或者说你已经属于语言，被语言包围、侵蚀，语言已经控制着你。语言是思维的表现，而非工具；思维是语言的本质。

你即使是一位精通语言学的大语言学家，你也不能依靠你的语言学知识轻松地掌握一门你之前从来没有学习过的语言。你即使是一位精通语言学的大语言学家，你也难以创作出像《红楼梦》那样的一流文学作品，你也写不出能够与李白、陆游等相媲美的诗歌，你也不一定就是一位辩论大家、演讲家。因为语言学家精通的是语言学，而不是语言。

（2）解释学的语言观。语言不是一种工具，语言是我们的存在方式。不是语言属于我，而是我属于语言。我们存在于语言之中，我们属于语言。人一生下来，就陷入"语言之网"中，被卷入"语言旋风"中，生活在语言世界中，被语言所包围。语言不是一个我们可以拿来拿去的工具，实际情况是：我们必须去适应语言，而不是语言被我们所掌握。我们永远不能掌握语言。语言学家不能掌握语言，文学大师也不能完全掌握语言，而只能部分地掌握。如：李白只能写诗，他难以写出《水浒传》《红楼梦》这样的小说。摆脱、抛弃了语言，就是抛弃了正常的生活。所以，海德格尔提出："语言是存在之家。"因为没有语言，我们就难以与世界、与他人交流、沟通，世界、社会对我们就是陌生的，自己就难以融入社会，自己就漂浮着、飘荡着，无依无靠，焦虑。语言负载着传统，语言体现着思想。不是思想决定语言，你有深刻的思想、深刻的感受、体验，不一定可以通过语言表达出来。语言限制着思想、扩展着思想。思想贫乏的人，也可能善于言语、吹牛、演讲，而语言贫乏的人，也可能有丰富的思想。总之，人不是语言的主人，语言才是人的主人。

我们的前概念、思想观念，我们的问题，我们的精神世界、内心世界，主要是由语言构成的。我们通过语言来看事物，看世界。传统通过语言而限制理解和解释。

注意：除了语言，直觉、体验、感受、活动也是理解的途径。通过行动也可以理解、解释。所以，我们不能像解释学家那样，把语言唯一化，认为传统只通过语言对解释发生作用，理解只通过语言进行。

4. 理解需要一段距离

前面说了，理解是在事物内部进行。但是，在事物内部，并非与事物零距离接触。在庐山之中之所以难以认识庐山，当局者之所以迷，是因为认识者、理解者与认识或理解的对象之间没有距离，融为一体，看不清楚问题所在，问题对我们而言成了一个秘密。例如：当朋友失恋，我们可以给他讲一大堆大道理，劝说他。但是，当我们自己失恋了，这些大道理对我们自己就难以发生作用。心理咨询师、心理辅导师能够解决别人的心理问题，却往往难以解决自己的心理问题。为什么？因为没有距离，问题成了秘密。理解、解释需要有一段距离，才能进行。所以，理解的一个重要原则是：间距化原则。

间距化原则的含义是：所有的理解与解释都发生在一定的距离之中。解释者与解释对象完全融合一体、没有距离，是难以理解或解释的。为什么需要距离呢？因为距离可以产生意义、价值。

（1）时间可以产生真理。"实践是检验真理的唯一标准。"但是，实践是如何检验真理的？答：是通过时间、在时间中检验的。我们经常说的"让历史来评说（回答、检验）"就是个意思。

（2）时间可以产生价值。现在许多有价值的东西，在其刚刚产生时，往往是没有多少价值的。例如先秦的钱币、长城砖、李贽等，在当时的价值就远远低于今天。时间、历史就像一个筛子，大浪淘沙，经过时间和历史的筛选，剩下的才是经典。古董、古玩产生的时代久远，所以有价值。当然，这些价值多是我们赋予他们的。理解是生成的。

另一方面，许多东西，在存在时，在我们拥有时，我们不认识其价值，只有失去之后，才觉得珍贵。失去了感情、失去了亲人，才追悔莫及。

（3）空间距离产生价值、产生美。"外国的月亮比中国圆"、"家花没有野花香"、远香近丑，为什么？都是空间距离产生的。

（4）心理距离产生意义、产生美。一些人为什么喜新厌旧、朝三暮四？因为一些男人的本性是更喜欢陌生女人。太熟悉、太了解的女人，就少了神秘感。所谓青梅竹马是少见的。心理距离产生陌生感，产生好奇心，就有了理解的需要。

时间、空间、心理等方面的距离可以综合成更远的距离。皇帝高高在上，与我们既有空间距离，也有身份、生活距离，还有心理距离，所以使我们产生神圣、庄严、威严等感觉。神、上帝、偶像，使我们产生神秘感、崇高感、敬畏、美感。

距离为什么能够产生意义、价值、美、真理？因为距离消除了功利性、主观性，所以可以客观公正地评价。对于同一个事物，每一个时代、每一个人，都是从自己的角度、需要、立场等来理解和对待，所以产生不同的意义、价值。一个文本、作品、事物、活动产生之后，会超越创作者而独立存在，有独立的生命、独立的世界。

距离一方面产生意义、价值、美，另一方面产生陌生感、异己感、好奇心，所以有了理解的需要。

5．理解的目的

解释学中的纷争，一个重要原因在于把理解对象的含义与意义混为一谈。

含义：事物自身所固有的思想内涵、性质、特征、规律等。是客观的、确定的，多方面的、深刻的。

意义：事物对人或别的某物的价值、作用、功效、用途。意义不是事物本身所具有、固有的，而是理解者在事物身上发现的、生成的，所理解到的。离开理解者，事物的意义就不存在。所以，我们甚至可以说，事物本身并没有意义，事物的意义其实是我们赋予事物的。所以，不同的人赋予同一事物的意义是不同的。

有的解释学家追求的是事物的"含义"，有的追求的是"意义"，所以存在争论。

一个理解对象，往往是既有含义（思想内容、内涵、性质、特征、运动变化规律等），又在一定条件下对我们有价值、作用、用途、功效、意义。理解既可以获得其含义，又可以获得其意义。

但是，一个事物的含义与意义真的是那么泾渭分明吗？

例1：呈现一块石头，问：这是什么？

甲：这是花岗石。

乙：这是一个凳子。

丙：这是凶器。

例2：伊拉克境内针对美军的自杀式炸弹袭击者是一些什么样的人？

甲：他们是一些勇敢、足智多谋、勇于牺牲的英雄。

乙：他们是一些凶残、诡计多端、不怕死的亡命之徒。

例3：项羽是一个什么样的人？

甲：项羽是一个守信用、勇敢、宽厚仁慈的人。

乙：项羽是一个迂腐、匹夫之勇、妇人之仁的人。

……

在认识或理解过程中，评价与描述往往是不可分的，含义与意义也是不可分的。一个人是什么样的人，并没有客观、确定的含义，而是与理解者的主观因素有关。同样，幸福、人生的价值与意义等问题也一样。这些事物的含义与意义是不可分的。对于人类活动及其活动结果、产品来说，情况更为复杂。人类活动总有主观的意图、动机、目的。那么，人的活动或其结果、产品的含义，是否就是其动机、意图的准确体现？例如：一个文本、一件艺术品的含义，是否就是作者意图的完全体现？其实不一定。我们经常见到的情况有：好心办坏事；某些事情其实并非作者的真实意图。例如，某商人以慈善的名义捐款，其真实意图可能是沽名钓誉，借机宣传。

对于作者意图与文本含义、意义的关系，解释学里有各种观点，例如施莱尔马赫、狄尔泰以及古典解释学认为：文本的意义就是作者的创作意图，二者是相同的。伽达默尔则认为："解释的客体的意义总是超越它的创作者"，"文本有其独立的生命，超出作者的意图……文本产生了自己的世界"。

一般来说，文本的含义就是作者的意图。除非作者由于某些原因而故意闪烁其词，或者由于作者的表达能力有限，未能把自己的意图完全表达出来。而文本的意义则是远远超出作者的意图和文本的含义的。因为不同的解释者可以得到不同的启示、启发。当然还有第三种情况：作者的意图、原意比文本的含义或意义要大。因为作者想表达丰富的思想，但是文字表达能力有限，或不敢、不愿直接而明显地表达，或文字字数限制而难以表达。总之，从理论上看，作者的意图、文本的含义、我们所理解到的含义或意义这三者之间的可能关系有：

（1）作者意图 = 文本含义 = 理解　　（2）作者意图 = 文本含义 < 理解

（3）作者意图 = 文本含义 > 理解　　（4）作者意图 = 文本含义 ≠ 理解

（5）作者意图 < 文本含义 = 理解　　（6）作者意图 < 文本含义 < 理解

（7）作者意图 < 文本含义 > 理解　　（8）作者意图 < 文本含义 ≠ 理解

（9）作者意图 > 文本含义 = 理解　　（10）作者意图 > 文本含义 < 理解

（11）作者意图 > 文本含义 > 理解　　（12）作者意图 > 文本含义 ≠ 理解

（13）作者意图 ≠ 文本含义 = 理解　　（14）作者意图 ≠ 文本含义 < 理解

（15）作者意图 ≠ 文本含义 > 理解　　（16）作者意图 ≠ 文本含义 ≠ 理解

不同的人在理解中所追求的目的是不一样的。但是，获得含义是最基本的。获得含义是人的生存需要。获得文本的含义、他人说话的意思，把握事件的真相、事物的性质、属性、本质、特征、内涵、规律等，这是理解和解释的最基本目的。人活着，就渴望把握、认识、理解他生存的世界、他自己的状况。因为事物的陌生感、异己性使人焦虑、疑惑、疑虑。消除陌生感、对事物的好奇心，是人的本性，是生存的需要，即认知需要。

另一方面，许多事物的含义是很难完全地、真正地获得的。如：太极图、《易经》、格物、"相见时难别亦难"、孔子见南子时的谈话、李自成之死……这些问题的真相我们恐怕永远也弄不清楚。特别是人的性格、个性、内心世界、思想观念、情感、追求、品质等等，生活的真谛、幸福、人生的价值与意义、人类的命运，宇宙的起源、宇宙的大小边界等等，我们是很难完全理解透彻的。

第三，有些事物的含义我们是不需要或不应该去完全理解与认识的。例如：他人的内心世界、情感、思想观念、道德品质、理想与追求等。每个人都应该有自己的隐私，有自己的私人空间。他人不应当去认识、理解。人应当有个人的秘密。不要把个人的秘密当作一个问题来认识、研究或理解。而且，无论科学技术如何发达，事实上也不可能完全弄清楚人的秘密。所以，我们更应当关注理解对象的意义、价值、作用、用途、功能，而不应当过于注重理解对象的含义。理解的最终目的不在获得事物的含义，而在获得意义，即事物对我们的价值、作用、意义、重要性。换句话说，理解的最终目的在于应用，即自我理解、超越自我、形成自我。

理解的直接目的在于理解对象，获得事物的含义与意义。含义、意义，本来是属于理解的对象的，但是，经过理解，对象的含义与意义就进入了我们的头脑、心灵，或者被同化，或者我们的前概念、认知结构与图式发生顺应，也就是调整、改造、提升。这样，理解实际上就是消化、吸收事物的含义与意义，并被融化为我们精神世界的一部分，从而使我们的内心世界得到丰富、充实、扩充、增强、成长与发展，也就是超越自我、提升自我，实现自我、形成自我。

我们理解一个文本，理解一个事件，理解爱情、友谊、生活，理解社会、世界，最终就是理解了自己和人类的人生、生命、命运。在这样的理解过程中，我们的思想观念、情感、态度、人生观、世界观、价值观等等都得到检验、锻炼、形成、改造、提升，心灵与精神世界得到澄清、丰富、扩大，人生境界得到提高，实际上就是在思索和筹划着自己的未来，把握人的可能性与命运，寻找生活、生命的价值与意义。最终是超越自我、形成新的自我、大我。这就是理解的最终目的。这是科学研究、科学认识所难以实现的。

第一篇

德育的人类学基础：生物人类学

第一章 人与其他动物的关系

德育的对象是人。在一些人看来，人就是人，人不是动物，人是万物的灵长，人与其他动物之间隔着一条不可逾越的鸿沟，人优越、高于其他动物。

莎士比亚在《哈姆雷特》中赞扬道：

> 人是多么了不起的一件作品！理性是多么高贵，力量是多么无穷！仪表和举止是多么端庄、多么出色，论行动，多么像天使！论了解，多么像天神！宇宙的精华，万物的灵长！

看上去多么美！彩虹、彩云、海市蜃楼、水中月⋯⋯都是美的，却不是真实的。在人与其他动物之间人为地划一条不可逾越的鸿沟，这是形而上的做法，是片面的、极端的、"左"的。在这种人类中心主义思想下，人以地球主人自居，统治着整个地球，以傲慢的态度来残忍地对待自然界。

随着人类进化论、生物人类学、社会生物学、分子遗传学、进化心理学、行为遗传、基因学和基因组学等的兴起，人与动物相联系的一面越来越明显，越来越重要。看来，需要树立一种科学的人类观，以正确对待人类的由来、人类与动物界的区别与联系。

一、人类的由来

人类不是神或上帝创造的，而是地球上生物与生命演化的结果。在上千万年之前，地球上还没有人，人类的祖先是灵长目动物。经过了几百万年的发展演变，到大约三四百万年前，地球上才开始出现地猿、古猿。到大约一百万年前，这些猿类开始直立行走。到大约二三十万年前，才开始演化出早期智人。到大约1—5万年前，地球上才开始出现晚期智人，并逐渐发展成为现代人类。（如图2）

图2　人类进化图

所以，在人与其他动物之间，并没有一条不可逾越的鸿沟。例如：人类的近亲黑猩猩与人类的基因有98%以上是相同的。人们常说，历史（人类社会的历史）不能中断。但是，何以人类的自然演化发展史就可以中断，而在人与其他动物之间划一条鸿沟呢？

人类在生物学分类中的位置是：

动物界—脊索动物门—哺乳动物纲—灵长目—人科—人属—智人种

经常有人问：黑猩猩、大猩猩等现在为什么不能进化成人？这个问题应该是非常幼稚的。因为人类的进化不是一朝一夕实现的，而是持续了千百万年的时间。或许，若干个百万年之后，它们确实能够进化成与人类一样聪明智慧的物种呢！而且，古猿类进化成人具有地球历史的偶然性啊！

二、人类与其他动物之间的生物相似性

从人类的起源来看，人类就是动物的一个分支，是动物的一部分。

从基因上看，"人猿（猩猩）在 DNA 成分上与人类极为相似，把人类和人猿的基因图谱放在一起比较，总体上来讲，在碱基对的顺序上只有 1.23% 的差别。目前在人类身上找出来的 26588 个基因中，除了 300 多个之外，其余的在老鼠身上都有，人和老鼠身上的基因不但数目相近，基因本身也很相似。"①

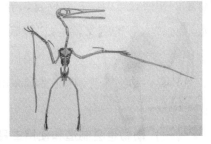

图 3　蝙蝠的骨架　　　　　　　图 4　翼手龙的骨架

不仅基因相似，人类的骨架与哺乳动物的骨架也非常相似。如图 2 中蝙蝠的骨架，"它的每一根骨骼都明确对应了人体中的某一骨骼，这难道不令人着迷吗？……很明显，任何一个神智正常的人都会承认：人类的手和'蝙蝠的手'是同一事物的两个版本。"图 3 是翼手龙（侏罗纪晚期的翼龙类）的骨架，"尽管依然有不同的比例，但翼手龙的'翼手'同样适用上述原则（虽然它不是哺乳动物）。"总之，"所有哺乳动物的骨架具有同一性"，例如："你的'头骨'或曰'头盖骨'，包含 28 块骨头，大多是以刚性连接'缝合'在一起的，但有一个主要的可动骨（下颌骨）。而奇妙的事情是，在所有的哺乳动物中，无论其头骨多么古怪，均发现了由 28 块骨头构成的相同组合，每一块都可以清楚

---

① 孔宪铎、王登峰：《基因与人性》，北京大学出版社 2009 年版，第 30、92 页。

地用相同的名称标记。"①

三、人类与其他动物之间的文化相似性

有些人认为，人与动物的区别在于：人会制造工具、人会劳动、人有意识和自我意识、人有语言，等等。例如，《现代汉语词典》（第 5 版）对"人"的定义就是："能制造工具并使用工具进行劳动的高等动物。"②

其实，动物界普遍存在制造和使用工具、劳动、有意识、语言、文化等现象。

（一）动物也会制造和使用工具

人们发现：加拉帕哥燕雀会用小树枝挑虫子；树鹨会用树皮当笔、浆果当颜料来装饰它的小窝，等等。威尔逊在《社会生物学》中收录了 10 则动物应用工具的事例，并总结动物应用工具的类别为：利用树苗和树枝作为抽鞭或棍棒；向目标投掷；利用棍棒、树枝和叶草擒获蚂蚁和白蚁；利用棍棒树枝和叶草作为嗅觉辅助物；利用棍棒作杠杆；利用棍棒和石块敲开水果和坚果；利用小枝作牙签；利用树叶作为饮用工具；利用树叶擦去身上脏物。③

动物不仅能够使用工具，还能够制造工具。人们发现：眼镜熊用自己加工的棍棒从树上够果子；黑猩猩把树枝截到适当的长度并将一端劈成细条，从而制成了高效的捕蚁工具，等等。此外，动物还"能够使用工具来制造工具"。美国亚特兰大语言研究中心有一只侏儒黑猩猩康兹。

① ［美］理查德·道金斯：《地球上最伟大的表演：进化的证据》，李虎等译，中信出版社 2013 年版，第 236、237 页、241－242 页。
② 《现代汉语词典》第 5 版，商务印书馆 2005 年版，第 1144 页。
③ ［美］爱德华·O. 威尔逊：《社会生物学：新的综合》，毛盛贤等译，北京理工大学出版社 2008 年版，第 164－165 页。

有一次，康兹看到它最爱吃的东西被藏进了一个箱子，这个箱子被上了锁，它又看到一个人把钥匙放进了另一个盒子，然后用结实的带子把盒子捆住了。这没有难住康兹。它想起了它在一次散步时搜集的几块火石，就在坚硬的水泥地上把火石砸碎，挑出几块又好拿又锋利的碎片，它用这种碎片割断了捆扎盒子的带子，然后拿出钥匙，打开箱子，获得了食物。①

（二）动物也会劳动，有分工

鸟类做窝，其实就是一种劳动，也应看作在制造工具。蚂蚁的巢穴的中间被隔开成为一些小室，里面用搬来的树叶精心培养蘑菇之类的真菌植物。有的蚂蚁则像坐享其成的奶牛场场主，放养了一批蚜虫，以获取蜂蜜，而蚜虫则可以借此获得保护。②

不仅如此，蚂蚁还有劳动分工，如有工蚁、有兵蚁、有操持家务的蚂蚁，有在外寻找食物的蚂蚁、有"专司建造蚁穴的泥瓦匠，也有担当医生的医学专家"。③ 而兵蚁又有分工，主要有三种形式，各具有一种防卫技术。第一种形式的兵蚁，使用大颚当剪刀和钳子，以切割和撕碎动植物的表皮和剪除敌对环节动物的附肢；第二种形式的兵蚁，以用镰刀形或弯钩形的大颚来撕裂敌对者的身体；第三种兵蚁很少具有攻击性，而是用头挡住巢穴的入口，它们的头或是盾状的，或是塞子形的。总之，"蚂蚁的兵蚁行为常常是极端专业化和简单化的"。白蚁中的兵蚁同样非常专业化，有剪切—破碎者、钻孔者、阻抗者三种兵蚁。④

---

① ［德］福尔克·阿尔茨特、伊曼努尔·比尔梅林：《动物有意识吗》，马怀琪等译，北京理工大学出版社 2004 年版，第 294 页。
② ［美］麦特·里德雷：《美德的起源：人类本能与协作的进化》，刘珩译，中央编译出版社 2004 年版，第 5 页。
③ ［美］麦特·里德雷：《美德的起源：人类本能与协作的进化》，刘珩译，中央编译出版社 2004 年版，第 37 页。
④ ［美］爱德华·O.威尔逊：《社会生物学：新的综合》，毛盛贤等译，北京理工大学出版社 2008 年版，第 285－286 页。

（三） 动物也有意识和自我意识

达尔文于 1872 年出版的《人类和动物的表情》，对"动物界中的智力发育"问题进行了探讨，认为"一条狗有某种羞耻感"。达尔文的学生甚至大谈"鱼的嫉妒心"和"鹦鹉的自豪之情"。达尔文在把动物当成人类的亲戚的同时，也论述了把它们看成拥有意志和愿望、具有感觉和想象力的生灵的理由。显然，达尔文及其学生走向了极端。

"蝙蝠反射导弹之父"、著名生物学家唐纳德·F. 格里芬于 1984 年出版了著作《动物能够思考吗?》，指出：即使是一些本能的行为，如蜜蜂或者蚂蚁的某些行为，也有可能是有意识的。[①] 从此，认知行为学兴起了。

牛津大学动物行为学家玛丽安·斯坦普·道金斯博士的著作《眼见为实——寻找动物的意识》在内容提要中指出：在你惊叹动物竟会如此的"像我们"的同时，"动物也有意识"的想法便会自然而然地在脑中浮现。该书"译者的话"指出："道金斯博士在书中深入浅出，惟妙惟肖地将一些动物的奇妙行为展示在我们的面前，我们只能用动物拥有内在精神世界的假说来解释这些行为，并且会发现，动物或多或少地以像我们的'思维'方式来改变这个内在精神世界；如同人类一样，动物也知道顺序和数字的概念；尤其，在大猩猩动物群体中，一只大猩猩为了超出竞争对手会反复琢磨，思考使用各种计策；动物会强烈'预感'某些事情……我们似乎只能用意识来解释这些动物行为。"

2004 年，北京理工大学出版社出版了德国物理学家福尔克·阿尔茨特和动物行为学家伊曼努尔·比尔梅林合著的《动物有意识吗》一书。该书的"原书导读"指出："动物具有令人吃惊的理解能力和相当宽泛的情感频带……具有情感和思维能力的并不仅仅局限于哺乳动物；鸟类、昆虫，甚至无脊椎动物（例如乌贼）所表现出来的某些行为方

---

① ［德］福尔克·阿尔茨特、伊曼努尔·比尔梅林：《动物有意识吗》，马怀琪等译，北京理工大学出版社 2004 年版，第 51 页。

式，如果不从情感和思维的角度寻找原因，同样是无法解释的。"《动物有意识吗》不仅用大量生动、翔实的故事说明了动物能够思考、有情感，还证明了动物具有自我意识。当然，并非所有的动物都有自我意识，例如老鼠、猫、狗、大象等就没有。一岁半之前的人类婴儿其实也没有自我意识（不会说"我"）。只有猩猩类才具有自我意识。

此外，许多动物还有很强的记忆能力。

（四）动物也有语言

百灵鸟、画眉鸟、座头鲸，它们那美妙的歌声，难道不是它们的语言吗？鹦鹉的语言能力，大家最熟悉不过了。美国第一个学会哑语的黑猩猩沃舒，就掌握了130多种手势。不仅如此，它还能够自己创造词汇。例如，它为自己吃饭时必须戴的小围嘴创造了一个手势：它把双手抬到脖子的后面——那是围嘴系扣的地方，然后再沿着想象的轮廓往前比划到胸前。沃舒的主人兼老师加德纳夫妇惊讶地发现，这正是围嘴的正式哑语表达法！至于词汇的组合，沃舒也很有想象力。它知道"鸟"的手势和"水"的手势，当它第一次在一条小船上见到天鹅时，它把两个词连接成"水—鸟"。沃舒还能够把郁金香、玫瑰等算作"花"。其实，哑语在黑猩猩、大猩猩和猩猩中，以及在灵长目动物研究者中已经蔚然成风，越来越多的词汇被创造出来。

美国亚特兰大语言研究中心有一只侏儒黑猩猩康兹，不仅能够巧妙地隐藏自己，更是具有语言天赋。它不但学会了"键盘语言"，还能够听懂英语！管理员们专门组织了一场语言竞赛：一方是一个2岁的小姑娘，一方就是康兹。双方都必须按照语音指令行事，这些命令是他们从未听过的。一共是660句，如"把瓜放到碗里"、"把胡萝卜从微波炉中拿出来"等。竞赛非常严格、科学，一堵墙挡住他们的视线，以保证他们看不到发布命令者的动作暗示；裁判员戴着隔音的耳机，听不见命令。竞赛结果是：小姑娘与侏儒黑猩猩打了一个平手！直到小姑娘2岁半的时候，语言能力才超过康兹。①

21世纪之初，福尔克·阿尔茨特曾经说过："30年前，几乎没有人会相信，有朝一日人和动物会使用同一种语言互相交流。20年前，人们开始抱着惊讶和怀疑的态度承认，类人猿可能是个例外。而今天，很多人都已经知道，黑猩猩和侏儒黑猩猩的基因构造有98%以上是与人类相同或相似的，因此它们具有语言天赋也就不足为奇了：与人类相似的基因意味着与人类相似的能力。"②

（五）动物也能够思考、想象

例如蜜蜂，那么低等，脑袋那么小，应该不会思考或想象吧！美国普林斯顿大学的生物学家詹姆斯·L.古尔德曾经做过一个试验：古尔德的蜜蜂知道，在距离蜂箱160米远的林中空地上隐藏着一个喂食点。几天以来，它们定时飞到那里去啜食甜蜜的糖浆。一天早晨，当蜜蜂们刚从蜂巢起飞之后，古尔德就用一张网截获了它们，把它们装进一个黑箱子，带到远方的测试点去。测试点的选择考虑了两个因素：第一，那里有几棵比较显眼的树林，估计蜜蜂们以前去过，因此能够作为判断地点的标志；第二，蜜蜂们从测试点看不到隐藏着喂食点的树林。到了测试点后，就把蜜蜂放出来。那么，蜜蜂会如何去喂食点呢？可能的途径有三：第一，蜜蜂首先飞回蜂房，再飞去喂食点；第二，蜜蜂把测试点当作被劫持的地方（因为它们是在被劫持的地方开始失去对外界的感知的），按照它们原来从被劫持的地方去喂食点的方向飞去，结果当然是乱飞一气；第三，它们从测试点直接飞向喂食点。

试验结果是：蜜蜂选择的是第三，直接从测试点径自飞向喂食点。

古尔德又设计了一个试验：他将蜂箱放在一个湖的岸边，几天后，

① ［德］福尔克·阿尔茨特、伊曼努尔·比尔梅林：《动物有意识吗》，马怀琪等译，北京理工大学出版社2004年版，第276 – 277页。

② ［德］福尔克·阿尔茨特、伊曼努尔·比尔梅林：《动物有意识吗》，马怀琪等译，北京理工大学出版社2004年版，第283页。

蜜蜂们就熟悉了这一地区。于是，古尔德在一只小船上放置了人工食物源，然后将小船划到湖中央固定下来。很快，一只蜜蜂来了。古尔德的助手在这只蜜蜂身上点了一些小点点，作为标记。"小点点"吃饱之后，回去报信了。但是，其他蜜蜂根本不听"小点点"的话，没有一只蜜蜂动身前往湖中央的那个新进食点。

是蜜蜂凭借经验，根本就不相信湖中央有食物吗？

古尔德又做了一个试验：他做了一个活动喂食站，每天将喂食站移动一段相同的距离。然而，蜜蜂每次都能够找到新挪的喂食站。几天之后，当古尔德带着食物达到新的喂食站时，发现蜜蜂们已经"急不可耐"地在那里打转转了。

古尔德加大了难度：他不再按照相同的距离移动喂食站，而是每次移动的距离比上一次增加 25% 的距离。谁知道，当蜜蜂们随着试验的进展而掌握了这一移动规律之后，又会提前达到正确的地点，在那里盘旋着等待食物的到来。①

沃尔夫冈·科勒对黑猩猩做过多次富于独创性的智力测试并得出结论：他们有能力在对因果关系的顿悟的基础上解决新问题。②

艺术创造活动是想象力的展现。莫利斯在《艺术生物学》中专门探讨了动物的艺术冲动问题，他的试验发现：32 个非人类灵长类动物在囚禁状态下创作了一些绘画。其中有 23 只黑猩猩、2 只大猩猩、3 只猩猩和 4 只卷尾猴。哪一个也没有受过特别的培训，只是给予它们必要的工具。想通过诱导模仿去指导动物绘画的尝试永远都不会成功。因为它们使用绘画工具的内驱力很强，并不需要人类的帮助。无论是年幼的还是年长的动物都非常专注地投身于这种比进食还兴奋的活动，有时当

---

① ［德］福尔克·阿尔茨特、伊曼努尔·比尔梅林：《动物有意识吗》，马怀琪等译，北京理工大学出版社 2004 年版，第 104 – 108 页。

② ［美］弗朗斯·德瓦尔：《黑猩猩的政治》，赵芊里译，上海译文出版社 2014 年版，第 1 – 3 页。

其行为受到阻碍时，还会大发雷霆。在试验中，"阿尔法"画了 200 多张，康戈可称为"猿猴中的毕加索"，画了几乎 400 张。康戈的绘画方式就像人类的那些非常小的孩子一样，沿着大致相同的路径发展，画出扇行图表甚至完整的圆。①

（六）动物有情绪和情感体验

从日常生活中，我们就可以发现，狗有情感，对主人忠诚，狗有悲痛、欢喜等情绪体验。许多鸟类是一夫一妻制，感情深厚，一方如果死亡，另一方会悲伤很久，"他精神抑郁，无精打采，彻底失去了活力；他垂头丧气，浑身的肌肉软弱无力，眼窝深陷。一只成了寡妇的灰雁同样给人一种希望彻底破灭、痛不欲生的印象。她变得郁郁寡欢，冷漠呆滞……"② 有些动物甚至会"殉情"。

据说灰雁"一生只有一次'婚姻'，当它们失去伴侣时，会有各种悲痛的表现"。但是，当一只灰雁失去伴侣而悲痛欲绝时，同一群落中的其他灰雁根本不会同情、怜悯它，反而会欺负它、攻击它、贬低它。"同情心在动物界中是罕见的……就连黑猩猩也很少具有同情心。"③

动物能够与人在长期生活共处的基础上建立深厚的感情。总之，动物（包括人类）虽然具有情感体验，但往往是对那些与我们有着亲缘关系或因共同生活而产生友谊的个体产生情感。同情心也一样，无论是动物还是人类，亲缘或友谊越近、越深，越能够产生同情心。可见，情感的本质是自我保护性的。

（七）动物能够模仿学习

脊椎动物具有模仿学习的能力，已经不是秘密了。那么，低等的无

---

① ［美］爱德华·O. 威尔逊：《社会生物学：新的综合》，毛盛贤等译，北京理工大学出版社 2008 年版，第 529 – 530 页。

② ［德］福尔克·阿尔茨特、伊曼努尔·比尔梅林：《动物有意识吗》，马怀琪等译，北京理工大学出版社 2004 年版，第 169 页。

③ ［德］福尔克·阿尔茨特、伊曼努尔·比尔梅林：《动物有意识吗》，马怀琪等译，北京理工大学出版社 2004 年版，第 257 – 258 页。

脊椎动物有没有模仿能力呢？试验表明，连章鱼这样没有脊椎和骨头的软体动物也能够模仿！

　　试验是由意大利那不勒斯动物观测站做的：先在一只章鱼面前放两个球，一红一白，训练它始终游向并抓住红色的球。这只章鱼做得无可挑剔。在隔壁的玻璃缸中有另一只章鱼，它透过玻璃聚精会神地看着这个试验。令人意想不到的事情发生了！旁观的章鱼仅仅看了4遍演示就已经掌握了核心内容。当人们在它面前放上两个球时，它也同样冲向红色的球，错误率小于10%。五天之后再对它进行测验，它的选择还是一样的。那只做示范的章鱼是在训练了16遍之后才学会的，在这16次中，每当它选对了球，就会得到一条小鱼作为奖赏，如果选错了就会遭到轻微的电击。但是，观察模仿的章鱼仅看了4遍就学会了。后来，科学家们把许多白色和红色的球混在一起，用一打以上的墨鱼来做测试。每一只墨鱼被单独关在一个玻璃鱼缸里，连玻璃缸里的水也是独立循环的，以免相互污染。测试的结果同样毋庸置疑。①

　　动物不仅能够模仿学习，还能够主动教育其他动物。例如：美国第一个学会哑语的黑猩猩沃舒，掌握了130多种手势。它还能够给它的"义子"洛利斯上课。有一天，它把一只椅子放在眼前，清楚地给洛利斯做了三遍"椅子"的手势。但是，洛利斯并没有学会。又有一次，当有人拿着糖果过来时，它首先反复地做"吃"、"吃"、"吃"的手势，然后握住洛利斯的手帮它做出相同的手势。洛利斯很快就学会了这个手势，同时还学会了代表口香糖的手势。②

（八）动物能够唱歌

　　会唱歌的动物有一些鸟类、鲸类等。例如座头鲸，其"座头"之

---

①　[德] 福尔克·阿尔茨特、伊曼努尔·比尔梅林：《动物有意识吗》，马怀琪等译，北京理工大学出版社2004年版，第213－214页。

②　[德] 福尔克·阿尔茨特、伊曼努尔·比尔梅林：《动物有意识吗》，马怀琪等译，北京理工大学出版社2004年版，第251－252页。

名源于日文"座头",意为"琵琶",指这类鲸的背部形状。座头鲸的歌声不同凡响,音域非常广,有低沉的嗓音,也有像小提琴一样柔和的声音,有节奏,有旋律,也有重复,而且可以持续 20 分钟之久。座头鲸的歌声是美国海军在 20 世纪 60 年代利用水下微型传声器监测外国潜水艇的声音时偶然发现的,后来这些歌声已经记录在 CD 中了。1972 年,美国发射的旨在探索宇宙智慧生命的"先锋二号"太空探测器就带有座头鲸的歌声。座头鲸的歌声不是遗传的,因为它们逐年在变化,每一个交配期都会出现新的歌曲。在交配期结束时,雄性鲸都会唱同一首歌,但不是合唱,它们互相拉开距离,每头鲸都以独唱者的姿态出现。

百灵鸟既是"歌手",又是"舞蹈家"。它的歌不只是单个的音节,而是把许多音节,串连成章。它在歌唱时,又常常张开翅膀,跳起各种舞蹈,仿佛蝴蝶在翩翩飞舞。百灵鸟歌喉美妙,舞姿优美。

画眉雄鸟的听觉器官十分发达,对音频的振动极为敏感,而且反应特别快。在繁殖季节,雄鸟特别擅长引吭高歌,尤其喜在清晨和傍晚鸣叫。它的鸣叫高亢激昂,婉转多变,而且持久不断,极富韵味,非常动听。快叫时,激越奔放,似珠落玉盘;慢叫时,如行云流水。特别是它长时间的连续鸣叫,真可令人荡气回肠,叹为观止。画眉鸟被称为"林中歌手"或"鸟类歌唱家"。

不仅存在单个动物唱歌的现象,还存在对唱、大合唱现象。例如:伯劳、啄木鸟、杜鹃、鹌鹑、鹤、鹅等都会对唱;黑猩猩群队有"杂耍"或"大合唱"现象。[①]

(九) 动物也能够创造文化

1952 年,在日本的越岛,科学家们用白薯作为食物给一群红面猕猴吃。猴子们很喜欢这种新的食物,即使白薯很脏或粘了沙子,它们也照样吃。一年以后,一只叫伊莫的年轻母猴突发奇想,把白薯拿到海边

---

① 〔美〕爱德华·O. 威尔逊:《社会生物学:新的综合》,毛盛贤等译,北京理工大学出版社 2008 年版,第 211 页。

去洗，去掉了白薯表面的脏东西。很快，伊莫的母亲和兄弟姐妹以及伙伴们也开始模仿它的样子去洗白薯。10 年后，这种新的习俗传遍了整个猴群聚居地，只有年龄很大的猕猴不愿意这样做，还有年龄很小的猕猴尚没有学会这样做。不仅如此，猴子们还发现，咸味的海水可以作为调味品。它们吃东西的时候，就呆在海水边，每咬一口就把白薯放到水中浸一下。此外，伊莫还有一个创举：原来，在吃地上的麦粒时，它们必须把麦粒一颗一颗地从沙子里挑出来。伊莫发现：在水里时，麦粒就会浮在水上，而且变得很干净，而沙子会沉入水中。伊莫又一次做了榜样，其他的猕猴纷纷效仿。后来，在日本科学家的帮助下，这群猕猴学会了游泳，学会了水中生活，它们的生活习惯和传统习俗在短短几代里发生了巨大变化。[①]

说动物有文化，依据很多。例如：在猴子、猿类等动物群体中存在等级制；许多动物会唱歌，如许多鸟类，还有鲸类，等等。游戏、玩耍、艺术、表演性仪式等是文化的重要组成部分之一。

（十）灵长目动物群体已经初具人类社会的雏形

许多高等动物既不是个体独立生活，也不是组成家庭生活，而是形成群体生活。群体内部往往存在等级制度。无论是群体内部的斗争，还是群体之间的斗争，往往存在结盟现象。一个群体的头领不一定是体格强壮、勇猛善战的动物，"反而通常是一位能充分利用自身优势，熟练驾驭并协调社会组织行为的智者"。[②] 这一点在《黑猩猩的政治》一书中表露无遗。此外，群体还存在领土（势力范围）意识和领土争夺战。

不仅像黑猩猩、海豚、狒狒这些哺乳动物会结成同盟，连蚂蚁也能够做到这一点。动物还存在比较普遍的合作捕猎行为。例如：虎鲸，被

① ［德］福尔克·阿尔茨特、伊曼努尔·比尔梅林：《动物有意识吗》，马怀琪等译，北京理工大学出版社 2004 年版，第 225 页。

② ［美］麦特·里德雷：《美德的起源：人类的本能与协作的进化》，刘珩译，中央编译出版社 2004 年版，第 166 页。

称为海中之狼，是大的社会捕食者，成群地捕猎那些甚至比它们体型更大的哺乳动物。

美国灵长类动物学家弗朗斯·德瓦尔（可能是荷兰籍美国人）于1975年至1979年，用了长达6年的时间，在荷兰阿姆纳的布尔格尔斯动物园，对黑猩猩进行了非常认真、丰富、详细、细腻的田野观察研究，写成了《黑猩猩的政治：猿类社会中的权力和性》一书。德瓦尔认为："政治的根比人类更古老"，"黑猩猩的社会组织与人类的实在太像了，像得让人简直不敢相信这是真的！"[①]

现在，还有什么可以作为人类独特性的标志呢？人类能够发明飞机、火箭、核武器？能够进行高等数学计算？……人类有理想、信仰、精神追求？……

须知，古代社会的人们就不会高等数学计算，不能发明飞机、火箭……而灰雁对爱情的忠诚，狗、鸟、狮子等对主人之间友情的忠诚，动物好奇而认真地模仿、学习，如此等等，能够说明动物没有精神追求吗？

人们苦苦寻找人与动物相区别的质的差异，究竟为了什么？有何意义？说明人类高等？说明人类具有"圣性"、具有道德、具有精神追求？……

四、正确对待和处理人与其他动物之间的关系

辩证地看，人与其他动物之间是既有共性，又有个性、差异性。就共性来看，人类由动物进化而来，并没有完全摆脱动物性。人类不过是动物中最适应环境的一个物种而已。如果人没有了动物性，那么人也就不是人了。马克思早就指出："人直接地是自然存在物。人作为自然存在物，而且作为有生命的自然存在物，一方面具有自然力、生命力，是

---

① ［美］弗朗斯·德瓦尔：《黑猩猩的政治》，赵芊里译，上海译文出版社2014年版，第3页。

能动的自然存在物；这些力量作为天赋和才能、作为欲望存在于人身上；另一方面，人作为自然的、肉体的、感性的、对象性的存在物，同动植物一样，是受动的、受制约的和受限制的存在物。"①

恩格斯指出："人来源于动物界这一事实已经决定人永远不能完全摆脱兽性。"②

提出这一点，并不是说我们就应当停留于动物性，而是应当正视人的动物性，不能回避，不能掩盖。即使在文化如此发达进步的今天，我们仍然能够通过各种媒体看到一些"禽兽不如的人"。因此我们不要清高自大，不要自欺欺人，应以此为出发点，去追求和走向更高的人性，丰富人性，创造真善美。马克思还指出："吃、喝、生殖等等，固然也是真正的人的机能。但是，如果加以抽象，使这些机能脱离人的其他活动领域并成为最后的和唯一的终极目的，那它们就是动物的机能。"③

所以，承认人具有动物本性，并不是主张回归动物本性，而是要正确认识人类的出发点。动物性是我们一切活动的出发点，而非终点。把动物本性作为终点，那就是降低自己了。如果无视人具有动物本性，把人的善性作为出发点，去追求绝对的奉献、服务，只求付出，毫不讲索取、回报，那就是抛弃地基，从半空出发，最终必然摔得很惨。结果就是伪君子、道貌岸然和假正经的人的大量出现，弄虚作假，自欺欺人。

那么，科技、文化、教育，现代化的文明生活等等，能够改变人的动物本性吗？莫利斯指出："凡是技术进步与我们的基本生物特性发生冲突的地方，技术进步都遇到了很大的阻力。我们作为狩猎猿在早期生活中形成的基本行为模式，在我们现今的一切事务中，仍然鲜明地表露出来；无论我们从事的任务有多么高尚，我们祖先的基本行为模式仍然要露出马脚"，"我们一次又一次地在我们的动物本能面前低头认输，

---

① 马克思：《1844 年经济学哲学手稿》，人民出版社 2000 年版，第 105 页。
② 《马克思恩格斯选集》第 3 卷，人民出版社 1995 年版，第 442 页。
③ 马克思：《1844 年经济学哲学手稿》，人民出版社 2000 年版，第 55 页。

暗中被迫承认自己体内躁动着的复杂的动物本性"。因此，"只有以恰当方式去设计我们的文化，使之不与我们的基本动物需求相冲突，使之不压抑我们基本的动物性，我们复杂得令人难以置信的文明才会繁荣昌盛。"①

如果我们的教育、文化、宣传、制度等不是顺应和利用人的本性，而是试图去改变人的本性，非但难以收效，而且本身就是不人道的。

最后，让我们再冷静地体会一下莫利斯的言论："尽管技术在飞跃发展，人类仍然是相当简单的生物现象。尽管人类有着恢宏的思想、高高在上的自负，我们仍然是卑微的动物，受制于动物行为的一切基本规律……我们必须长期而又严肃地把自己看作一种生物，以此意识到自己的局限性。这就是我写本书的原因：我自称为裸猿而不是人，故意侮辱自己，其原因就在这里。这有助于我们把握分寸且知道天高地厚，保持头脑清醒，以便去思考生命表层之下的运行机制。……我们人类是无与伦比的物种，我无意否认这一事实，也不想贬低自己。但这些事实已经成了老生常谈。硬币掷起落地时，它似乎总是正面向上；我觉得早该把硬币翻过来看看反面了。遗憾的是，由于和其他动物相比，我们所向披靡，节节胜利，所以我们觉得思考自己卑微的起源会伤害人。因此我不指望写这本书而受人感激。我们像暴发户一样爬到进化的顶端，像一切新贵一样，我们对自己的背景非常敏感，但我们随时都可能露出马脚。"②

---

① ［英］德斯蒙德·莫利斯：《裸猿》，何道宽译，复旦大学出版社 2010 年版，第 39 – 40 页。
② ［英］德斯蒙德·莫利斯：《裸猿》，何道宽译，复旦大学出版社 2010 年版，第 255 – 256 页。

第二章 人性论

　　道德教育究竟是如何教道德的？是把外在的道德教给学生（灌输、传授、训练等外铄），还是引导学生自己内发、建构出道德？在道德教育中，学生是被任意加工改造的对象，还是自己道德发展的主人、主体？学生个体的道德是如何产生与发展的？个体身上是否具有道德的种子（善性）？这就是道德教育的人性基础问题。道德教育根本上就是作用于人性，或者顺应并发扬人性，或者改变人性、培养新的人性特质。大凡违背人的本性的道德教育，要么适得其反，要么实效低下。对于道德教育工作者来说，具有什么样的人性观，往往就具有相应的道德教育观。

一、人性的各种观点

　　古今中外，人们提出了各种人性观点。主要有：

（一）性善论

　　众所周知，人性本善在我国最早是由孟子提出来的。《孟子·告子上》曰：

　　　　恻隐之心，人皆有之；
　　　　羞恶之心，人皆有之；
　　　　恭敬之心，人皆有之；

是非之心，人皆有之。

恻隐之心，仁也；

羞恶之心，义也；

恭敬之心，礼也；

是非之心，智也。

仁义礼智非由外铄我也，我固有之也。

恻隐之心，仁之端也；

羞恶之心，义之端也；

辞让之心，礼之端也；

是非之心，智之端也。

人之有是四端也，犹其有四体也。

在这里，孟子认为人性本善的原因是人生来就具有"四心"，即：恻隐之心、羞恶之心、恭敬之心、是非之心。那么，人生来是否真的具有这"四心"呢？孟子没有论证。我们简单分析一下：

第一，恻隐之心，即怜悯、同情心，人生来是具有的。

第二，羞耻心，人生来有没有呢？除人之外的其他高等动物是没有羞耻心的。从人类的发展进化来看，在人类的早期，原始社会的早期，人应当是没有羞耻心的，裸体，争抢雌性，其行为与其他动物一样。随着智力、理性与自我意识等的发展，人类才慢慢具有了羞耻心。从人类的个体来看，在 2 岁之前，自我意识产生之前，人也是没有羞耻感的，这从小孩子在大庭广众面前随意脱衣服、随意撒尿等就可以基本确定。因此，个体羞耻感也不是天生的，而是后天发展出来的。即使是在人类进入文明社会之后，人类在一些方面也是没有羞耻感的。例如《三国演义》等小说中还提到可以吃人肉、喝人血。

第三，恭敬之心，如尊敬父母、尊敬上级领导等，人生来是没有的。如小孩子就不懂得尊敬父母，经常与父母随意玩耍、放肆。尊敬之心是后天学来的。当你能够让孩子敬畏时（你具有权力、能力、势力、智力等方面的优势、威力等），孩子对你才有恭敬之心。

第四，是非之心，即懂得善恶、对错，人生来是应该没有的，如原始社会争抢女人、争夺食物等，并不被认为是错误的。即便在文明社会，夺取敌人之妻，也被认为是正当的。例如晋代陈寿著《三国志·蜀书·关羽传》裴松之注引《蜀记》记载："曹公与刘备围吕布于下邳，关羽启公，布使秦宜禄行求救，乞娶其妻，公许之。临破，又屡启于公。公疑其有异色，先遣迎看，因自留之，羽心不自安。此与《魏氏春秋》所说无异也。"这件事发生在汉献帝建安三年（公元198年），曹操与刘备合兵围攻吕布于下邳，吕布派其部属秦宜禄到寿春求救于袁术。关羽就向曹操请求，日后破了下邳城，把秦宜禄之妻送给他。曹操先答应了。及城临破前，关羽不放心，又再次提出请求。这引起了曹操怀疑秦妻有殊色。后城破，曹操先派人将秦宜禄之妻迎来验看，果有殊色，便自己留下了。关羽大失所望，对曹操埋恨在心。

可见，"四心"中只有同情心是人自出生时即具有的，另外"三心"是后天形成的。因此，孟子的性善论只有25%的正确性。

《孟子·尽心上》还提出：

> 人之所不学而能者，其良能也；所不虑而知者，其良知也。孩提之童，无不知爱其亲者；及其长也，无不知敬其兄也。

我们知道，孩提之童生来并不懂得热爱父母，只是因为后来认识到、感受后到了父母的关怀、照顾、养育，才懂得热爱父母。孩提之童"敬其兄"是在"及其长也"的情况下做到的，因此就不是天生的，而是后天学会的。

为了证明人的本性是善的，《孟子·公孙丑上》举了一个例子："所以谓人皆有不忍人之心者，今人乍见孺子将入于井，皆有怵惕恻隐之心。非所以内交于孺子之父母也，非所以要誉于乡党朋友也，非恶其声而然也。"这个例子确实可以证明人生来具有同情心。但是，如果我们再问孟子：当你自己的孩子与别人的孩子都掉到井里去了，那么你先救谁呢？毫无疑问，绝大部分人是先救自己的孩子。这就表明：人的本性是自私的嘛！

人有同情心，但并不会时刻显露出来。如果我们周围的人都比我们贫穷，我们当然会显现出同情心。但是，如果我们的身边与周围全是土豪、大老板、各级官员等身份、地位、名声、财富远胜我们的人，我们的同情心还会显现出来吗？我们同情他们什么呢？此时，我们心中经常显现的不是嫉妒就是羡慕！

在《孟子·告子上》中，告子反驳人性本善论，提出："性犹湍水也，决诸东方则东流，决诸西方则西流。人性之无分于善不善也，犹水之无分于东西也。"而孟子则辩解道："水信无分于东西，无分于上下乎？人性之善也，犹水之就下也。人无有不善，水无有不下。"这里，孟子以"水的本性是向下流的"来论证"人的本性是向善的"。这一论证是没有道理的。因为水的流向与人的本性倾向之间没有丝毫的关系。

在当代，我国学者还提出了一种"新性善论"。檀传宝教授指出："我所谓的新性善论就是用辩证唯物主义解释的性善论。……儿童具有先天性道德禀赋的事实实际上已经得到了许多心理学理论的证实。认知学派说的图式、格式塔学派讲的格式塔、马斯洛讲的超越性需要都具有先天性。移情实验也证明儿童有先天的社会移情能力。所以我们可以也必须对'性善论'做出新的解释。我们认为，由于人类整体社会的实际作用，人类个体已经先天地拥有某种对个体来说是先验但对人类整体实践来说是后天的社会性心理文化结构的遗传存在。这一社会性遗传不是说道德教育不重要，而是说它提供了我们道德教育的可能性。正是由于先天的道德禀赋存在，道德教育才能有发掘、发扬光大这一禀赋的可能。"① 人的本性中确实有善的种子、善的因素，如同情心。

但是，人的本性中并非只有同情心、只有善的种子。实际情况是，人性中还有恶的、自私的种子。人的本性是复杂的，不是单一的。

西方的文艺复兴思潮反对以神为中心，主张以人为中心，反对神性，主张人性，反对神权，主张人权，肯定人的价值和尊严，倡导人性解放，歌颂人的智慧和力量，赞美人性的完美与崇高，主张个性解放和平等自由，提倡发扬人的个性，要求现世幸福和人间欢乐。与基督教的原罪说相比，这是一种性善论，如莎士比亚和卢梭等人的观点。

（二）性恶论

荀子大概是我国古代较早提出人性本恶的观点的人。在《荀子·性恶篇》中，针对孟子的人性本善观点，荀子首先区分并定义了"性"和"伪"。认为："凡性者，天之就也，不可学，不可事。礼义者，圣人之所生也，人之所学而能，所事而成者也。不可学，不可事，而在人者，谓之性；可学而能，可事而成之在人者，谓之伪。"基于这样的区分，荀子指出："人之性恶，其善者伪也。"为什么？因为"今人之性，饥而欲饱，寒而欲暖，劳而欲休，此人之情性也"，"今人之性，生而有好利焉，顺是，故争夺生而辞让亡焉；生而有疾恶焉，顺是，故残贼生而忠信亡焉；生而有耳目之欲，有好声色焉，顺是，故淫乱生而礼义文理亡焉。然则从人之性，顺人之情，必出于犯分乱理，而归于暴。故必将有师法之化，礼义之道，然后出于辞让，合于文理，而归于治。用此观之，人之性恶明矣，其善者伪也。"

人的本性是"饥而欲饱，寒而欲暖，劳而欲休"等食色之欲。这是正确的。但是，把这种需要、欲望说成是"恶"，就不太对了。关键在于人通过什么途径、手段去追求和满足自己的情欲。如果用正当的、

---

① 檀传宝：《德育原理》，北京师范大学出版社 2006 年版，第 79－80 页。

合理的（不损害他人利益）途径、手段去追求，那么就不是恶。如果用不正当的手段与途径去追求满足这些情欲，那才是恶。一个人若仅仅停留于追求食色情欲，如果是用正当的手段途径，但是不追求精神文化等的需要，那也不是恶，只能说是庸俗、低俗等。

荀子的学生韩非、李斯都是性恶论者。《韩非子·五蠹》记载：

> 今有不才之子，父母怒之弗为改，乡人谯之弗为动，师长教之弗为变。夫以父母之爱、乡人之行、师长之智，三美加焉，而终不动，其胫毛不改。州部之吏操官兵、推公法，而求索奸人，然后恐惧，变其节，易其行矣。

人的本性中确实有这样的因素，需要严格的规章制度乃至严刑峻法才能够被管理。但是，如果一直用这样的方法去管理，必然激起人的反抗之心。所以，还是需要"尊重热爱与严格要求相结合"。只有尊重、热爱、关心学生，不严格要求、约束，是不够的。只用严格的规章制度来约束、管理，也是不够的。需要二者的结合，宽严并济。当然，对不同的学生，两种方法应有所偏重。

在国外，主张人性本恶的人很多。最早涉及人性问题的大概是柏拉图。在其《理想国》的第二章，讲述了一个有关古阿斯"魔戒"的故事：吕蒂亚国的先祖古阿斯原先是王宫的牧羊人，老实本分，勤恳辛劳。他在寻找一只丢失的羊时，从一个古墓中得到了一枚戒指，这就是魔戒的由来。古阿斯偶然发现戴着戒指可以隐去身体，于是他诱奸了皇后，杀死了忠厚的老国王，自己做了国王。这个故事表明，人的老实本分、淳朴善良、勤恳辛劳很可能只是"伪"，老实本分的人一旦有机会，恶的本性就会暴露出来。

古罗马帝国时期的基督教思想家圣·奥古斯丁（354—430），认为亚当和夏娃偷吃伊甸园里的智慧果违反了耶和华的旨意，犯了罪。由于一切人都是他们的后代，所以人人生来都是有罪的。因此他提倡禁欲主义，过苦行僧的生活，以皈依上帝。这就是原罪说，类似于性恶论。

赫胥黎、马尔萨斯、霍布斯、孟德斯鸠、马基雅弗利、弗洛伊德等，都是性恶论者。

（三）无善无恶

这一派认为：人的人性中既无善，也无恶。其实这一派应当细分为两个稍有区别的观点：一个观点认为，人的本性如一张白纸，无善无恶，善、恶是后天植入进去的，如告子、存在主义的观点等。另一个观点是：善恶是价值判断，是主观的，是评论、判断，不是事实描述，因此不能以善恶来论述人的本性。

法国著名作家、社会活动家、存在主义哲学家萨特（1905—1980）在其《存在主义是一种人道主义》中提出了他的存在主义思想，其基本观点是"存在先于本质"。意思是说：人在取得存在之前，是没有本质的，人首先必须存在，然后形成自己的本质、属性。萨特指出："人是自己认为的那样，而且也是他愿意成为的那样——是他从不存在到存在之后愿意成为的那样。人除了自己认为的那样以外，什么都不是。这是存在主义的第一原则。"他举例说："我可以说我爱我的某个朋友爱到可以为他牺牲，或者牺牲一笔钱的程度，但是除非我这样做了，我是无法证明我爱他到这样程度的"，因为"离开爱的行动是没有爱的；离开了爱的那些表现，是没有爱的潜力的；天才，除掉艺术作品中所表现的之外，是没有的。……一个人投入生活，给自己画了像，除了这个画像外，什么都没有"。

又如，"存在主义者在给一个懦夫画像时，他写得这人是对自己的懦弱行为负责的。他并不是有一个懦弱的心，或者懦弱的肺，或者懦弱的大脑，而变得懦弱的；他并不是通过自己的生理机体而变成这样的；他所以如此，是因为他通过自己的行动成为一个懦夫的。……使人成为懦夫的是放弃或让步的行为"；"是懦夫把自己变成懦夫，是英雄把自己变成英雄……懦夫可以振作起来，不再成为懦夫；而英雄也可以不再成为英雄"。

总之，"人只是他企图成为的那样，他只是在实现自己意图上方才存在，所以他除掉自己的行动总和外，什么都不是。"

（四）有善有恶

这一派的观点是：人的人性中既有善，也有恶。"人的心中有天使，也有魔鬼。"例如我国西汉时期的扬雄在其《法言·修身篇》中就提出："人之性也，善恶混。修其善则为善人，修其恶则为恶人。"

（五）性三品论

这个观点的含义是：有些人的本性是善的，有些人的本性是恶的，有些人的本性有善有恶。这是我国古代儒家关于人性的主流观点。孔子在《论语·阳货》中虽然认为"性相近也，习相远也"，但又在《论语·雍也》中说过："中人以上，可以语上也；中人以下，不可以语上也。"他还在《论语·阳货》中提出"唯上智与下愚不移"。中人、上智等似乎都是针对人的智力而言，但却成为后人认识人性的视角。

首先是西汉的董仲舒，他把人性划分为三："圣人之性"，本性完全是善的，不学而能；"中民之性"，可善可恶，是教育的对象；"斗筲之性"，本性是恶的，贪欲难改，教育对这样的人没有作用。接着是王充，认为人性有善有恶，指的是一般人的人性；孟子说的性善，是上等人的人性；荀子说的性恶，是下等人的人性。

唐朝的韩愈在其《原性》中，也提出了性三品论："性也者，与生俱生也；情也者，接于物而生也。性之品有三，而其所以为性者五；情之品有三，而其所以为情者七。曰何也？曰性之品有上、中、下三。上焉者，善焉而已矣；中焉者，可导而上下也；下焉者，恶焉而已矣。其所以为性者五：曰仁、曰礼、曰信、曰义、曰智……情之品有上、中、下三，其所以为情者七：曰喜、曰怒、曰哀、曰惧、曰爱、曰恶、曰欲。"韩愈完善了儒家的性三品说。

二、研究人性问题的三个视角

让我们看这几个问题：

（1）请问"1＋1＝2"对不对？

（2）请问"1＋1＝2"好不好？

（3）请问"1＋1＝2"美不美？

对于后面两个问题，人们很可能回答说："你有神经病呀？怎么能够这样问呢？"

对于"1＋1＝2"确实不能问好不好、美不美。但是对其他一些事物、事情，我们是可以这样问的。因为许多事物通常具有三方面的根本性质，所以我们可以提出三方面的问题：

（1）事物是什么？是真、是假？我们对此有事实判断、真假判断。

（2）事物对我们有什么用？是好是坏？是善是恶？我们对此有价值判断。

（3）事物是美是丑？我们对此有审美判断。

例如：对于一朵花，我们可以提出三个问题：

（1）这朵花是什么花？这是事实判断。

（2）这朵花美不美？这是审美判断。

（3）这朵花能吃吗？或者对我们有其他实用价值吗？这是价值判断。

人性问题同样包含三个问题：

（1）事实判断：人性是什么？客观、中立地描述人性事实上是怎样的。客观就是事实如此，不是人的杜撰、意见、态度、愿望。中立，就是价值无涉。

（2）善恶判断、价值判断：我们认为人性是好的、善的，还是恶的？这是一种主观的评价，不是对客观事实的描述，反映我们人的态度、看法。

例如：我们往往说，老虎的本性是凶残的，因为它会吃人、吃各种动物。但是，在老虎自己看来，这就冤枉它了，它只不过是在寻找食物而已，它若不吃其他动物，就活不下去。怎么能够说它是凶残的呢？要是老虎会说话，它就会说你们人类更凶残。你们人类不仅残杀各种动物来吃，甚至经常发生战争，人类自相残杀。我们老虎无论怎么凶残，但是"虎毒不食子"，比你们人类好多啦！况且，如果是在抗日战争时期，假设当日本侵略者正在烧杀抢掠我们的人民时，一只老虎跑出来咬死了日本侵略者，那么我们就会称这只老虎为"义虎"、"虎神"！同样是老虎咬人，在不同的情况下，我们对老虎的评价截然相反。可见，善恶判断是主观的，不能反映事物自身的属性、状况。

（3）审美判断：人性是美的还是丑的？

对于人性美不美的问题，马克思、恩格斯有过具体阐述。法国 19 世纪著名小说家欧仁·苏于 1842 年发表了小说《巴黎的秘密》，曾引起强烈的反响。这部小说写德国封建王公的儿子鲁道夫同一个英国没落贵族女子相爱，生下一个女儿。后来女方改嫁，把女孩托给公证人抚养，以后这女孩就下落不明了。鲁道夫为寻访女儿，周游世界，在巴黎下层社会乔装巡行，最后发现妓女玛丽花就是他的亲生女儿，他把她救出火坑，带回德国。鲁道夫认为她做过妓女，很肮脏，就把她送进修道院。最后玛丽花死在那里。

马克思在《神圣家族》第八章对这部小说进行了评论，指出：

> 我们在罪犯当中看到的玛丽花是一个卖淫妇，是那个罪犯密集的酒吧老板娘的奴隶。尽管她处在极端屈辱的环境中，她仍然保持着人类的高尚心灵、人性的落拓不羁和人性的优美。这些品质感动了她周围的人……并获得了"玛丽花"这个名字。

> 玛丽花虽然十分纤弱，但立即就表现出她是朝气蓬勃、精力充沛、愉快活泼、生性灵活的，只有这些品质才能说明她怎样在非人

的境遇中得以合乎人性的成长。

……她总是合乎人性地对待非人的环境……她用来衡量自己生活境遇的量度不是善的理想，而是她固有的天性、她天赋的本质。

在大自然的怀抱中，资产阶级生活的锁链脱去了，玛丽花可以自由地表现自己固有的天性，因此她流露出如此蓬勃的生趣，如此丰富的感受以及对大自然美的如此合乎人性的欣喜若狂。所有这一切都证明，她在社会中的遭遇只不过伤害了她的本质的表皮，这种境遇大不了是一种厄运，而她本人则既不善，也不恶，就只是有人性。

马克思称赞玛丽花是"一朵含有诗意的花"，对玛丽花表现出的人性美大加赞扬。然而，进了修道院后，玛丽花变成了一具苍白无力、生命枯竭、性灵泯灭、令人生厌的僵尸。可见，人性自由地表现出来就是美，而一旦被压抑、被扭曲，就丑了。

可以看出：玛丽花是卖身不卖心的。我国古代的青楼女子更是卖艺不卖身，看看今天的极少数女大学生"援交女"，却是既卖身，又卖心。

在对事物的三方面判断中，价值判断和审美判断一般要以事实判断为基础、前提。当然，价值判断与审美判断具有一定的独立性。例如：海市蜃楼、水中月、镜中花不是真实存在的，但却是美丽的。网恋也可能是甜蜜的，但往往是虚幻的、暂时的。

总之，对于人的本性问题，首先应当从事实判断的角度，去探索人性在事实上、客观上是什么，不带主观性和感情色彩去判断：人性中的什么属性、哪些属性是善或不善的？人性中的什么属性、哪些属性美不美？只有首先把复杂的人性弄清楚了，在此基础上，才可能进行科学、正确的价值判断、审美判断。

三、事实判断视角下的人性

要研究、探讨人性或人的本性是什么，首先要弄清楚什么叫"人性"、"人的本性"。也就是说，我们在寻找一个问题的答案之前，首先需要弄清楚问题是什么。问题和题意不清楚，获得的答案就有可能是答非所问，偏题、跑题。

（一）什么叫人性

所谓人性，顾名思义，就是指人的属性、性质。人的性质、属性是多方面的，甚至可能是多层次、多维度的。我们可以把人的各种性质划分为两部分：一是人的主要的、根本的性质、属性；二是次要的性质、属性。在人的主要的、根本的性质中，我们又可以划分为两部分：一是人类所特有的、其他动物没有的性质、属性，如一般所谓文化性、阶级性、政治性等；二是人类与其他动物所共有的性质、属性。

那么，在人的各种主要的、根本的属性中，有没有一些是其他动物也具有的呢？许多人是不承认有的。人的各种自然性、天性、本能，许多人认为只是人的属性中的次要部分，不是人的各种属性中的主要部分。他们由此强调人与其他动物具有质的区别，在人与其他动物之间人为地划一条不可逾越的鸿沟。例如《伦理学大辞典》对"人性"定义为："人区别于动物的各种特性或属性的总和与概括。"① 《人学原理》指出："古今中外对人性有各种解说，我们主张对人性作如下的界定：人性即人的特性，是指人之所以为人，区别于一切动物而为人所特有的，也是一切人（包括古今中外，不分性别、种族、民族、国籍、阶级、阶层、职业等等区别）所普遍具有的各种属性的总和。"② 《伦理学大辞典》还把"人的本质"定义为"人区别于动物的最根本特性，即

---

① 朱贻庭主编：《伦理学大辞典》，上海辞书出版社 2011 年版，第 57 页。
② 陈尚志主编：《人学原理》，北京大学出版社 2005 年版，第 92 页。

人的本质属性"。①

不承认人的自然性、生物性是人性的主要属性之一，几乎可以说是自欺欺人、掩耳盗铃，或者是极"左"思想在学术领域的体现。

自然性、生物性为什么是人性中的主要属性之一？简单证明如下：任何一个伟大的、高尚的、非常文明的人，都要吃饭、睡觉、休息，基本上具有七情六欲，等等。

人的本性之"本"，《现代汉语词典》（第 5 版）释义为：（1）草木的茎或根。（2）［书］用于花木：牡丹十本。（3）事物的根本、根源（跟"末"相对）。（4）本钱；本金。（5）主要的；中心的。（6）原来：本意、本色。（7）［副］本来。……

由于"本"是一个多义词，因此"人的本性"就有多种理解。主要有两种：第一，人的本性是指人本来就具有的、与生俱来就具有的属性、性质。第二，人的本性是指人的根本的（主要的）属性、根本的（主要的）性质。显然，人的一些与生俱来的属性不是人的主要属性的一部分，人的一些主要属性也不是与生俱来的。

对"人性"、"人的本性"乃至"人的本质"不管如何理解，其中一个主要问题就是：人的自然属性是不是人的主要属性的一部分？我们的回答是：人的自然属性是多方面的，其中一些是人的主要属性，另一些不是人的主要属性。同样，人的后天形成的各种属性中，其中一些是人的主要属性，另一些不是人的主要属性。

（二）人性的层次

第一，人首先是生物，因此具有生物的一般属性。如追求生存、安全、快乐，获取生存资源（正当或不正当的手段），有各种需要、欲望、情绪、情感等等。这是人性的第一个层次，一般被称为人的自然性、天性、先天本性等。

---

① 朱贻庭主编：《伦理学大辞典》，上海辞书出版社 2011 年版，第 55 页。

第二，人不是与猪、狗、牛、虎等同一个水平、同一个层次的动物（猿类似乎是介于人与这些动物之间的一个过渡类动物，人与其他动物之间不应看着存在一条鸿沟），人是高等动物，因此具有不同于其他动物的独特的人类特性，如社会性、阶级性、文化性、对话性、交往性等。

第三，不同的人类个体之间，由于遗传、环境等的差异，还存在独特的个性特征。因此在人的现实人性上，存在个体差异。例如有的人非常善良、温和、富有同情心，有的人则凶残、彪悍、铁石心肠，等等。

无论是人的自然属性，还是人的社会性、个性，都不是永恒不变的，而是发展变化的。

（三）人的天性是什么

在人性的三个层次中，人们一般有兴趣的是第一层次的人性，即人的本性（本来的属性）、先天属性、自然属性、天性。

那么，人的与生俱来的基本属性（天性、本性）是怎样的呢？

人的本性基本上是利己、自利的。注意，只能是"基本上"。因为人的本性中确实有同情、怜悯等属性。此外，利己、自利，是中性的表达，没有评价的色彩。因此利己性不等于自私，不等于恶。因为利己有许多情况，如：（1）损人利己；（2）在利人中利己；（3）既不利人也不损人的利己。只有损人中的利己才是自私，才是恶。

由于人在追求生存资源和追求满足自己的需要的过程中，用正当的手段往往难以实现，或者难以获得事半功倍的效果，因此往往采用不正当的途径、手段。也就是说，人的本性本来无所谓善恶，只是自利、利己的，但是很容易变坏、变恶。所以一些人干脆说成是自私的、恶的。于是，真理向前一步，就变成谬误了。

进化论是解释人类演化与发展最成功的理论。从进化论的角度看，人由动物进化而来。世上从来没有救世主，人要生存、要保障自己的安全，要生活、发展，等等，都要依靠自己。人类从古至今，基本上还是"物竞天则，适者生存"。所以古猿、原始人乃至今人一生所追求的几乎都是自己的利益。

当代英国著名演化生物学家、动物行为学家、英国皇家科学院院士、牛津大学教授理查德·道金斯（1941—）在其著作《自私的基因》（1976年）一书中提出了一种自私基因的理论。作者在首版前言中首先指出："本书绝非杜撰之作。它不是幻想，而是科学。"在书中，道金斯提出："我们以及其他一切动物都是各自基因所创造的机器……成功基因的一个突出特性就是其无情的自私性。这种基因的自私性通常会导致个体行为的自私性。然而我们也会看到，基因为了更有效地达到其自私的目的，在某些特殊情况下，也会滋长一种有限的利他主义"，"对整个物种来说，普遍的爱和普遍的利益在进化论上简直是毫无意义的概念"。①

当然，基因自私不等于人一定自私："我们的基因可以驱使我们的行为自私，但我们也不必终生屈从。"②

认识到人的本性的利己性是很有意义的。道金斯指出："更仔细地观察一下，我们常常会发现明显的利他行为实际上是伪装起来的自私行为。"③

"基因自私"的观点在我国也得到了回应。孔宪铎、④ 王登峰在他们合著的《基因与人性》一书中专门研究了人性问题，指出：基因有天性有习性两个方面，"基因的天性是自我复制……可是，基因又如何才能达到自我复制的目的呢？……它唯一可行的手段就是拿出自私的本

① ［英］理查德·道金斯：《自私的基因》，卢允中等译，中信出版社2012年版，第3－4页。
② ［英］理查德·道金斯：《自私的基因》，卢允中等译，中信出版社2012年版，第4页。
③ ［英］理查德·道金斯：《自私的基因》，卢允中等译，中信出版社2012年版，第6页。
④ 孔宪铎（1935—），加拿大多伦多大学生物学博士、北京大学心理学博士、美国加州大学博士后，曾任美国马里兰大学分校学术副校长、香港科技大学学术副校长等。

领"。因此，"基因的自我复制和自私的天性成为宇宙间生物繁衍的原动力"。① 与基因的天性与习性相应，人性也包括天性与习性两个方面。孔宪铎、王登峰指出："人有天赋的人性，人性中又有天性和习性的双重性，这种双重性在人性中缺一不可，也不可分离……用以阐释天性和习性的名词很多。有的用自然性和社会性，有的用先天性和后天性……我们倾向于用动物性和文化性。"② 那么，人性中的动物性（人的天性）是什么呢？他们指出："在人类的动物性中，包含着'原欲'和'原恶'两个部分。人类的原欲中有食欲、性欲和知欲"，"伴随着上述三项原欲，在人类的动物性中还存在着和荀子所主张的性恶论不谋而合的三项原恶：任性……；懒惰……；嫉妒……。"③

经过以上的分析、探讨，孔宪铎、王登峰总结指出："我们想下的结论是：从人性的双重性上和人性起源于动物性上看，人性起初充满动物性，没有文化性，所以人性的起初是恶的。再从基因的观点上看，所有的生物都是基因的产物。基因是自私的，来自自私的基因的人性，也是自私的，人性本恶的理论也就有据了。根据当前所知道的理论和事迹，本书支持荀子的性恶论，人的天性是恶的。"④ 总之，"基因自私，人也自私，连在人类利他行为后面的动力也多是出于自私……人天生是自私的，所以人的天性不是善而是恶。"⑤

四、马克思、恩格斯关于人性的利己主义观

在马克思、恩格斯看来，需要就是人的本性，人的本性主要也是利

---

① 孔宪铎、王登峰：《基因与人性》，北京大学出版社 2009 年版，第 22 页。
② 孔宪铎、王登峰：《基因与人性》，北京大学出版社 2009 年版，第 29 页。
③ 孔宪铎、王登峰：《基因与人性》，北京大学出版社 2009 年版，第 31、34 页。
④ 孔宪铎、王登峰：《基因与人性》，北京大学出版社 2009 年版，第 58 页。
⑤ 孔宪铎、王登峰：《基因与人性》，北京大学出版社 2009 年版，前言第 2－3 页。

己的，人的利己本性是一切道德和道德人的起点、基础。

（一）需要即本性

首先，人的本性是什么？马克思·恩格斯提出了"需要即本性"的观点。马克思、恩格斯在《德意志意识形态》中指出："在任何情况下，个人总是'从自己出发的'……他们的需要即他们的本性。"① 如何理解"需要即本性"呢？我们还记得荀子的观点吧："饥而欲饱，寒而欲暖，劳而欲休，此人之情性也。"人的那些正常的需要、欲望，就反映了人的本性，如孟子所说的"食色，性也"。

在人的各种需要中，最原始、最基本的需要是安全、生存。为了安全、生存，为了生存、生活，为了繁衍、发展，人最需要的是各种生存资源，如物质、钱财、身份地位、名声、嫁娶等等。马克思、恩格斯继续深刻指出："任何人如果不同时为了自己的某种需要和为了这种需要的器官而做事，他就什么也不能做。"②

（二）人的本性是利己的

人的本性基本上是利己的，人在其一生中所追求的基本上是自己的东西。恩格斯《在爱北斐特的演说》中指出："我们大家辛勤劳动的目的只是为了追求一己之利，根本不关心别人的福利。"③ 马克思、恩格斯在《德意志意识形态》中指出："在现实世界里，我所关心的——这一点我知道得很清楚——只是我的利益，别无他想。除此以外，使我感到满意的是再想一想天堂的利益和自己的长生不死。"④

马克思在《资本论》第一卷中在谈到劳动力的买卖问题时指出：（劳动力的买和卖）"双方都只顾自己。使他们连在一起并发生关系的唯一力量，是他们的利己心，是他们的特殊利益，是他们的私人利益。

---

① 王磊选编：《马克思恩格斯论道德》，人民出版社2011年版，第160页。
② 王磊选编：《马克思恩格斯论道德》，人民出版社2011年版，第144页。
③ 王磊选编：《马克思恩格斯论道德》，人民出版社2011年版，第115页。
④ 王磊选编：《马克思恩格斯论道德》，人民出版社2011年版，第146页。

正因为人人只顾自己，谁也不管别人，所以大家都是在事物的预定的和谐下，或者说，在全能的神的保佑下，完成着互惠互利、共同有益、全体有利的事业。"①

　　一些人不承认人的本性基本上是利己的，是因为不愿意看到这个"残酷的"真相，他们更愿意生活在美丽的神话中。为了面对事实，我们需要打破这个神话。马克思、恩格斯在《神圣家族》中指出："通过确认利己主义，而且通过在宗教上确认利己主义，即通过承认利己主义是超人的、因而是不受人约束的存在物来约束利己主义，这是真正批判的任务！"②

　　人的本性基本上是利己的，我们可以从大量的事实中看到。例如马克思、恩格斯在批判那种把社会中的个人当原子的观点时指出："把市民社会的原子联合起来的不是国家，而是如下的事实：他们只是在观念中、在自己的想象的天堂中才是原子，而实际上他们是和原子截然不同的存在物，就是说，他们不是超凡入圣的利己主义者，而是利己主义的人。"③

　　人的利己本性在商人和资本家、资产阶级身上发挥到了极致。恩格斯在《国民经济学批判大纲》中指出："由竞争关系造成的价格永恒波动，使商业完全丧失了道德的最后一点痕迹……在这种持续地不断涨落的情况下，每个人都必定力图碰上最有利的时机进行买卖，每个人都必定会成为投机家，就是说，都企图不劳而获，损人利己，算计别人的倒霉，或利用偶然事件发财。"④

　　马克思在《资本论》中一针见血地指出："资本害怕没有利润或利润太少，就像自然界害怕真空一样。一旦有适当的利润，资本就胆大起

① 《马克思恩格斯选集》第 2 卷，人民出版社 1995 年版，第 176 页。
② 王磊选编：《马克思恩格斯论道德》，人民出版社 2011 年版，第 68 页。
③ 王磊选编：《马克思恩格斯论道德》，人民出版社 2011 年版，第 70 页。
④ 王磊选编：《马克思恩格斯论道德》，人民出版社 2011 年版，第 22－23 页。

来。如果有百分之十的利润，它就保证到处被使用；有百分之二十的利润，它就活跃起来；有百分之五十的利润，它就铤而走险；为了百分之一百的利润，它就敢践踏一切人间法律；有百分之三百的利润，它就敢犯任何罪行，甚至冒绞首的危险。"[1] 这里的"资本"当然是指资本的持有者。资本持有者不是一群特异人，而是正常人。还有如全世界那些炒股者、买彩票者，总是等着天上掉下大馅饼。这些人在人性和心理、人格等方面都是正常的人啊！

（三）人是从自己出发的

人为了追求和满足自己的各种需要、欲望、愿望，必然要通过种种途径、方法去努力获取相应的东西。所以，人的几乎一切活动的出发点都是自己。对此，马克思、恩格斯有过许多论述。马克思、恩格斯在《德意志意识形态》中指出："各个人的出发点总是他们自己"，"个人总是并且也不可能不是从自己本身出发的"。[2] 恩格斯在 1844 年 11 月 19 日致马克思的一封信中指出："原则上正确的东西当然是，在我们能够为某一件事做些什么以前，我们必须首先把它变成我们自己的、利己的事……我们必须从我，从经验的、有血有肉的个人出发"，"有血有肉的个人是我们的'人'的真正的基础，真正的出发点"。[3]

正确认识"从自己出发"，从自己的利益角度出发，具有重要的意义。

首先，我们来看，如果不从自己出发，不从个人自己的利益出发，而是从他人、集体出发，结果怎样。我们曾反对追求个人利益，提倡一大二公、大公无私、无私奉献，提倡集体利益高于一切，提倡毫不利己、专门利人，把追求个人利益当作资本主义的东西，上纲上线，进行批判、打击。结果怎样呢？结果是把一些人变成了伪君子，虚伪，伪装，一些人借集体、人民、国家之名，谋个人之实，道貌岸然，一本正

---

① 马克思：《资本论》第 1 卷，人民出版社 1975 年版，第 829 页。
② 王磊选编：《马克思恩格斯论道德》，人民出版社 2011 年版，第 131、141 页。
③ 王磊选编：《马克思恩格斯论道德》，人民出版社 2011 年版，第 86－87 页。

经，假公济私。

另一方面，我们来看看正确对待个人利益、从自己出发的结果怎样。党的十一届三中全会做出实行改革开放的历史性决策之后，实行农村土地承包到户、允许一部分人先富起来，鼓励人们大胆发财致富，允许私营企业、个体户的发展。结果是促进了国家经济的发展，人民的物质生活得到明显改善并日益提高。

（四）利己性是人的起点，不是终点

人的利己性体现了人与其他动物的相同的一面。因此，谁若仅仅停留于利己，一切活动、任何事情全都是为了自己，甚至不择手段，损人利己，那么就体现了他（她）人性中的兽性。这样的人在社会中必然处处碰壁，因为他在损人利己中必然遭到他人和社会的抵抗。若要顺利地生存、生活，就不能损人利己，而只能不损人也不利人地利己。如果还希望得到他人的接纳、认可、承认、尊敬，那么就应当在利人中利己。谁如果不想停留于动物水平，希望超越动物，超越自己，实现自己，把自己身上的理性、才能等发挥出来，得到他人和社会的尊敬，那么就应当在利人利己之外，还要尽可能付出、奉献、服务。

总之，对于人来说，"利己"只是我们的起点，不是终点。我们应当从利己出发，走向利他、奉献、服务，走向高尚、伟大、崇高。对此，马克思、恩格斯反复地阐述过。恩格斯在 1844 年 11 月 19 日致马克思的信中谈到施蒂纳的利己主义时指出："他的利己主义的人，必然由于纯粹的利己主义而成为共产主义者。……人的心灵，从一开始就直接由于自己的利己主义而是无私的和富有牺牲精神的。……即使抛开一些可能的物质上的愿望不谈，我们也是从利己主义成为共产主义者的，要从利己主义成为人，而不仅仅是成为个人。……我们必须从我，从经验的、有血有肉的个人出发，不是为了像施蒂纳那样陷在里面，而是为了从那里上升到'人'。"恩格斯在此信中反复指出："利己主义——当然，不仅仅是施蒂纳的理智的利己主义，而且也包括心灵的利己主义

——也就是我们博爱的出发点，否则这种爱就漂浮在空中了。"①

马克思在《政治经济学批判》中也指出："每个人追求自己的私人利益，而且仅仅是自己的私人利益；这样，也就不知不觉地为一切人的私人利益服务，为普遍利益服务。关键并不在于，当每个人追求自己私人利益的时候，也就达到私人利益的总体即普遍利益……关键倒是在于：私人利益本身已经是社会所决定的利益……"②

所谓的集体利益、普遍利益、共同利益等，其实都是在个人利益基础上产生的。马克思、恩格斯在《德意志意识形态》中指出："'共同利益'在历史上任何时候都是由作为'私人'的个人造成的。"至于共同利益与个人利益的对立"只是表面的，因为这种对立的一面即所谓'普遍的'一面总是不断地由另一面即私人利益的一面产生的。"③

当我们在说人的本性是利己的时候，我们一定要注意，利己性只是人的本性中的基本方面、主要方面，而非全部。人是群居性的物种，因此人的天性中还有群性，即合群性、对群体的依赖性。而且，人还有对同类的怜悯性、同情性，这在其他高等动物中也能够发现。所谓兔死狐悲、物伤其类，是有道理的。这些都是就人性的与生俱来的属性而言。此外，人的根本属性中还有后天习性，有社会性；对具体的个人来说就非常复杂了。

但是，人的社会性消磨不了人的自然性，尤其是对我们芸芸众生来说，自然性在我们身上依然很强。反之，一旦人的自然性被消磨，那么人就不再是人，而是不食人间烟火的神仙了。恩格斯曾经深刻地指出："人来源于动物界这一事实已经决定人永远不能完全摆脱兽性。"④

---

① 王磊选编：《马克思恩格斯论道德》，人民出版社 2011 年版，第 86－87 页。
② 王磊选编：《马克思恩格斯论道德》，人民出版社 2011 年版，第 183－184 页。
③ 王磊选编：《马克思恩格斯论道德》，人民出版社 2011 年版，第 141－142 页。
④ 《马克思恩格斯选集》第 3 卷，人民出版社 1995 年版，第 442 页。

五、人的利己本性的意义

认识到人的本性（主要）是利己的，具有重大的理论意义与现实
意义。

（一）利己性是对人的本性的认识的深入

许多人不赞同人性本恶的观点，因为人们都喜欢听好话，喜欢听积
极的、令人高兴的话，喜欢听好消息，这符合心理规律。好消息让人高
兴、放松、愉悦，给人带来安全感。坏消息让人紧张、害怕、担忧、警
惕。于是，我们如果听到有人在宣扬人性本善的思想，我们就赞扬，甚
至无意识地认为宣扬者也是一个善人。反之，如果我们听到有人在宣扬
人性本恶的思想，我们就反感、抵制，并有意无意地认为宣扬者也是恶
的，是别有用心的。看看中国的文学就知道，多数文学故事的结尾都是
大团圆，是好消息。中国的悲剧不发达。其实，事实可能正好相反，宣
扬人性本善的人不一定就是善人，或许是伪善的人，或者是幼稚、单
纯；而宣扬人性本恶的人多数并不是坏人，往往是对人的本性有更深刻
认识的人。切记：信言不美，美言不信。黑格尔曾经说过：

> 有人认为，当他说人本性是善的这句话时，是说出了一种很伟
> 大的思想；但是他忘记了，当人们说人本性是恶的这句话时，是说
> 出了一种伟大得多的思想。[1]

大凡认为人性本恶的人，只是想认清事实，并非提倡或宣扬人应当
追求自己的利益。恰恰相反，认为人性本恶的人，无不在思考如何压
制、遏止、改变恶性，培育和发展善性，如荀子、韩非、主张"原罪

---

[1] 《马克思恩格斯选集》第 4 卷，人民出版社 1995 年版，第 237 页。

说"的基督徒等，无不在殚精竭虑地思索止恶扬善的对策、出路。

再次说明，认为人的本性是恶的、自私的，是不科学、不严谨的。科学的说法是利己、自利。利己不等于自私，更不等于恶。损人利己才是自私，才是恶。而在利人中、通过利人、为了利人的利己，就是善，就是正常的道德、普通的道德。

我们一定要注意：利己是人的天性。如何利己，是在损人中利己，还是在互惠利他中利己，还是既不利人也不损人中的利己，这是习性，是后天决定的。后天因素非常复杂，包括时代特征、社会发展阶段、社会的物质生产情况与生产关系、社会风气等大气候，以及个人的家庭背景、父母与家人的物质与精神条件、个人受教育情况与才能……一个人从小生活在不良环境中，又没有受过多少教育，就可能追求损人利己；一个人从小生活在一个正常的家庭，受过良好的教育，有一个中等收入的工作，就可能追求互惠中的利己、通过诚实劳动的利己……

此外，"利己"还有一个"利"什么样的"己"的问题。从马克思主义关于事物的普遍联系的观点看，自己、个人决不是孤立地生存在世界上，个人与他人有着千丝万缕的关系。例如：自己与父母、子女、兄弟姐妹、爷爷奶奶、外公外婆、堂（表）兄弟姐妹等，就存在不同程度的血缘关系。自己与朋友、熟人、同事、与自己的单位、家乡、祖国等也存在种种关系。所以，如果我们能够把"己"、"我"扩大为"我们"，扩大为"我们大家"、"我们的集体"、"我们的国家"……也就是把个人利益融入群体利益之中，那么就可以走向无条件利他，走向高尚道德。

（二）有助于认清动物界的利他行为的本质

一些人往往举出在动物中广泛存在的利他行为的例子，来证明利他性是人与动物本性中就有的，由此证明人的本性是善的。其实，动物的利他行为往往是表面现象，掩盖在利他行为背后的还是利己性。例如：

1. 有些小型鸟类，如知更鸟、画眉和山雀，发现有鹰靠近时，就会对其他鸟发出警告。它们会蹲下身，发出一声清晰的又尖又细的哨音。虽然这种警告声由于其声音特点不容易暴露发声源，但是能够这样发出呼哨本身就是无私的，对于发出警告的鸟来说，当然是一声不响更明智，更不容易暴露自己。那么，这些鸟为什么要冒危险警告其他鸟呢？因为，其他鸟都与自己有着血缘关系，是一个家族、家系的鸟。

2. 黑猩猩合作狩猎，共享食物，还有收养失去父母的猩猩幼仔的习惯。关于这类例子，简·古多尔在坦桑尼亚的哥姆河国家公园观察到3例，失去父母的黑猩猩都是由成年的哥哥姐姐抚养。利他行为发生在血缘关系最近的亲属身上，而不是发生在有经验的自己有孩子的雌性黑猩猩身上。

3. 蚂蚁、蜜蜂和黄蜂随时准备不顾一切地与来犯之敌作战，捍卫自己的巢穴。热带的群居无刺蜂，如果有人胆敢靠近其巢穴，它们便会蜂拥而至，在人头顶上盘旋，用嘴死死咬住人的头发不放。由于咬得很死，以至于用梳子篦头发的时候，无刺蜂会被扯得身首分离。工蜂长刺，和钓鱼钩颇为相似的刺上还排着倒钩。蜜蜂向入侵者发起攻击时，把刺刺进入侵者的皮肤，飞离时，仍旧嵌在皮肤里的刺把蜜蜂身体里的整个毒液腺和很大一部分内脏扯带了出来。蜜蜂过不多久就死了。

非洲白蚁也是群居昆虫。这种白蚁中的战斗蚁简直就是活动炸弹。一对对硕大的腺体从头部后侧开始几乎布满整个身体。当它们和蚂蚁及其他敌人作战时，会从嘴里喷射出一股黄色的腺体分泌液，液体遇到空气凝结，常常致命地把战斗蚁和对手黏在一起。战斗蚁是通过收缩腹壁肌肉把液体喷出去的。有时候，由于收缩用力过猛，以至于腹部和腺体都爆裂开来，防卫液便朝四下里喷溅。

群居昆虫这种自我牺牲的利他行为的原因是什么？生物学家指出："自然选择在这里扩大到血缘选择。牺牲自己的战斗白蚁保护了自己的白蚁群，包括蚁王蚁后——它的父母。这样，战斗蚁自己没有后代，但是它的兄弟姐妹繁衍后代很多，通过兄弟姐妹，战斗蚁的利他基因得以在为数众多的侄子侄女身上繁衍下去。"①

蜜蜂，尤其是工蜂，每天除了吃饭睡觉就是干活，不辞辛苦，任劳任怨，几乎什么工作都做：采蜜、保卫、筑巢、照料幼蜂、做清洁等等。那么，工蜂为什么那么勤劳、任劳任怨，甚至甘愿为群体而献出自己的生命？

一个蜂群有三种蜂型：蜂王、雄蜂、工蜂。蜂王（雌性）可以产下受精卵（与雄蜂交配），也可以产下非受精卵。蜂王一般把卵产在三个地方：非受精卵产在雄蜂房，发育成雄蜂，受精卵产在工蜂房和蜂王房。蜂王房里的受精卵发育成幼虫后，喂食的是蜂王浆，长成性器官成熟的蜂王。工蜂房里的受精卵发育成幼虫后，最初几天喂食的也是蜂王浆，但之后改喂食一般的蜂蜜，因而无法完成生殖能力的发育，最后便会成为工蜂（雌性）。工蜂由于性器官发育不完全，不能与雄蜂交配，但是可以自己产下非受精卵，发育成雄蜂。

但是，绝大多数工蜂不会产卵，因此没有后代。为什么？它们自己不愿意产卵吗？不是。正常的生物，谁不愿意有自己的后代呢？只是它们时刻都被蜂王和其他工蜂监视着。工蜂们小心翼翼地相互监视着。如果某只工蜂胆敢产下卵，其他工蜂就会把这些"私生子"杀死。蜂王产的卵携带着蜂王体内的信息素，因此不会被杀死。所以，工蜂只能指望蜂王代替自己繁殖后代，因而自己辛勤地为蜂群工作。

与勤劳的工蜂相比，雄蜂则是一些好吃懒做、整天游手好闲寻花问柳的花花公子。它们需要工蜂采集酿造的蜂蜜来养活。秋风落叶，万物开始凋谢，工蜂采蜜难了。这时，工蜂由大方慷慨而变得非常吝啬，极为珍惜自己的劳动成果，决不再养活吃闲饭的懒汉。工蜂开始对雄蜂实行"不劳动者不得食"的极端制裁政策，驱逐雄蜂出境。它们采取"步步为营"的策略，先是限制其活动范围，进而将雄蜂步步逼至死

---

① ［美］爱德华·奥斯本·威尔逊：《论人性》，方展画等译，浙江教育出版社2001年版，第139页。

角，再断以食物，使其体力逐渐衰弱。这个时候的雄蜂只好忍气吞声，毫无还手之力，成了向隅而泣的可怜虫，逐步被工蜂赶出巢外，饿死，冻死，弃尸荒野。越冬之前，雄蜂将会全部死光。这种游手好闲的浪荡生活，悲惨又可怜的下场，也许就是雄蜂伟大而悲壮的一生吧。

但是，科研人员还是发现一些蜂群里有工蜂在一些隔离室里偷偷"生子"。蚂蚁群里的情况稍有不同。蚁后哺育的工蚁根本没有生育能力，所以根本不用担心工蚁偷偷生子。

（三）有助于认清人类无私奉献与自我牺牲的根源

在许多战争中，很多人为了掩护同志用自己的身体扑住手榴弹，冒着生命危险到战场上抢救战友，或者做出其他异乎寻常的决定，最终牺牲了自己的生命……这种无私的自我牺牲是极为勇敢的行为。在千钧一发之时，这些人头脑里想的是什么呢？"在这种情形下，个人的虚荣心和骄傲感总是重要因素"，詹姆斯·琼斯在《二次大战》中写道："战斗使人亢奋，亢奋中人会心甘情愿地去死，如果不是处于这种亢奋状态，这个人很可能会畏缩不前。但是到了最后关头，死亡就在前面离你几步远的地方瞪着你，也许会有一种为了国家、社会甚至民族牺牲自己的受虐冲动，支撑着你走完最后那几步，这是一种类似性快感的极度喜悦。是一种'豁出一切'的至高快感。"①

著名的生物学家威尔逊指出："人类利他精神的多数表现形式最终都含有自利的性质……最崇高的英雄奉献自己的生命时也期望得到巨大的回报，其中还包含着永生的信念"，"人们行善是有选择性的，最终常常是自利的，印度教允许人们竭尽全力为自己和近亲着想，却不鼓励人们怜悯没有亲戚关系的个人，特别是贱民……信徒慷慨行善，为过上

---

① ［美］爱德华·奥斯本·威尔逊：《论人性》，方展画等译，浙江教育出版社2001年版，第135－136页。

更好的个人生活积德,用善行抵消恶行。"①

(四)有助于摆脱"左"的思想束缚

承认人的利己本性,有助于我们抛弃假、大、空,回归真实,从现实出发。中华人民共和国在成立之初,就确定了跑步进入共产主义社会的远大梦想。与此相应,在人生、道德等领域,也提出了共产主义道德、共产主义者的信念,以此要求人们。这就是一大二公,毫不利己、专门利人,一心为公,提倡奉献、牺牲,集体利益高于一切,个人无条件服从集体,等等。这种完全忽视个人利益的主张,在现实中往往造就一批虚伪、道貌岸然、假正经、高谈阔论的伪君子、阴谋家、野心家、弄权者。认清了人的本性是自利的,正确对待它,不偷偷摸摸,不藏藏掖掖,承认个人利益的合法性,在此基础上走向互惠互利,合作共赢,追求个人利益与群体利益的统一,才是正确的途径。反对个人利益,片面提倡集体利益、国家利益、人民利益,把个人利益与群体利益对立起来,最后只能适得其反。毛泽东同志对此曾经有过深刻的论述。1955年在《〈中国农村的社会主义高潮〉按语选》中,毛泽东"提倡以集体利益和个人利益相结合的原则为一切言论行动的标准的社会主义精神"。在1938年《中国共产党在民族战争中的地位》一文中,毛泽东曾经说过:"共产党员无论何时何地都不应以个人利益放在第一位,而应以个人利益服从于民族的和人民群众的利益。"真正的共产党员应该具有的不只是普通道德,更应具有高尚道德。因此,可以对他们这样要求。

(五)做人的起点,要从零善或利己开始

王登峰、崔红认为:中国传统的性善论与西方的性恶论影响下的做人道路是有差异的,如下图:②

虽然做人的目标都是圣人,但是由于中国传统的性善论,认为人生

---

① [美]爱德华·奥斯本·威尔逊:《论人性》,方展画等译,浙江教育出版社2001年版,第139–140页。

② 孔宪铎、王登峰:《基因与人性》,北京大学出版社2009年版,第63页。

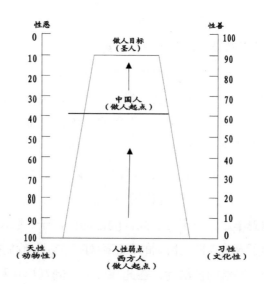

图5　在中西方文化中做人起点的不同

来就有善端，没有恶性，而这个观点是错误的，因此做人就是从半空中
开始的。而西方由于性恶论，因此做人是从地上开始，即从零善或利己
开始。中国人做人从半空开始，不容许人有自利、自私，要求过高，导
致中国人的虚伪、伪善，自欺欺人，心理焦虑。西方一开始就承认性
恶，反倒坦诚、轻松，正视个人的正当需要、欲望。

（六）利己性是个人发展前进与进步的原动力

　　虽然为了人类的解放、国家与人民的利益等伟大理想与抱负，也会
激发个人前进的力量，去奋斗、去追求，但是在遇到困难时能够坚持下
去的人不是多数。反之，人的利己性则是个人追求事业、追求人生、追
求幸福和自我实现的根本原动力，是社会发展的根本动力。

　　经济学之父亚当·斯密认为：造福社会原本萌芽于个体的私欲。人
类社会世代承袭的协作与进取精神实际上不是宽容大度所赐，而是追逐
个人利益的结果。自私的野心导致了工业的产生；仇恨扼杀了挑衅；虚
荣成为善举的动因。……我们的晚饭不是来自肉贩、酿酒师和面包师的

恩惠，而是源于他们对自身利益的考虑。①

茅于轼论人的利己性及对社会发展的意义②

人是自利的生物实在是人类社会的大幸。由此，人类才有了创建大同世界的理想。

一个舍己救人的义士也并不是"专门利人，毫不利己"的，而是利人和利己在深层次上的统一。

人类社会的分工是通过交换和竞争形成的。它们的基本推动力是个人的利益，其结果是全社会得益。

要使社会富裕，价格是必不可少的，人必须自利，并且有一个公平竞争的市场。相反，如果放弃价格这一信息，或者人们不追求自利，或者不能保证市场的公平竞争，社会必定是贫穷的。

幸亏个人自利的行为能导致经济发展和整个社会的共同富裕，这实在是人类的大幸！

---

① ［美］麦特·里德雷：《美德的起源：人类本能与协作的进化》，刘珩译，中央编译出版社2004年版，第40－41页。
② 茅于轼：《中国人的道德前景》，暨南大学出版社2008年版，第3、82、95、113、116页。

第二篇

德育的伦理学基础：科学伦理学

第三章　事实与价值统一论

事实与价值是哲学中的一对重要范畴。关于这对范畴的重要理论，就是休谟法则和自然主义谬误。休谟法则自提出来之后，一直到今天，国内外学界一直争论不断。赞同者有之，否定者有之，小觑者有之。尤其是对破解休谟法则的伟大意义，学界似乎还没有认识到，如国内有研究者认为"休谟是正确的，但这种正确性并没有多少价值。"①

一、休谟法则与休谟问题

休谟本人并没有提出"休谟法则"，他只是提出了后人所归结成的"休谟问题"。休谟在其《人性论》第三卷第一章第一节最后的一个"附论"中提醒人们注意：

> 在我所遇到的每一个道德学体系中，我一向注意到，作者在一个时期中是照平常的推理方式进行的，确定了上帝的存在，或是对人事作了一番议论；可是突然之间，我却大吃一惊地发现，我所遇到的不再是命题中通常的"是"与"不是"等连系词，而是没有一个命题不是由一个"应该"或一个"不应该"联系起来的。这

---

① 朱志方：《价值还原为事实：无谬误的自然主义》，《哲学研究》2013 年第 8 期。

个变化虽是不知不觉的，却是有极其重大的关系的。因为这个应该
或不应该既然表示一种新的关系或肯定，所以就必须加以论述和说
明；同时对于这种似乎完全不可思议的事情，即这个新关系如何能
由完全不同的另外一些关系推出来，也应当举出理由加以说明……
我相信，这样一点点的注意就会推翻一切通俗的道德学体系，并使
我们看到，恶和德的区别不是单单建立在对象的关系上，也不是被
理性所察知的。①

从上面这段话可以看出，休谟并没有否定能够从"是"推出"应
该"。他虽然表示这一推论是"似乎完全不可思议的事情"，但他要求
作者"加以论述和说明"、"应当举出理由加以说明"。因此，他只是对
这一推论表示了怀疑，一如其哲学的怀疑论。而且他表示，如果这一推
论成功，就会带来"推翻一切通俗的道德学体系"等后果。

当代英国著名的伦理学家黑尔认为，休谟在这里提出的问题为伦理
学提供了由事实判断（能否）向道德判断推理的一个基本法则，即一
个道德判断的结论不能从一个事实判断中推出。对该规则的有效性，黑
尔深信不疑，并将其称为"休谟法则（Hume's Law）"。这个法则简单
地说，就是：我们不可能从"实然"（is）中推出"应然"（ought）。

1903 年，现代英国哲学家、元伦理学开创者摩尔在其《伦理学原
理》一书中提出了著名的"自然主义谬误"。他把凡是用"某种存在的
事物"来定义"善的"的伦理学，都称为犯了自然主义错误。学界通
常把自然主义谬误简单地表达为：任何试图从"是"推出"应当"的
做法，就是犯了自然主义谬误。

---

① ［英］休谟：《人性论》，关文运、郑之骧译，商务印书馆 2005 年版，第 509 -
510 页。

二、若干对休谟法则的批判之批判

休谟法则提出来之后，得到了一些学者的盛赞和坚持，但也有许多研究者在批判、否定，并尝试从"是"推出"应当"。例如：

（一）塞尔的例子

当代著名的语言哲学家塞尔通过下面 5 个句子的逻辑关系，试图说明如何从"实然"中推出"应然"：

1. 琼斯说："史密斯，我在此答应给你 5 元钱。"
2. 琼斯承诺付给史密斯 5 元钱。
3. 琼斯将自己置于付给史密斯 5 元钱的义务之下。
4. 琼斯有付给史密斯 5 元钱的义务。
5. 琼斯应该付给史密斯 5 元钱。

塞尔指出，尽管句 1 是一个纯粹的"事实性陈述"或"描述性陈述"，但通过一系列的逻辑推演，到了句 5，已是一个完全的"价值性陈述"或"评价性陈述"了。由此塞尔认为，我们完全可以从"实然"中推出"应然"。

在笔者看来，这个推理存在两大问题：第一，句 1 不是事实性陈述或描述性陈述。因为句 1、句 2 不过是琼斯在表达他的意愿、他内心的愿望，哪里是事实呢？分析哲学家赖特把句 1、句 2 简化为"A 承诺做 P"。一个人承诺做某件事，实际上只是在表达这个人的决心、愿望，因此不是事实，而属于价值的范畴。第二，这个推理要成立，就需要在句 4 和句 5 之间加一句"如果琼斯不想放弃自己的义务"。因为如果琼斯不想做一个信守承诺的人，那么他就不应该"付给史密斯 5 元钱"。

（二）马克斯·布莱克的例子

1964 年，马克斯·布莱克提出了下面的例子：①

> 菲舍尔想将死博特温尼克。
>
> 将死博特温尼克唯一的一步就是菲舍尔走王后。
>
> 因此，菲舍尔应该走王后。

布莱克认为，如果前提真实，那么其结论也必然真实。而前提仅仅涉及事实，可见我们能够从"是"推出"应该"。

这个例子的问题在于：布莱克把前提"菲舍尔想将死博特温尼克"当作事实。但是，这个前提其实并不是一个事实，而是菲舍尔的一个愿望。事实是"将死博特温尼克唯一的一步就是菲舍尔走王后"。这个事实不能推出"应该走王后"。只有"菲舍尔想将死博特温尼克"才是推出"应该走王后"的原因。因为，如果你不想将死博特温尼克，那么你就不应该走王后。

（三）詹姆斯·雷切尔的例子

美国亚拉巴马大学的哲学教授詹姆斯·雷切尔举了一个例子：

> 你不想被烧死。
>
> 房间着火，避免被烧死的唯一方法是离开房间。
>
> 因此，你应该离开。

雷切尔指出："任何关于应该做什么的判断都需要有支持的理由。如果我说你应该离开房间，你会问为什么。如果没有理由，那么说'你应该离开'就是不对的。"在上面这个例子中，"你有某个愿望（为了

---

① ［美］休·拉福莱特：《伦理学理论》，龚群主译，中国人民大学出版社 2008 年版，第 90 页。

安全）的事实说明了你做某个被陈述的行为之理由的原因。那么，这种推理类型是正确的也就没有什么神秘的了。"①

这个例子的问题同样在于：雷切尔把"你不想被烧死"当成了事实。但是，"你不想被烧死"其实并不是事实，而只是"你"的一个愿望、需要、动机。事实是"房间着火"。而"应该离开房间"是由"不想被烧死"这样的愿望决定的。事实"房间着火"并不能推出"应该离开房间"，因为如果有人愿意被烧死，他就不应离开房间。

三、破解休谟法则的入口

那么，究竟能否破解休谟法则呢？能够从"是"推出"应该"吗？在上面这些例子中，我们看到了三种成分：

事实——愿望（动机）——行为（应该）

以房间着火为例，三种成分分别是：

（1）事实：房间着火了。

（2）愿望：你不想被烧死。

（3）行为：你应该离开房间。

前面那些休谟法则的批判者的错误在于：把人的愿望、动机、需要等当作事实，而忽略了真正的事实。之所以如此，是他们想当然地认为所有人都不想被烧死、下棋时所有人都希望自己赢等等。他们忘记了：在下棋、赌博的时候，有一些人会故意输给领导；着火的时候，有一些人自愿被烧死……

在上面这三种成分中，"应该"是由愿望、需要、动机决定和推出

———————————

① ［美］休·拉福莱特：《伦理学理论》，龚群主译，中国人民大学出版社2008年版，第91页。

来的。"事实"（如房间着火）只是推出"应该"的外因、条件。"房间着火"的事实也推不出"不想被烧死"的愿望。

那么愿望、动机等是什么？是价值吗？它们是主观的还是客观的？

四、愿望、价值及其客观性

（一）愿望及其事实基础

凭常识、经验，可知人类的愿望主要有：安全、财富、身份地位、别墅、轿车、称心如意的配偶、荣誉、自由、美德、快乐、幸福……当然还有许多在一些人看来是消极的愿望，如：希望有小三、喜欢捉弄人、欺骗、猎杀、支配人、虐待……

很难判断哪些愿望是积极的、道德的，哪些愿望是消极的、不道德的。因为我们暂时还没有判断的标准。但是可以确定，有些愿望是基本的，愿望有高低的层次。例如，马斯洛的需要层次论就专门探讨了这些问题。根据经验与常识，根据亚里士多德的理论，我们可以暂时确定（或者假设）：幸福是人的终极愿望，是人的最大、最根本的愿望。

我们暂时还难以充分地证明，追求幸福的愿望能够由什么事实推导出来，或许这是人的本性决定的，是人生的目的与意义所在。幸福是人生哲学探讨的问题。伦理学需要探讨的是：道德（美德）与幸福之间是什么关系？能否由人类追求幸福的愿望而推出人们应该追求道德（美德）、有道德行为？

人人都有"不想被烧死"的愿望，人人都希望活着（尤其希望有尊严、快乐、幸福地活着，不希望屈辱地活着）。那么，人的非理性领域的愿望、动机、需要、态度等是主观的、随意的、自由的，还是客观的？

例如："人人都希望活着"这个愿望显然不是主观的、任意的。这应当是由人的本性决定的。当然，如果要详细对此进行论证，似乎还很困难。那么我们再举一例：

这里有一瓶矿泉水。张三口渴了。所以张三想喝这瓶矿泉水。李四也口渴了，但是他不喜欢喝矿泉水，他坚持要喝可乐。

一瓶矿泉水的存在和被张三发现的事实，不能推出是张三要喝它的理由（事实往往有助于人们发现自己的愿望，例如看到水，才感到口渴了。但是，口渴并不是由于水而产生的，水只是让我们发现了自己原来已经口渴了）。因为李四也口渴了，他也发现有一瓶矿泉水的存在，但他就不想喝。张三要喝的理由是"口喝了"。首先，"口渴"是一个生理现象，有生理基础，所以是事实，不是价值。张三想喝水，李四想喝可乐。问题就复杂了。我们需要分解一下：我们需要把"喝水"、"喝可乐"分解成两部分：一部分是"想喝点什么，因为口渴"；一部分是"有人想喝水，有人想喝可乐"。"想喝点什么以解渴"，这是人的一个基础性需要、愿望，不是主观的，是由人的身体和生理条件（缺乏水分）决定的。因此，包括喝、吃、睡、色、性等这样的基础性需要、愿望，是客观的，是事实。还有一些需要、愿望、态度，如"想喝可乐而不想喝水"，这样的愿望、需要是比较高级的愿望。李四虽然口渴了，却不想喝水，而想喝可乐，为什么？有两个原因：第一，他渴得不够严重。如果渴得严重，他还会挑剔吗？第二，如果他渴得严重了还挑剔，那就是因为能够比较容易地得到可乐。如果一个人渴得严重还不喝水，坚持要喝可乐，宁愿如果没有可乐而被渴死也不喝水，这样的人是极特殊的，不是正常人，需要具体分析，例如：可能是他的经历中特殊原因造成对水的恐惧，或者由于长期喝可乐而对可乐过于依赖，等等。

可见，高级愿望和需要是在基础性需要基础上发展起来的。李四口渴了不想喝水而想喝可乐，表面上看是主观的、自由的、随意的。如果我们停留于这样的表面，就下结论，认为人的愿望、需要、动机是纯粹主观的，这就太肤浅了。实际上，人的高级需要、愿望也有事实基础。俗话说，"情人眼里出西施"。一个大家认为丑的女人，王五却认为美。那么，

"美"是主观的吗？非也。大家认为那个女人丑，那是因为大家仅仅从身材、长相、脸蛋等外表去看。大家看到的只是表面的美。王五之所以认为美，是因为王五对那个女人接触多、交往多、了解和认识多，发现了在丑的外表掩盖之下还有某一方面的内在的美。于是，外在的丑就不重要了，甚至在内在的那个美的作用下，外在的丑也变得美了！《道德经》说："天下皆知美之为美，斯恶已。皆知善之为善，斯不善已。"可见，学术研究不能停留于常人之见和表面，否则就太肤浅了。

萝卜青菜，各有所爱。有的人信仰佛教，有的人信仰基督教，有的人信仰共产主义……如果据此认为价值是主观的，就肤浅了。其实正如马克思深刻指出的："人的本质……在其现实性上，是一切社会关系的总和。"人们之所以各有所爱，各有所追求、信仰、价值观，其实完全可以在每个人的人生经历中、在他的"一切社会关系的总和"中找到答案。马克思指出："人们按照自己的物质生产的发展建立相应的社会关系，正是这些人又按照自己的社会关系创造了相应的原理、观念和范畴。"① 马、恩还指出："人们的观念、观点和概念，一句话，人们的意识，随着人们的生活条件、人们的社会关系、人们的社会存在的改变而改变，这难道需要经过深思才能了解吗？"②

可见，在马克思、恩格斯看来，人的思想、观念、愿望、追求、态度、价值观等，不是主观随意的，而是从自己的生活、生产、社会关系中产生的。马、恩在概括总结近代唯物主义者的思想理论时指出："人是从感性世界和感性世界中的经验中汲取自己的一切知识、感觉等等。"③

---

① 马克思、恩格斯：《马克思、恩格斯论文学与艺术》上，陆梅林辑注，人民文学出版社 1982 年版，第 86 页。
② 马克思、恩格斯：《共产党宣言》，人民出版社 1997 年版，第 47 页。
③ 马克思、恩格斯：《马克思、恩格斯论文学与艺术》上，陆梅林辑注，人民文学出版社 1982 年版，第 428 页。

例如："不想当性奴"这样的愿望，也是有事实基础的。在原始社会，人们很少有贞操观念和人格尊严观念。贞操观念、人格尊严观念是人类社会发展的产物，是文明与文化的产物。对于个体而言，是其"一切社会关系的总和"的产物。所以，不同人的贞操观念的强弱是不同的。

总之，根据马克思主义关于世界的物质统一性原理来看，人的思想、意识、观念、情感、愿望、态度、想象、价值观、理想、信念、信仰等等主观精神现象，并不是一个神秘莫测、毫无任何规律的世界，而是人的神经系统的功能，是对世界的反映，是由物质世界决定的。即使吴承恩创作《西游记》，也并非毫无理由地随意想象，总能够找到事实理由。把人的主观精神现象完全独立并隔离出来，成为一个与物质世界毫无任何关系的世界，是唯心主义和机械唯物主义的典型的二元论思想。

那么，愿望（动机、需要等非理性）与价值（应当）之间是什么关系？

（二）价值的主观性

自从价值学产生以来，西方学界就把价值理解为主观的东西，或者超验的东西，以区别于客观的事实。例如：

文德尔班认为："每种价值首先意味着满足某种需要或引起某种快感的东西……它是相对于一个估价的心灵而言……抽开意志与情感，就不会有价值这个东西。"① 卡尔纳普认为："一个价值陈述……它既不是真的也不是假的……价值判断无法验证，既非真也非假，只不过表达一种愿望而已。"② 伯特兰·罗素认为："当我们断言这个或那个具有'价值'时，我们是在表达我们自己的感情，而不是在表达一个即使我们个人的感情各不相同但仍然是可靠的事实……如果两个人在价值问题上意见不一，那么他们不是对任何一种真理有不同的看法，而是一种口味的

---

① 王玉梁：《当代中国价值哲学》，人民出版社2004年版，第268、328页。
② 王玉梁：《当代中国价值哲学》，人民出版社2004年版，第353页。

不同。"① 艾耶尔认为："价值的陈述是情感性的：它们并不描述什么东西，不论是自然的还是非自然的都不描述，它们只表达说话人的情感，或者阐述他的态度。"② 李凯尔特则认为："价值决不是现实，既不是物理的现实，也不是心理的现实……它们往往在主体和客体之外形成一个完全独立的王国。"③ 马克斯·舍勒也认为："价值是独立于携带者及评价主体之外而存在的先验性质，价值的独立存在赋予价值对象以价值的本质。价值是先于携带者（价值对象）而存在的。例如，美并不是从美丽的事物中归纳抽象出来的，而是先于美丽的事物而存在的，是一种先验的性质。"④

从上面这些定义可以看出，价值或者是被定义为主观的情感、需要、欲望等，或者是被定义为客观超验的东西（隐约可以看到柏拉图"善的理念"的影子），是客观唯心的东西，即绝对的精神、理念、善，等等。正因为如此，他们才在事实与价值之间划了一条鸿沟。

（三）价值的客观性

价值具有主观性，这只是价值的一个方面。仅看到这个方面而不深入下去，就由于肤浅而错误了。一瓶矿泉水对我们具有解渴的价值。这当然是因为我们口渴。但是，水能够解渴，却不是因为我们口渴，而是由水本身的属性决定的。水本身的属性决定了水具有解渴的功能、作用。水有没有解渴的价值，还要看我们是否口渴。对于不口渴的人，水就没有解渴的价值了。可见，价值既有主观性，又有客观性。正如马克思所深刻指出的："贝利和其他人指出，'value, valeur'这两个词表示物的对人有用或使人愉快等等的属性。事实上，'value, valeur, wert'这些词在词源学上

---

① 王玉梁：《当代中国价值哲学》，人民出版社 2004 年版，第 353 页。
② 王玉梁：《当代中国价值哲学》，人民出版社 2004 年版，第 354 页。
③ 王玉梁：《当代中国价值哲学》，人民出版社 2004 年版，第 331 页。
④ 王玉梁：《21 世纪价值哲学：从自发到自觉》，人民出版社 2006 年版，第 87 - 88 页。

不可能有其他的来源"，①"如果说，'按照德语的用法'，这就是指物被'赋予价值'，那就证明，'价值'这个普遍的概念是从人们对待满足他们需要的外界物的关系中产生的。"②

以上分析表明，愿望、价值具有客观事实属性。当然，对普通人的正常的愿望、态度、追求、需要、价值观、理想、信念、信仰等，我们没有必要去追究它们形成的原因与过程。我们只需要知道哪些愿望、需要、追求等是否合理、合法，是否正当，就可以了。探索它们形成的原因与过程，是心理学家的任务。

总之，事实与价值的关系，能否在价值中找到事实，能否把价值还原为事实，这个问题类似或者就是：生命现象能否还原为简单的物理、化学现象（的复合）？对于这样的问题，我们就不能毫无根据地主观臆断。但是可以肯定的是，价值虽然不等于事实，但是一定有事实基础。这是符合马克思主义基本原理的。

（四）休谟法则的破解

在"房间着火"的例子中，"应该离开房间"的真实原因（内因）是"不想被烧死"。"房间着火"只是外因，是条件。而"不想被烧死"这个愿望不是事实"房间着火"推出的，但我们可以合理地猜测：是由人的生命本性决定的。人的生命本性属于事实范畴（这里形成了一个所谓的三段论推理：大前提是"不想被烧死"的愿望，小前提是"留在着火的房间会被烧死"，结论是"应该离开房间"）。前面也说了，价值、愿望具有事实基础。那么，显然就可以由"生命本性"这样的事实推出"不想被烧死"（想活命、生命价值）这一愿望或价值。价值（包括愿望、希望等）可以还原为事实。可见，休谟法则是不成立的。

"应该"可以由"是"推出，那么人还有自由意志吗？

---

① 《马克思、恩格斯全集》第 26 卷 III，人民出版社 1974 年版，第 326 页。
② 《马克思、恩格斯全集》第 19 卷，人民出版社 1974 年版，第 406 页。

五、人有自由意志吗

（一）所谓自由意志

什么叫"自由意志"？自由意志就是自己随心所欲，想做什么就做什么吗？这其实只是表面。李四口渴了，他不想喝水，他想喝可乐。我们允许他喝可乐，不强迫他喝水。这就尊重了李四的自由，由他自己做决定。如果我们以"水也能够解渴"这个事实为理由，要求他喝水，不允许他喝可乐，这就是不尊重他的人格的独立性。

但是，李四为什么喜欢喝可乐？是他主观随意决定的吗？他确实应该由自己做决定。我们不能干涉，这就是给他自由、尊重他的意志。

但是，他自己是如何决定的呢？如果他没有理由，他只是随意地选择了可乐，那么就是随机的事件。如果他有理由，例如：他特别喜欢可乐。那么，为什么特别喜欢呢？总是有理由的。可能是他人生经历中的独特原因形成了这种爱好乃至嗜好。

可见，尊重人的"意志自由"，崇尚信仰自由，其实无非是尊重人的独立人格，尊重每个人的独特的人生历程，不妄加干涉。所谓的自由，不过是要求不受他人的强力的干涉，由每个人自己根据自己的各种情况自主决定，自主选择。因此，自由，其实是自主。追求自由，就是追求人的自主性、主体性、独立性。

自由是不是想做什么就做什么呢？你追求你的自由，于是你不在乎亮着红灯，径自开着车闯了过去。但是，你在追求你的自由的时候，干涉了行人通行的自由，而且你可能危害行人的生命。生命才具有最高的价值，自由不具有最高的价值。可见，追求自由的真正含义在于追求别人对自己的尊重，追求别人对自己由于人生经历而形成的生活态度等的尊重，而不在于放纵自己。尊重是相互的，别人尊重你，你也应尊重别人。

意志究竟是什么？其实，意志并非一种独立的心理成分，意志不过是理性、理智对欲望、动机、需要、情感等非理性心理成分的调节、控制而已。意志并没有神经物质基础，大脑里并没有专门的意志中枢。意志只是对人的理性能力的一种称谓、描述。

美国加州大学旧金山分校的生理学家本杰明·李贝特（Benjamin Libet，又译为"本杰明·利贝特"）通过实验表明："自由意志是一个幻觉——我们的心智在我们身上玩的一个诡计。"哈佛大学心理学家丹尼尔·魏格纳于 2002 年出版的《自由意志的幻觉》一书提到了很多研究，这些研究发现："人们很容易被欺骗，认为他们控制或引发了自己的行为，哪怕实际上并非如此。"①

本杰明·李贝特的著名实验表明："在一个人打算做出某个动作的 300 毫秒之前，我们就可以通过脑电图的扫描，探测到大脑运动皮质区所产生的相应活动。"另外有研究者的实验是："要求被试看到屏幕上随机出现的字母时，他必须按动按钮，但他可以自愿选择两个按钮中的任意一个。研究人员发现，早在被试决定按下按钮的 7—10 秒之前，他的大脑中有两个区域就已经产生出相应的信号，这些信号显示出被试最终会按下哪个按钮。"有关大脑皮层的最新活动记录显示："在一个人打算做出某个动作的 700 毫秒之前，仅仅通过探测 256 个神经元的活动情况，就足以对他的动作进行预测，而且准确率达到 80%。"②

美国加州大学洛杉矶分校神经学博士、"理智工程"联合创始人、被《连线》杂志评选为 2012 年影响世界的 50 人之一、撼动道德世界的科学勇士萨姆·哈里斯（Sam Harris）也否认自由意志的存在。他在其所著的《自由意志：用科学为善恶做了断》的前言标题就提出："'自由意志'不过是场甜蜜的错觉。"他指出："自由意志是一种错觉，我

① ［美］达里奥·马埃斯特里皮埃里：《猿猴的把戏：动物学家眼中的人类关系》，吴宝沛译，电子工业出版社 2014 年版，第 272 – 273 页。

② ［美］萨姆·哈里斯：《自由意志：用科学为善恶做了断》，欧阳明亮译，浙江人民出版社 2013 年版，第 14 – 15 页。

们的意志并非由我们自己决定。人们内心的想法、意愿都源自外在的背景因素，而这些因素是我们意识不到，而且也无法主观控制的。我们认为自己拥有自由，但事实并非如此"，"我们的意志要么是由先决条件所决定，要么是由偶然因素所触发，无论在哪一种情形下，我们都无法对此负责"，"相对于大多数错觉而言，自由意志这个错觉显得更加虚幻"，"我们自身的任何心理活动，都无法用自由意志来说明。事实将会证明，和客观世界的物理定律一样，我们内心的自省也与自由意志的观念格格不入。那些看似出于自己意愿的行为，不过只是自然而然地发生，无论它是由外因造成，还是自我生成，又或者是随机的存在，这些都没有任何区别，我们无法在意识思维中找到它们的源头……你无权决定你下一步会想些什么，就像你无权决定我下一步要写些什么一样。"①

哈里斯还认为："自由的感觉只不过是一种错觉"，"大多数的精神现象都是生理活动的产物。大脑就是一个生理系统，完全得益于自然规律的运作，而且我们有理由相信，正是大脑的功能状态、物质结构等方面的变化，支配着我们的思想与行动。"②

迈克尔·加扎尼加（Michael Gazzaniga），生物心理学博士，世界著名的脑科学家，被称为是"认知神经科学之父"，是美国国家科学院院士、美国艺术科学院院士，美国加州大学圣芭芭拉分校圣哲研究中心主任、认知神经科学研究所负责人，美国总统智囊团成员，著有《谁说了算？自由意志的心理学解读》一书。加扎尼加在该书中指出："我们的大脑是自动化的，它们是高度复杂的并行分布式系统，似乎没有统一的最高指挥者，就像是没有统一指挥者的互联网那样"，"我们内置着成千上万，甚至上百万种针对不同行为和选择的预设偏好……大脑拥有数

---

① ［美］萨姆·哈里斯：《自由意志：用科学为善恶做了断》，欧阳明亮译，浙江人民出版社 2013 年版，第 8－10 页。

② ［美］萨姆·哈里斯：《自由意志：用科学为善恶做了断》，欧阳明亮译，浙江人民出版社 2013 年版，第 19 页。

百万的局部处理器来做出重要的决定。它是一套高度专业化的系统……大脑里没有最高指挥员。""你"当然不是你的大脑的最高指挥员。有过失眠经验的人都知道：不管你如何对着大脑喊叫"停下，去睡觉"，它也从来不听你的。①

也就是说，大脑里并没有一个意识中心，没有一个"我"。"大脑有着各种局部意识系统，它们结合起来，促成了意识。尽管你似乎有着统一的意识感受，但它们来自非常不同的系统。不管特定时刻你产生了怎样的概念，这都是一个突然冒出来成为主导的概念。你的大脑里是一个狗咬狗的世界，不同的系统彼此竞争，全都想要冒出头来，赢得意识认可的大奖。"②

我们的大多数选择、决定是无意识地进行的。我们的身体忙忙碌碌，靠遵循确定规律的自动化系统运作。我们消化食物、维持心跳、为肺部供氧，都不需要意识的参与。我们并不愿意认为人的思想和行为同样是遵循预定规律的无意识活动。"但事实正是如此：你的大脑还来不及意识到，你的行为就过去了，或完成，或失败。"只有极少数思想、选择、决定才会在事后被我们意识到。那么，我们为什么感觉有一个"我"的存在呢？为什么我们会觉得自己是自由的、可以有意识地自由地决定做某事或想某事？因为我们的左脑具有一个解释器！当外界现象与事件、我们的选择、行为或想法显得不合乎常识、经验时，就引起了解释器的注意，力图寻找原因，做出解释。于是，我们就意识到了。"左半脑的解释系统忙着把意识拉回过去，解释行为的原因。"③

另一方面，大脑已经产生的思想、想法等又作为信号、信息，会作

---

① ［美］迈克尔·加扎尼加：《谁说了算？自由意志的心理学解读》，闫佳译，浙江人民出版社2013年版，第39－40、59、106页。

② ［美］迈克尔·加扎尼加：《谁说了算？自由意志的心理学解读》，闫佳译，浙江人民出版社2013年版，第39－40、59、106页。

③ ［美］迈克尔·加扎尼加：《谁说了算？自由意志的心理学解读》，闫佳译，浙江人民出版社2013年版，第39－40、59、106页。

用、刺激大脑，引起大脑活动，产生新的思想，甚至会使大脑的结构、功能等发生变化。

根据这些最新的脑科学研究成果，是否表明人真的就没有自由意志？这与我们的切身体会完全不一样啊！我们在日常生活中，处处能够感觉到自己是自由的、有独立意志的呀！问题出来哪里？

问题很可能出在上面的试验过于简单。那些试验都是不需要人的大脑思维、思考的试验。我们决定按哪个按钮，并不需要艰难的思考，不需要意志的参与，只是一个简单的随机选择。无论选择什么，既不需要思维，选择的结果也不会对我们有任何不利或有利的后果。这样的试验，把"意识"与"意志"混为一谈。有意识的心理活动，不等于有意志参与的心理活动。在现实生活中，我们完全能够体会到，许多意志活动、思维活动，需要花费许多时间才能够做出决定、选择。人的行为可以区分为三类：第一类是出于本能的、潜意识或无意识的行为，习惯性的行为。第二类是有意识的、但是不需要思维、判断、选择的行为。例如，我看到时间是早上 7 点 50 分，于是我就出门去上班。第三类是需要艰难的思维、有意志参与的痛苦地选择的行为。例如，我看到时间是早上 7 点 50 分，该上班了。但是我还没有吃早饭，8 点开始的一个电视节目我非常想看，刚认识的女朋友已经电话约我 8 点陪她去玩……我该做什么呢？此时，我们完全体会得到内心的思考、艰难而痛苦的选择。完全有意志活动存在嘛！

以上科学试验以及休谟法则的推翻，需要我们重新定义"自由意志"或"意志自由"。

（二）自由是对必然的认识

什么叫自由？恩格斯深刻指出："黑格尔第一个正确地叙述了自由和必然之间的关系。在他看来，自由是对必然的认识。"恩格斯接着说："自由不在于幻想中摆脱自然规律而独立，而在于认识这些规律，从而能够有计划地使自然规律为一定的目的服务。这无论对外部自然界的规律，或对支配人本身的肉体存在和精神存在的规律来说，都是一样的……因此，意志自由只是借助于对事物的认识来作出决定的能力。"①

对必然性的认识怎么会有自由呢？例："天气寒冷了。如果穿裙子，就会着凉。"你认识了这一规律之后，喜欢穿裙子的你无奈地放弃了穿裙子。这是否表明：你对这一规律的认识没有给你穿裙子的自由，反而限制了你穿裙子？

你虽然没有穿裙子的自由（可以在有暖气的室内穿裙子，或者通过锻炼身体，在不是非常寒冷的时候穿裙子，等等），但是有选择穿棉衣或羽绒服等的自由。反之，如果你不知道天气是寒冷还是炎热，你如何选择穿衣呢？

自由不是任性或幻想，想上天就上天，想入地就入地。人类历来所追求的自由，往往并非这样的幻想，而是特定的、具体的，是指不受他人或人群体、集团之意志下的思想上或身体上的束缚、控制，能够自己独立地思考或行动。如：摆脱奴隶主的束缚、摆脱统治阶级的政治压迫和经济剥削，等等。因此，受自己的兴趣、爱好、思想、能力、认识等的束缚，或受自然、事物的束缚，或受人的非意志下的束缚，不叫没有自由。例如："你行走时不小心掉进一个深洞中，无法出来。"我们就不能说（洞使）你失去了自由。因为洞是没有意志、没有生命的。但是，如果是有人故意挖的洞，或有人故意用东西把地上的洞掩盖起来，致使你掉进了洞中，那么可以说，有人用洞束缚了我的人身自由。

自由有两个层次（或两个阶段）：

（1）消极的自由，或第一层次的自由，指摆脱他人或集团、群体之意志下的思想上或身体行动上的束缚、控制。这种自由表现为一种自在、自然的状态。

（2）积极的自由，第二层次的自由，指个体随心所欲的思想或行

---

① 王磊选编：《马克思恩格斯论道德》，人民出版社 2011 年版，第 257 – 258 页。

动的自由。但这样的自由是有限的，例如：人似乎永远不会像鸟一样在天上自由地飞；人类很难穷尽宇宙。积极的自由还可能对他人、社会等造成侵犯、危害、损失。因此，自由历来被人们所限制。例如，1789年《法国人权宣言》第四条规定："自由就是指有权从事一切无害于他人的行为。"萨特指出："一个人应当永远扪心自问，如果人人都照你这样去做，那将是什么情形。"所以萨特认为，存在主义"是一种行动的和承担责任的伦理学"，存在主义的核心思想"是自由承担责任的绝对性质"。①

总之，自由是相对于人的意志下的思想和行动而言的。寒冷的天气限制你穿裙子，但不能说天气或规律、必然性使你失去了穿裙子的自由。如果有人强行禁止你穿裙子，那才能说你失去了穿裙子的自由。又如，我的有机体、大脑等根据我的身体情况、味觉情况以及我的人生经历等客观因素，决定了我喜欢喝可乐而不喜欢喝咖啡。但是领导却强迫我喝咖啡，并警告我：如果不喝咖啡而喝可乐，就会扣罚奖金、津贴乃至开除工作。但是，我宁愿被开除，也不喝咖啡，而是选择喝可乐。这里就表现出了我具有独立意志与自由。我能够根据我自己的各方面情况自己决定喝什么。

总之，自由是自己根据各种主客观情况而独立自主地做出决定或行动，不受他人（或集团、群体）的干涉。客观情况对自己的限制不叫没有自由，而是为自己的选择与决定提供条件、划定选择或行动的范围。人没有绝对的自由，例如不能长生不老、不能长生不死、不能穷尽宇宙……

六、破解休谟法则带来的伟大意义

（一）打破规范伦理学对人的思想与精神控制

规范伦理学，就是由各种权威制订道德规范，强迫人们遵守。例

---

① ［法］萨特：《存在主义是一种人道主义》，周煦良等译，上海译文出版社2005年版，第8、20、23页。

如：你们应当孝敬父母、你们应当节俭、你们应当富有爱心、你们应当见义勇为……

其实，现实是非常复杂的。你付出的爱心，所挽救的或许是落水狗、毒蛇；你遵守的，或许是维护部门利益的霸王条款……

现实社会问题往往不是那么简单得泾渭分明。例如：房间着火了，房间里的少女如果不离开房间，就会被烧死。于是她打开房间，走出房门。这时候她发现是外面有歹徒在纵火，以逼迫她出去当性奴。这时候她该何去何从呢？有的伦理学家说生命高于一切，应当先走出去，哪怕当性奴也要活着。有的伦理学家却说：与其屈辱地活着，受凌辱，不如悲壮地死。那么，少女该听谁的呢？全世界并没有统一的道德规范。

或许有人会说，可以比较"生命价值"与"贞操和人格价值"的价值大小，或者比较"想活命的愿望"与"想保护贞操和人格尊严的愿望"这两个愿望的强烈性。因此，可以由价值大小或愿望的强烈性来决定。

例如：按照马斯洛的需要层次理论，基础需要比高级需要更重要，可知生命比贞操人格重要，所以应当舍弃贞操和人格尊严，出去当性奴。这样的推理和判断是机械的。诚然，在原始社会或那些缺乏人格尊严观念的人看来，生命确实比贞操重要。但是，对于那些追求自我实现的人来说，理想、信念、人格尊严等就比生命还重要，所以他们宁愿为自由、理想、信念、人格尊严等而舍弃生命。

所以，在不同人眼里，生命与贞操、人格的价值的大小是不同的。不同人的这两个愿望各自的强烈性是不同的。对于两个价值范畴的价值的大小，有什么标准来衡量、确定呢？有人认为"生命诚可贵，爱情价更高，若为自由故，两者皆可抛"。但是，那些因为失恋而自杀的人，不是常常遭到我们的反对吗？是该留在家里照顾年迈的母亲还是该上阵杀敌？是该把钱用于消费还是用于投资？……当多种愿望、多种价值发生冲突的时候，选择的依据、标准是什么？

如果用某种教条、价值理论、思想学说等客观精神来作标准，那很可能就是从思想、精神上束缚人、控制人，尤其是当那种思想学说的科学性无法保证的情况下。

在人的生存、生活、生命中，有许多因素都是非常重要的。如果我们把各种因素按照重要性进行排名、排队，依次进行取舍，那就是一种形而上的做法。以饮食为例，水、蛋白质、糖类、脂肪都重要，缺一不可。什么该排第一呢？我们只能回答：最难得的、最稀少的该排第一。这个标准不是由水、蛋白质、脂肪、糖类的内在因素决定的，而是由外因决定的。又如：父母、孩子、配偶、钱财、祖国，这之中什么最重要？能够按照重要性排队吗？同样，不能根据他们自己的固有价值或属性来排名，只能根据外在因素来决定：什么对我们最稀有、最缺乏、最难得，什么就最重要。

例如：在绝大多数商店，一瓶矿泉水也就1—3元。在机场、火车站候车厅内，可能是3—6元。但是，如果是在沙漠或战场等特殊场合，在水非常稀缺的情况下，当我们渴得快死了，就可能愿意花成百上千元的钱来买一瓶水。

可见，事物的价值的大小、我们愿望的强烈性，既有内因，也有外因，是主观与客观的统一。金银、珠宝之所以宝贵，并不是因为我们特别需要它们，而只是因为它们非常稀少，难得。所谓"物以稀为贵"。总之，愿望、价值都有客观事实基础，需要具体情况具体分析。

当两个愿望、价值相比较时，就没有放之四海而皆准的标准。少女该何去何从，没有抽象的法则、价值观念来决定。我们不应当听从任何规范伦理学。生命与人格尊严都重要，都不可缺乏。因此，只能根据当时的各种具体情况进行具体分析：这个少女的贞操观念与人格尊严观念有多强？（不同人的贞操观念和人格尊严观念是不一样的，如果是某个妓女，那么她很可能就愿意当性奴而活命；如果是一个公主，就有可能选择回房间被烧死）留在房间一定会被烧死吗？走出去一定会被逼为性奴吗？……

这样的客观条件的分析，就使我们抛弃了规范伦理学，而进入到科学伦理学了。规范伦理学往往是专制时代的产物，往往是从思想与精神上对他人的控制。

（二）科学伦理学的诞生

休谟在提出"休谟问题"的时候，指出如果能够从"是"推出"应该"，就能够"推翻一切通俗的道德学体系"。所谓"一切通俗的道德学体系"，也就是各种各样的规范伦理（学）。那么，推翻之后的伦理学又会是怎样的？显然，应该是科学伦理学。

科学伦理学（描述伦理学）就是寻找价值背后的事实基础。从以下例子可以看出科学伦理学与规范伦理学的关系：

例1："房间着火了，离开房间就不会被烧死，留在房间就会被烧死。"这是一个逻辑推理，是科学规律，不是道德或价值问题。道德或价值问题是："应该坚守贞操而留在房间被烧死"还是"为了活命而出去当性奴"？这就没有事实可以做决定、推论了。

例2："在寒冷的冬天，衣服穿得太少就会着凉、感冒。"这是科学规律。它并不能成为一个人是否应该穿太少的理由。因为"某姑娘宁愿冒着凉、感冒的风险，也不愿穿得臃肿，而是要穿少一些，显得苗条一些，这样出去相亲时成功性大一些。"是要温度，还是要风度，这就不是科学问题，而是价值问题了。

科学伦理学并不是要告诉我们诸如"应该为了贞操和人格尊严而宁愿被烧死"或"应该在寒冷的冬天多穿衣服"之类的"应该"，它只是要告诉我们诸如"房间着火了，留在房间会被烧死，离开房间才不会被烧死"、"外面有歹徒在纵火，出房间去就会被变成性奴"、"在寒冷的当天，衣服穿少了会着凉感冒，穿暖和才不会着凉"之类的科学真理，从而给我们以选择"应该做什么"提供依据、条件。

我们不应该向他人说教和灌输"贞操比生命更重要"、"忠孝难两全时应当舍孝取忠"（萨特就没有这样做）、"他人有困难时一定要帮助"等等教条。我们应该引导他人思考：留在房间一定会被烧死吗？走出去一定会被歹徒抓住成为性奴吗？天气足够冷得导致穿裙子一定会着凉吗？穿得稍微多一些一定会被相亲对象看低吗？他人的困难究竟有多大、他人的困难是他人自己主观因素造成的还是客观因素造成的？我们能够提供多大的帮助？我们的帮助对困难者有多大的帮助？应该如何帮助？是自己慷慨解囊还是联系救助站或者报社、电视台？……

以"热爱祖国"为例，规范伦理学只是要求把这一道德装在人们的脑海里，融化在血液中，落实在行动上。它从来没有告诉我们：为什么要热爱祖国？理由是什么？条件是什么？限度是什么（热爱过度、过头，可能带来的后果）？方式是什么？热爱祖国的标准是什么？……这些问题正是科学伦理学所要研究的。规范伦理学往往不注重这些具体的问题，而是由权威制订规范，变成教条，灌输给人民，强行要求人们遵守。但是，"爱"是自愿的、相互的，从来没有强迫而成功的爱，也很少单方面的爱。单方面的爱就是一厢情愿的单相思。

可见，科学伦理学所要给我们的，一是道德规律、道德真理，二是道德能力、道德智慧。科学伦理学最终是要使人们走出道德必然王国，摆脱道德专制与道德压迫，获得道德解放，进入道德自由王国，成为道德的主人。

自己脖子上长的是自己的脑袋，把价值选择的权利交还给我们自己！不受他人或集团的控制。他人只应帮助我们分析各种选择的条件、理由、后果，而不能代替我们做出选择。

（三）启示人们发现更多的愿望、价值，获得更多的选择

以"房间着火"为例，如果房间没有着火，那么房间里的少女不会那么强烈地意识到：不想被烧死。"不想被烧死"的愿望虽然任何时候都潜藏在大脑里，但是此时的大火让人强烈地感受到了。于是，她产生了强烈的生命意识。她打开门却发现，是歹徒在放火逼迫自己出去当

性奴。于是，少女选择返回房间。这里又有一个事实：歹徒通过放火逼迫少女当性奴。要是认识不到这个事实，她就不会发现：原来自己把贞操、人格、尊严看得比生命还重要。

让我们再看以下的例子：

已经快到早上 8 点了，你知道，如果你不想迟到而被领导批评，那么你应该去上班。但是你又知道，上班无所事事，很无聊，所以你宁愿被领导批评，也要继续睡觉，因为酣睡真舒服。突然你想起来，你昨天已经与女朋友约好，在今早 8 点去约会，你非常期待约会，所以决定不去上班，也不睡懒觉，而去约会。正要出发，你母亲打来电话，母亲生病正在医院住院。你深爱着母亲，所以你决定别的什么都不顾，要去医院照顾母亲。在去医院的路上，你发现一个垂死的病人躺在地上，周围都没有人，于是你把病人送到了医院，病人得救了。

上面的例子中有许多事实：①时间已经快到早上 8 点了。②上班迟到了会被领导批评的制度。③上班无所事事，很无聊。④女朋友在等着与自己约会。⑤母亲生病住院。⑥一个垂死的病人躺在路上，周围没有其他人。

这些事实都对应着一个愿望：①不想被领导批评。②想睡懒觉。③想与女朋友约会。④想去看望、照顾母亲。⑤不忍心病人死去。

这些愿望中，有些是早已存在于你的大脑中，有些则是由你对新的事实的认识而产生的。对每一个事实的认识、发现，都给你提供了一个新的选择。这就是破解休谟难题后带来的意义：

（1）一个事实能够使我们发现或激发一个潜藏着的愿望。如去医院的路上发现一个垂死的病人躺在路上，这个事实使你的怜悯、同情心被大大地激发起来。事实还能够使我们产生一个新的愿望。如：我们以前并没有购买手机的愿望，因为以前世界上没有"手机"这一事实。当我们认识、发现手机之后，尤其当我们认识到周围人都在使用手机之后，我们就产生了拥有手机的愿望。

（2）对事实的认识使我们多了一个选择，给了我们相对的自由。在"时间已经快到早上 8 点了"的例子中，如果没有对其他事实的认识，你就只有去上班，白白耗费时间、生命。当你认识到其他事实之后，你产生了新的愿望，或者隐藏着的愿望被激发出来，你就可以去做许多有意义的事情。例如：房间着火的那位少女要是没有发现歹徒在放火逼迫她出去当性奴，她就会按照自然规律而逃出房间，结果就会沦为性奴，生不如死。对歹徒的发现，使少女认识到"生命诚可贵，爱情价更高，若为自由故，两者皆可抛"的道理，从而激发了她维护自己的人格与尊严的愿望。

总之，一个"应该"不能由此"是"推出来，但是可以由彼"是"推出来。而且，这个"应该"虽然与彼"是"没有因果关系，但不等于没有别的关系。实际上，一个"果"的产生，往往不只有一个"因"，而是有许多"因"，既有外因，又有内因，是多重因素综合作用的结果。

事实与价值只能相对地区分，不能绝对地区分。二者的关系类似或许就是物质与意识（精神）的关系，需要用马克思主义的物质统一性原理来理解。人的思想、认识、情感、愿望、需要、意志、态度、信念、价值等组成了一个相对独立的领域，这正是人类生活的根本意义所在。外在的客观必然性既制约这个领域，同时又给了相对的独立性和自由。如何对待、处理和解决它们之间的既制约又独立的关系，正是科学伦理学的任务。

第四章　道德论

　　道德是什么？什么叫"道德"？人为什么要有道德？什么样的人、什么样的行为才是道德的？道德的标准是什么？慷慨、大方与挥霍的区别在哪里？吝啬与节约、节俭、简朴的区别是什么？伊拉克境内针对美军的自杀式炸弹袭击，究竟是恐怖主义行为还是爱国主义行为？这些问题，都需要伦理学理论进行回答。然而，当今的伦理学并不能回答诸如此类的所有问题。因为伦理学还很不成熟，目前国内外都只是具有各种伦理学理论流派，并没有一个成熟的、统一的伦理学理论。

一、伦理学的主要思想流派

（一）功利主义伦理学

　　功利主义伦理学既有古老的历史，又是当今一种旺盛发展的伦理学思想流派。系统的功利主义伦理学产生于 18 世纪末、19 世纪初，代表人物是英国的边沁和穆勒。功利主义伦理学是一个庞大的思想流派，内部又存在各种不同的分别。

铁轨困境

　　有一条铁轨，在它的前面分岔成两条：一条是目前所有火车正在使用的；另一条已经停止使用，不允许火车驶入，但是铁轨依然是完好的，火车驶上去也不会出问题。有6个小学5年级的学生，都是山区的，还从来没有看见过铁路、火车，因此想要到铁路上去看看。铁路警察告诫他们：只能在没有火车行驶的铁轨上玩耍，禁止到正常使用的铁轨上去玩耍。6个小学生答应之后，警察让他们进去了。

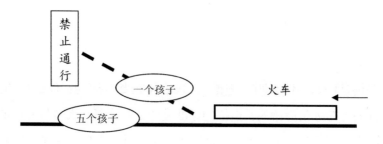

但是，玩了一会儿之后，就有5个小朋友不听话了，跑到了正常使用的铁轨上去玩耍。只有剩下的那个小朋友遵守警察的告诫，留在停止使用的铁轨上一个人玩。

这时候，你正驾驶着火车飞快地奔驰而来。距离铁轨分岔处只有几十米远。你同时注意到了在正常铁轨上玩耍的5个小朋友和1个在停止使用的铁轨上玩耍的小朋友。如果紧急刹车，火车上的上千名乘客都有生命危险。那么，你是把火车开往正常使用的铁轨呢？还是开往停止使用的铁轨？

（1）在你看来，人与人的生命是平等的。但是毕竟5个人的生命比1个人的生命的价值大（大5倍），因此你决定把火车开到停止使用的铁轨上，虽然撞死了一个孩子，但是挽救了5个孩子。那么，你就是一个功利主义者。

（2）你遵照铁路管理部门的规定，把火车开往正常使用的铁轨上。在你看来，撞死5个小朋友那是他们自己不遵纪守法造成的，你也没有办法。那么,你是一个义务论伦理学思想者。

以上是外国的伦理学专家们给出的例子和分析。笔者在教学中向大学生和研究生们提问时,有许多同学是这样回答的:"我会把火车开到正常行驶的铁路上。虽然撞死了 5 个孩子,但那是因为他们自己不听警察的话导致的。我没有责任。如果我把火车开到禁止行驶的铁路上,虽然挽救了 5 个孩子,但是撞死的那个孩子却是我故意开去撞死的,这就是我的责任了。"咱们这些个学生不是像老外设想的那样去考虑是该减少损失还是该遵守管理制度,而首先考虑的是自己有无撞死人的责任问题!

功利主义伦理学认为:

(1)判断人的行为是善是恶,是道德的还是不道德的,根本的标准在于:看其结果、效果。如果结果是对他人、社会有利的,那么就是道德的;反之,就是不道德的。

(2)我们选择的行为应该为大多数人谋求最大限度的幸福。

(3)当人们之间的利益发生冲突之时,应当追求"最大多数人的最大幸福"。

功利主义思想在我国具有悠久的历史。例如在我国古代,当"忠"(忠于朝廷、国家)与"孝"(孝敬父母)发生冲突时,往往强调"舍孝取忠";如"舍小家为大家"、"集体利益高于一切"等。

功利主义伦理学追求最大多数人的最大利益和幸福,这是可取的。但是为了最大多数人的最大利益而牺牲少数人的正当利益,这是不公平的。例如为了救不遵守制度的 5 个孩子,而牺牲遵纪守法的一个孩子,对这个孩子公平吗?例如一些人怀着个人自私的动机而去做结果上有利于他人的事情(如一些官员为了自己的政绩、升迁而做民心工程、形象工程;一些老板为了博得名声、荣誉、宣传自己的公司而做慈善活动),对这样的人进行赞扬、奖励,合理吗?

(二)义务论伦理学

义务论伦理学是一种与功利主义伦理学相对的伦理学,是一种关于

"应当"的学说，强调人的道德义务和责任，认为人的行为必须遵守某些道德原则等。

是否该给张三"见义勇为奖"？

高三学生张三在长江边散步，突然看见一个小孩落水了。张三的游泳技术、水平很不怎样，身体瘦弱，救起小孩的希望不大。但他还是想都没有想什么，就跳入水中去救人。在水中努力了10分钟，耗尽了全身的力量，还是没有把孩子救起来。眼看自己体力不支，自己已经有生命危险了，张三这才游上了岸。这时候，同班同学李四过来了。李四身强力壮，游泳技术很好，救起孩子不过是小菜一碟。他想到马上高考了，见义勇为的话，可以获得见义勇为奖励，高考可以加分！于是，李四一个鱼跃跳入水中，两三下，花费了10秒钟的时间，就不费吹灰之力地把小孩子救起来了。

如果由你来决定颁发见义勇为奖章，并由你决定给见义勇为者加分（文件规定可以加1—10分），那么你会怎么做？

（1）如果你只给李四颁发见义勇为奖，并只给李四高考加10分，你认为张三虽然努力了，但毕竟没有把人救起来，所以不应给张三奖励或加分，那么你就是一个功利主义者。你知道李四救人的自私心，但是你认为毕竟李四把人救起来了。这才是最重要的。

（2）如果你认为应该给张三和李四都颁发见义勇为奖，都给他们高考加分，那么你就是一个义务论伦理学思想者。在义务论伦理学看来，张三虽然没有功劳，但是有苦劳。张三努力了，去救了，仅仅是能力不够才没有把人救起来。道德品质不关乎人的能力大小，也不关乎行为的结果，只要做出了道德行为，做了应该做的事情，就是道德的。

如果由我来决定，那么我给他们都颁发见义勇为奖，并给张三高考加9分，而给李四加8分。因为李四自己坦言了是为了自己的这些好处，所以他显得自私。

义务论伦理学的基本观点是：

（1）判断一个行为道德与否的根本标准不是看结果、看效果，而是看行为本身。这个行为是否该做。你是否做了你该做的事情？你是否没有做你不该做的事情？你是否尽了你的道德义务、道德责任？

（2）无论在任何情况下，都不应该撒谎、都不应该谋杀、违背诺言等等。无论别人怎样对待我，我都不可以骂对方、打对方。

在义务论看来，在任何情况下都不应该闯红灯。而在功利主义看来，为了救人，为了追逃犯，可以闯红灯。总之，义务论认为，道德规则、道德原则是绝对的，在任何情况下都需要遵守。

帮助朋友还是陌生人？

你骑着摩托车在野外的公路上。天上突然下起暴雨。你发现路边有一个陌生人，还有你的一个朋友。你的摩托车只能带一个人。超过了一个，轮胎就会爆炸。这时候，你帮助谁？

帮助朋友，不算有道德。因为是友谊驱使你去帮助朋友的。不帮助朋友，你就会失去朋友。因此，帮助朋友或者是出于友谊、感情，或者是出处于自私。

相反，帮助陌生人，那才是道德的。

特别是在中国，帮助朋友往往就会发展到营私舞弊、弄虚作假。

康德认为：你因为爱、同情、态度、兴趣等而做好事，并不具有道德价值。要出于道德义务、道德责任而做好事，才具有道德价值。人的行为应当受理性指导，不应受情感、态度等指导。如果有一个令你非常讨厌的人遇到困难，而你却能够帮助他，你这才叫有道德！

康德是义务论伦理学的典型代表。我们通常认为，善意的谎言是可以的。例如一个已经死了配偶的人被检查出患了绝症，最多还能够活五个月。儿女们担心他心理素质差，如果他知道了自己的病情，可能由于恐惧还活不了五个月。因此儿女们认为应该隐瞒病情，应该撒谎。但是在康德看来，任何时候都不应该撒谎。例如在这个例子中，这个病人平时省吃俭用节约了 50 万元，埋藏在了家里的地下，只有他一个人知道。如果对他撒谎，他就不会及时处理这笔钱，五个月之后，他死了，这 50 万元就永远烂在地下了。他的其他后事也来不及处理。可见，还是应当在对他进行生死教育、坦然面对死亡之后，对他实话实说。

但是，反对者继续为难康德。康德的生活非常有规律，每天午饭之后休息一会儿，然后看书到三点，就非常准时地出门散步，风雨无阻。邻居通常根据康德出门散步的时间来校对自己的钟表是否准确。康德唯一的例外是，一天中午，他看的书是卢梭的《爱弥尔》，看得非常投入、入迷，忘记了散步的时间。邻居们都以为自己的钟表出问题了呢！反对者对康德提出了这样的问题：

> 一天中午三点整，你准时出门准备散步，突然面前跑来一个年轻女子，向你求救，后面远处几个彪形大汉正在追这个女子。前面是死胡同，周围邻居们的门都关得紧紧的。道德高尚的康德毫不犹豫地把女子藏到了自己家里，继续出来散步。刚迈出大门，几个彪形大汉已经来到了面前，不见女子的踪影，就问康德看见没有。
>
> 康德该如何回答呢？该对这几个彪形大汉撒谎吗？

笔者在课堂上问过许多同学，都回答说该撒谎，对他们说没有看见那个女子。因为既然要救那个女子，就不能说实话。我说："不要总把别人当傻瓜，别人相信你的谎言吗？前面是死胡同，邻居们的门都关着，几个彪形大汉相信你的谎话吗？"

还有同学说为什么那样死板，一定要出来散步？可以躲在家里不出来散步呀！等他们走了之后再出来呀！我提醒同学们："这几个彪形大汉是歹徒吗？就因为他们是彪形大汉，你以为他们就是歹徒吗？或许是便衣警察呢？那个女子或许是逃犯呢？所以你如果躲在家里，岂不是帮助了这个逃犯？所以，还是要出来。看来首先得弄清楚这几个彪形大汉的身份。"我们首先应该问他们是什么人。如果真是便衣警察，就要求他们亮出证件，他们也会亮出证件。可以观察他们的言行举止像不像是警察。如果是歹徒，显然就没有证件。如果他们有假证件，我们难以判断，那就需要察言观色，力求做出正确的判断。

可见，这时候诚实不诚实、撒谎不撒谎，是第二位的。第一位的事情是要求我们具有道德智慧，以便做出准确的判断。在当今复杂的社会，道德理性、道德智慧比美德更重要。如果他们真是歹徒，我们就需要与他们斗智斗勇。

所以，义务论伦理学也不是完美的伦理学。社会日益复杂，有限的道德规则、道德原则不够用。严格遵守道德原则，完全没有一点灵活性，难以行得通。

（三）美德伦理学

美德伦理学是一种古老的伦理学，但是在今天似乎又在复兴。如果说功利主义伦理学和义务论伦理学是研究什么行为是道德的，那么美德伦理学所研究的主要不是行为，而是行为者：什么样的人是道德的？怎样成为道德的人？什么样的生活是好的、值得过的？美德伦理学是关于如何做人的理论。

1978 年，75 位诺贝尔奖获得者在巴黎聚会。有人问其中一位获奖者："你在哪所大学、哪所实验室里学到了你认为最重要的东西呢？"出人意料，这位白发苍苍的学者回答说："是在幼儿园。"他人又问："在幼儿园里学到了什么呢？"学者说："把自己的东西分一半给小伙伴们；不是自己的东西不要拿；东西要放整齐，饭前要洗手，午饭后要休息；做了错事要表示歉意；学习要多思考，要仔细观察大自然。"这位学者的回答，代表了与会科学家的普遍看法。他们认为终生所学到的最主要的东西，是幼儿园老师给他们培养的良好习惯。

美德伦理学是"把关于人的品格的判断作为最基本的道德判断的理论"，研究的重点是"什么样的人是最值得做的和什么样的生活是最值得过的"。① 美德伦理学主要研究：应成为具有哪些美德的人，什么生活是最值得过的。

那么，美德的内涵与外延是什么？人的美德是从何而来的？人为什么要有美德？这些是美德伦理学研究的主要问题。

1. 何谓美德？

美德的英文是 virtue（s）：优点、卓越、特长、优秀品质、良好习惯。从字面上看，所谓美德就是美好的品德、美好的德性。与之相反的是恶德（vice），诸如胆怯、吝啬、挥霍、懒惰、狡猾，等等。

亚里士多德是人类历史上第一个系统、专门研究美德伦理学的人，著有《尼各马科伦理学》等书。他的思想逻辑是：

（1）一切事物的最高追求、最后的选择，是幸福，幸福是终极目标，是自足的。

（2）如何获得幸福呢？从道德的角度看，无外乎两条途径：一是通过道德的、正当的途径、手段去追求幸福；二是通过不道德的、不正当的途径、手段去追求幸福。显然，我们应当通过道德的、正当的途径去追求幸福。为什么？亚里士多德这里论证得不够有力。他主要是从幸福的含义内在地包含美德这个角度进行叙述。例如他指出："最美好、最善良、最快乐也就是幸福"，"只有那些行为高尚的人才能赢得生活中的美好和善良"，"一只燕子造不成春天或一个白昼，一天或短时间

---

① 程炼：《伦理学导论》，北京大学出版社 2008 年版，第 190 页。

的德性，不能给人带来至福或幸福。"总之，"幸福就是合乎德性的现实活动"。

（3）那么，如何获得美德呢？亚里士多德进行了比较详细地阐述，他说："我们做公正的事情才能成为公正的，进行节制才能成为节制的，表现勇敢才能成为勇敢的"，"正是在待人接物的行为中，我们有的人成为公正的，有的人成为不公正的。正是因为在犯难冒险之中，由于习惯于恐惧或习惯于坚强，有的人变成勇敢的，有的人变成怯懦的"，"公正的人由于做了公正的事，节制的人由于做了节制的事，如果不去做这些事，谁也别想成为善良的人"。由此可见，"从小就养成这样或那样的习惯不是件小事，相反，非常重要，比一切都重要。"

（4）那么，什么叫美德（德性）？美德有哪些？从心理学角度看，美德不是感受，不是潜能，而是品质。美德可以定义为（"美德"又被翻译为"德性"）"一切德性，只要某物以它为德性，就不但要使这东西状况良好，并且要给于它优秀的功能。例如眼睛的德性，就不但使眼睛明亮，还要使它的功能良好（视力敏锐），马的德性也是这样，它要马成为一匹良马，并且善于奔跑，驮着它的骑手冲向敌人。……人的德性就是种使人成为善良，并获得其优秀成果的品质。"

具体地说，人的德性究竟是什么？亚里士多德分析指出：（伦理）德性"就是对中间的命中"，"德性就是中庸"，"过度和不及都属于恶，中庸才是德性"。这就是德性的伦理学本质。例如：在财富的接受和支付上，中间性是慷慨，过度了变成挥霍，不及了变成吝啬。勇敢是恐惧和自信的中间性，过度自信就变成鲁莽，过度恐惧而自信不足，就变成怯懦。

说勇敢是鲁莽与怯懦的中间性，看起来是正确的。然而，在抗日战争期间，日本侵略者在与中国军队进行战斗、拼搏时，他们也不怕死，大胆向前。我们当然不能说他们勇敢，但是他们也不是胆怯呀？是什么呢？显然应该叫作凶残、凶狠、凶恶。可见，勇敢的反面就不只是胆怯，还有凶残。勇敢与胆怯只是在胆量、胆气上的量的差别，而与凶残却是质的差别。

2. 美德与恶德的根本区别在哪里

亚里士多德对美德与恶德的区别进行了深入、具体地探讨，具有一定的正确性。但是并不完全正确，上面我们以勇敢与凶残为例进行了介绍。类似这样的问题很多，如：

（1）21 世纪初期，在伊拉克境内针对美国军队的自杀式炸弹袭击，究竟是爱国主义行为还是恐怖主义行为？

（2）一个朋友招待我们时，请我们吃快餐而不是大餐，究竟是吝啬、小气，还是节约、节俭？如果我们对这个朋友的感情很深，我们可能觉得他是节约；如果我们对他的其他印象不怎么好，感情一般，就会认为他是吝啬。

（3）岳飞、宋江、屈原、林则徐对朝廷的忠诚，是美德还是恶德（愚忠）？

（4）骄傲与自豪的区别在哪里？骄傲为什么有时候是褒义（如"我骄傲，我是中国人"），有时候又是贬义？

（5）在一些人看来，诸葛亮是足智多谋；在另一些人看来，诸葛亮是诡计多端。那么诸葛亮究竟是什么样的人？可见，需要有一些外在于美德或恶德的标准来判断一种品质是美德还是恶德。那么，这些外在的标准是什么？人民的利益？国家的利益？判断者个人的价值观或好恶？……

3. 具有美德究竟是对谁好？美德是自私的？

根据美德的定义，一个人或事物具有美德，是有利于自己。我们在教育学生追求美德时，也是这样去说的，例如："你慷慨大方，朋友就多；你吝啬小气，朋友会看不起你，朋友越来越少"；"做人要诚实，人们就信任你、表扬你"；"你这辈子多做好事，死后才能够上天堂"……拥有美德是对自己有好处，《狼来了》等美德故事都是这样讲的。

那么，美德是自私的？追求美德就像追求生存资源、追求财富等一样，是为了自己？

4．美德的统一性问题

具有一种美德，是否就自然地同时具有了其他一些甚至一切美德？例如：

一个勇敢的人，是否一定是热爱祖国、正直、诚实、慷慨的人？

一个正直的人，是否就勇敢、诚实、热爱祖国、勤劳、谦虚？

一个热爱祖国的人，必然是一个热爱人民的人？

答案很可能是"否"。那么，美德之间是否会发生矛盾？显然会。例如：朋友或亲人做了坏事，我们是该忠诚于朋友，还是公正地举报？美德之间出现了冲突，究竟该如何办？原则性的做法是什么？

5．美德究竟有哪些？

柏拉图提出的核心德目表是"四德"：智慧、公正、节制、勇敢。

孔子提出的核心德目表是"三达德"：智、仁、勇。

孟子提出的核心德目表是：仁、义、礼、智（董仲舒加上"信"，形成了封建社会的"五常"）。

蒋介石提倡"四维"：礼、义、廉、耻。

孙中山先生提倡"八德"：忠、孝、仁、爱、信、义、和、平。

中华人民共和国在不同时期提出过不同的核心德目表，如：五爱（爱祖国、爱人民、爱劳动、爱科学、爱社会主义）、四有（有理想、有道德、有文化、有纪律）、五讲四美（讲文明、讲礼貌、讲卫生、讲秩序、讲道德和语言美、心灵美、行为美、环境美）、公民道德建设二十字（爱国守法、明礼诚信、团结友善、勤俭自强、敬业奉献）、社会主义核心价值体系，等等。

国际"生活价值观教育计划"提倡的 12 项核心价值是：合作、自由、快乐、诚实、谦虚、爱心、和平、尊重、责任、简朴、包容、团结。[1]

美国原教育部长、教育专家威廉·贝内特提出的十大美德是：同情、自律、责任、友谊、工作、勇气、毅力、诚实、忠诚、信念。[2]

美国品格教育家托马斯·利科纳提出了 10 种基本美德：智慧、公正、坚忍不拔、自我控制（节制）、爱、积极的人生态度、勤奋工作、感激、谦逊。[3]

法国的安德烈·孔特 – 斯蓬维尔提出了 18 种美德：礼貌、忠诚、明智、节制、勇气、正义、慷慨、怜悯、仁慈、感激、谦虚、单纯、宽容、纯洁、温和、真诚、幽默、爱情。[4]

……

要把这些德目表统一起来，难啊！或许不同时代、不同民族、不同社会所需要的核心美德是不一样的。但总有一些是最基本的呀！最基本的是哪些呢？

总之，美德伦理学要成为一门科学的、成熟的伦理学，路还很远。既然美德伦理学还很不成熟，那么美德教育的科学性何在？只能是一种经验性的教育了。

（四）契约论伦理学

契约论伦理学的第一位系统阐述者是 17 世纪英国哲学家托马斯·霍布斯（1588—1679）。霍布斯的代表性著作是《利维坦》。利维坦

---

[1] ［美］戴安·泰尔曼等：《生活价值教育培训者手册》，李宝荣等译，北京师范大学出版社 2005 年版，简介第 2 页。

[2] ［美］威廉·贝内特编：《美德书》，何吉贤主译，中央编译出版社 2006 年版，目录第 1 – 10 页。

[3] ［美］托马斯·利科纳：《培养品格》，施李华译，线装书局、中国社会科学出版社 2005 年版，第 8 – 10 页。

[4] ［法］安德烈·孔特 – 斯蓬维尔：《小爱大德：人类的 18 种美德》，吴岳添译，中央编译出版社 2006 年版，目录。

"Leviathan"的字意为裂缝，在《圣经》中是象征邪恶的一种海怪，通常被描述为鲸鱼、海豚或鳄鱼的形状。在基督教中，利维坦成为恶魔的代名词。霍布斯用"利维坦"来象征国家。正如马克思所说，国家是一个阶级压迫另一个阶级的暴力机器。

霍布斯阐述了道德、法律、国家的起源：

（1）人性论。人的本性是利己的、自私的，每个人都是追求自己的利益，为了自己的生存、需要而不惜任何手段来排斥、消灭他人，保存自己。

（2）天赋权利说。在自然状态下，任何人都生而拥有生命权、对物品的所有权等。每个人追求自己的生存、快乐、幸福是天然的权利。

（3）道德、法律、国家的产生。在没有国家的自然状态中（在原始社会早期），由于生存条件非常艰难，生存资源非常紧缺，人类之间就会相互争夺。人与人之间时时刻刻都在发生竞争、争斗、战争，人的生活处于"一切人对一切人的战争"状态，"人对人就像狼一样"。

但是，大部分人之间的力量（体力、势力、智力等）差异并不显著，所以没有人能够轻易地胜过其他人。即便有人在体力或智力上比其他人略高一筹，但是几个人联合起来就可以把他打败。例如：三国时候的吕布，一对一比赛，天下无敌。但是，关羽、张飞、刘备三人联手对付他，吕布就难以取胜。诸葛亮那么有智谋，但是遇到司马懿，虽然比不上诸葛亮，诸葛亮也难以彻底战胜司马懿。人类历史上从来没有一个人战胜一群人的事例，除了武侠小说描述的之外。正所谓"三个臭皮匠，胜过诸葛亮"。因此，人与人之间的竞争、争斗，即便一方取胜，也要付出一定的代价，所谓"杀敌一万，自损三千"。

在频繁的、长期的争斗中，在胜胜负负中，人类由于具有理性认识能力，逐渐明白了争斗导致两败俱伤、合作导致共赢的道理，于是开始相互妥协、协商、合作。

这是动物们都明白的道理。例如：老虎与老虎、狮子与狮子、老虎与狮子等等，这些力量差不多的猛兽之间如果撞见了，就很少发生争斗，它们像武林高手，并不轻易动手，而是相互打量对方，转着圈认真观察对方，衡量对方的实力，虎视眈眈地盯着对方，发出吼叫，进行威慑。就这样相持十分钟、半小时、一小时……最后，终于有一方坚持不住了，就掉头离开，并不时回头观察对手是否会突然袭击自己，而对手并不会发动突然袭击。一场危机就这样结束了。这正如冷战时期的苏美争霸，主要是进行威慑，并不会真正发生战争。

人类为了避免相互之间的残杀，就开始达成协议、契约，把自己的部分或全部权利转让给第三者，由第三者对人们进行管理，这就是国家的产生。这第三者就是国王。法律、道德都是这样产生的，是人们达成的协议。

当人们长时间遵守协议时，就养成习惯，形成了诚实、相互帮助、尊重他人、平等、勤劳、遵纪守法、遵守道德、关心等道德品质。

当代美国著名的哲学家约翰·罗尔斯（1921—2002），哈佛大学教授，于1971年出版了著名的《正义论》，这本书被认为是契约论理想最优秀的宣言之一。

（五）利己主义伦理学

利己主义伦理学是一个比较杂的思想流派，许多哲学家、伦理学家具有这样的思想倾向，但是建立系统理论的比较少。

霍布斯：士兵救战友伟大吗？①

一个士兵为了拯救他的战友，不顾自己的性命，扑向点燃的手榴弹，最后自己牺牲了。这个士兵伟大吗？不，他牺牲自己的生命是因为他认为这么做对他自己有利，因为他知道他自己会死，与其

---

① ［美］帕尔玛：《为什么做个好人很难》，黄少婷译，上海社会科学院出版社2010年版，第77页。

自己白白死了，还不如救一名战友，成为英雄，永垂不朽。他从小接受的教育使他有自尊，有英雄主义，或者，他认为他这么做，会使战友感激自己。

霍布斯在谈到给一个乞丐六便士的理由时说到："想起那位老人的悲惨处境，我就心如刀绞。我的这点儿施舍倘能帮他一把，也让我心安一些。"

具有系统的利己主义伦理学理论体系的典型代表，是安·兰德。安·兰德（1905—1982），出生于俄国中产阶级犹太家庭，原名爱丽斯·罗莎本，16岁进入列宁格勒大学。1926年，因厌恶前苏联的共产主义，借拜访亲戚之名，到了美国，改名安·兰德。兰德是著名的哲学家、文学家，客观主义运动首创者，理性的利己主义思想倡导者，被誉为"美国的自由女神"，是全世界有史以来最畅销的作家之一，是20世纪美国最为知名、小说和论著卖出册数最多的作家、思想家和公共知识分子之一。著作近百部，销售量仅次于《圣经》。兰德女士的拥护者在1997年曾自费拍摄有关兰德的传记片《安·兰德：一种生命感》、《安·兰德：基于理性与激情》（获奥斯卡奖提名）。

让我们先通过几个例子来了解兰德的思想。

救妻子还是救陌生人？

（1）假设你的妻子生了重病，住在医院里，需要10万元才可能治好。而你正好只有10万元。花了这10万元，你就一无所有。显然，你会毫不犹豫地花掉10万元，去挽救妻子的生命。那么，你是为妻子做出了牺牲吗？你伟大吗？

安·兰德告诉我们：这不叫牺牲。因为只有妻子活着，你才幸福。"为了自己所爱之人的利益而采取的任何行动都不是牺牲……对丈夫而言，如果妻子能活下来，这比他用钱能够买到的任何东西都更有价值，这对他的幸福最重要，因此，丈夫的行动不是牺牲。"①

什么叫牺牲？你奋不顾身跳入洪水中去救陌生人，那才叫牺牲。

假设在你的妻子的病房隔壁，还有 10 个孤儿生命垂危，每个孤儿都需要 1 万元的手术治疗才可能得救。如果你把自己仅有的 10 万元拿出来救这 10 个孤儿，而放弃救治自己的妻子，这才叫牺牲。

请问：你会这样做吗？我们从小接受的教育告诉我们：应当舍己救人，舍小救大，放弃救治妻子一个人，就可以挽救 10 个人的生命，很划算！

但是，安·兰德告诉我们："你的最高道德目标就是获得幸福，你的钱属于你，用它来救你的妻子吧，那是你的道德权利，也是理性的、道德的选择。"②

（2）假设你的爱人掉到滚滚长江中去了，正被冲远。你该奋不顾身跳入长江，去救他（她）吗？如果你跳水去救，你很伟大吗？

安·兰德告诉我们：如果你跳入水去救，"这是出于一个自私的原因：没有爱人的生活难以忍受。"③

如果你会游泳，但你依然害怕危险而没有去救，结果你的爱人被淹死了。那么你是不是自私呢？安·兰德告诉我们："他的余生便在孤独与痛苦中度过……只能从道德上谴责他背叛了自己和自己的价值，也就是说：他没能为保持对自己的幸福至关重要的价值而奋斗。……那么他在道德上是有罪的。"

（3）如果是陌生人落水了呢？该不该去救呢？

安·兰德告诉我们："只有当出手相救对施救者的生命威胁最小时才应该去做；如果对施救者威胁很大，去救落水者就是不道德；只有缺

---

① ［美］安·兰德等：《自私的德性》，焦晓菊译，华夏出版社 2007 年版，第 38 页。
② ［美］安·兰德等：《自私的德性》，焦晓菊译，华夏出版社 2007 年版，第 38 页。
③ ［美］安·兰德等：《自私的德性》，焦晓菊译，华夏出版社 2007 年版，第 39 页。

乏自尊的人才会把随便哪个陌生人的生命看得比自己的生命重。"①

兰德的主要思想是：

第一，一个人理性的自私，也就是在不损害他人前提下的利己，只为自己活着，不仅是道德的，而且是道德的源泉。利他主义、自我牺牲，甚至为别人活着，尤其是前苏联宣称的共产主义的某些说法，不仅是虚假的，更是不道德的，因为它为建立集体主义的集权社会提供了底座——只有牺牲个体，才能举起集体的旗帜。在这个光辉耀眼的旗帜下，就有了践踏一切个人权利的理由。而谁掌握了权力，谁就主宰了这个集体。"唯一合理的理解是当有牺牲，必有人获得牺牲品。当有服务，必有人享受服务。和你谈牺牲的人正是在和你谈奴隶和主子，而他正准备当主子。"他说代表"人民"，西方左派喜欢喊为"公共利益"，就因为这些概念是抽象的，没有明确的内涵，于是权力者就可以宣布代表人民，代表公共利益，然后以这种名义剥夺具体的个人权利。一位古罗马皇帝说，希望人类只有一个脖子，这样他就能一刀斩断。兰德说，"集体主义"就等于把人类变成一个脖子，独裁者就可随意拴上皮带。看看人类历史，所有的暴政，所有的政治大恐怖，哪个不是在为群体、为人民的利他主义动机下发生的？兰德疾呼，人与人唯一正当、良性的关系，是交换劳动成果，不干涉他人利益。

第二，个人的创造能力和创造性的结果，是幸福的源泉，是价值的源泉。那些主观为个人幸福而创造着的人们，用他们的劳动成果，在客观上为社会提供了财富。这不仅带来个人幸福，也是高尚的。而那些好吃懒做者、不用自己的头脑思考（而顺应群体思维）的思想寄生者，是不道德、不高尚的。而且这种依赖和寄生，为政府主宰一切、走向集权社会提供了可能。因为"创造者关心的是征服自然，而寄生虫关心的是征服他人"。思想寄生者要靠人际关系生存，而创造者则孑然独立。

———————

① ［美］安·兰德等：《自私的德性》，焦晓菊译，华夏出版社2007年版，第39页。

第三，理性是发现和认识真理的源泉。尊重理性，就是尊重人本身，人是第一位的，人是根本，而不是任何神秘的虚幻世界。兰德特别强调以人为本、人的独立思考的价值。她说，"生命是必须购买的价值，而思考是唯一能买得起它的货币"。兰德曾这样总结她的哲学："人是一种英雄式的存在；自己的幸福是人生的目的、道德的准则；创造性的成就是他最高尚的行为；理性是他唯一的绝对标准。"

霍布斯等都属于这个阵营的代表。利己主义伦理学对我们具有许多启示：

（1）有些人往往打着道德的外衣，一本正经，道貌岸然，实际上却在谋个人私利。伦理利己主义有助于我们看清楚那些人的虚伪本质。

（2）人活着应当追求自己的快乐、幸福。生命只有一次。应当充分享受生活。人是目的，尊重每一个人。尊重人的生活、生存、生命。人不是工具，不是实现别的目的的工具、手段。

（3）与利己主义相对的是利他主义。一个人活着，如果不是追求自己的快乐、幸福，而是去为别人、为社会服务，去奉献，去燃烧，那么人活着仅仅是为社会、为他人而活着吗？

（4）我只追求自己的快乐、幸福，但是我不违法犯罪，不做不道德的事情，我只是诚实劳动，合法谋生，有什么错吗？

（六）主观主义伦理学

我们在日常生活中经常感受到，道德判断、价值判断几乎就是主观的，往往没有客观标准。面对一个人，张三说他慷慨，李四却说他挥霍；张三说他刚愎自用、独断专行，家长作风，李四说他有主见，有魄力，果断；张三说他吝啬，李四说他节约、节俭；张三说他勇敢，李四说他凶狠，或者是匹夫之勇……

具体地说，例如：

勤劳：如果你是在为奴隶主或资本家打工，那么你越勤劳，你将越贫穷，而资本家将越富有。这是马克思早就发表过的深刻洞见："工人生产的财富越多……他就越贫穷。工人创造的商品越多，他就越变成廉价的商品……工人生产得越多，他能够消费的越少；他创造价值越多，他自己越没有价值、越低贱……劳动为富人生产了奇迹般的东西，但是为工人生产了赤贫。劳动生产了宫殿，但是为工人生产了棚舍……"罗素也指出过："努力工作是奴隶的道德，现代世界不需要奴隶制度。"

节俭、节约：以日本为例。当今世界经济的发展，越来越依赖于消费。特别是在当前经济危机形势下，日本国的出口贸易下降，迫切需要扩大内需。因此，日本政府早就把扩大内需作为发展经济的一个重要途径，采取了一系列措施来提高国民的消费能力、刺激国民的消费需求，如：高校扩招、提高教师的工资、积极发展房地产业、私车取消年审费、家电购买月供制，等等。一个日本国民，如果你具有爱国、忠诚的品质，就应当赶快把钱拿出来，去买轿车、房子、高档家电、出入高档酒店、去娱乐场所接受异性按摩……没有钱的可以贷款来消费！总之，要多消费、快消费、高消费、提前消费！经济建设是国家的中心工作，你的高消费因为刺激了经济发展，所以就是当前最大的爱国行为！举例来说：假设你到某餐厅去一顿饭就消费了一万元，那么，你这一万元消费的贡献可大啦！你养活了餐厅老板，老板也有钱给工作人员发工资了，农民的粮食、鱼肉、蔬菜等等也卖出去了，国家的税收也增加了……由此可见，高消费就是爱国、爱人民！而节约、节俭就是自私！真是这样吗？日本国内真的是这样吗？

勇敢：例如伊拉克境内针对美国军队的自杀式炸弹袭击，在世界上一些弱小的人民看来是多么勇敢的行为！但是在美国看来则是恐怖行为！

博爱：2008 年 3 月 26 日，山东省威海市 53 岁的退休女教师李建华外出回家，遭遇歹徒入室抢劫，她在身中数刀的情况下与歹徒斗智斗勇并最终占得上风。面对精神崩溃、瘫倒在地的 19 岁歹徒，李建华拨打 120 急救电话，并以"干儿子"的借口护送歹徒入院得到及时救治。请问：李建华的行为是博爱、宽容还是迂腐、善恶不分？

道德判断、道德评价具有价值属性，即具有主观性。她们判断的对象是客观事物的属性，但是客观事物的属性对不同的判断者具有不同的意义，所以其判断就不相同。例如下表：

褒义	贬义	中性
自豪	骄傲	proud
雄心壮志	野心勃勃	ambition
灵巧、巧妙	奸诈、狡猾	cunning
技巧、诀窍	诡计、花招	trick
勇敢	凶狠、凶残	有胆量、有胆气

同样是对胆量、胆气的评价，如果某物或某人的胆量与行为表现出来对我们是有利的，我们就称之为"勇敢"，反之则称为"凶狠"。那么，能否以人民、人类、社会、世界等的利益为出发点去进行所谓公正或"客观地"评价呢？其实，"人民"、"人类"、"社会"等是抽象的概念，谁能够代表人民、人类？美国认为他们是代表人类、全世界的利益所以要攻打伊拉克呢！

主观主义伦理学有多种表现形式。一种常见的观点认为："当某人认为一个行为是不道德的时候，他只是表达一种态度，即他不赞同这个行为；反过来，当他认为一个行为是道德的时候，他表达的是另一种态度，即赞同或喜欢这个行为。"美国作家海明威认为，道德的东西就是使一个人感觉好的东西，不道德的东西就是使一个人感觉差的东西。[①]

主观主义伦理学往往与主观主义价值论密切相关。西方许多哲学家往往把价值理解为主观的东西（详见本书第三章）。

主观主义伦理学也与情感主义密切相关。情感主义是流行于20世

---

① 程炼：《伦理学导论》，北京大学出版社2008年版，第61页。

纪中叶的一种哲学思潮，代表人物是美国哲学家查尔斯·L. 史蒂文森（1908—1979）。情感主义认为，道德语言是用来表达人的态度，而非描述事实。

主观主义伦理学的一个目的是要反对外在的权威，反对盲从、奴性，反对思想与精神上的专制与压迫，追求自我和个性解放，追求独立人格，发展个人的道德。但是，把道德当作是主观的态度、情感等，则是错误的。错误的原因或许在于对"道德"的理解、定义上。这是一种前提性的错误，是混淆了"道德"与"道德情感"、"道德判断"，正如美学中一些人混淆了"美"与"审美"一样，把二者混为一谈。

是否可以这样说，主观主义伦理学是伦理学发展不成熟的一种反叛，是对伦理学的"否定之否定"，它从反面刺激我们要去探索研究道德的客观性，探索道德规律、道德本质等。

国内外的伦理学思想理论流派还有很多，如相对主义伦理学、女性主义伦理学（关怀伦理学）、实用主义伦理学、情感主义（直觉主义）伦理学、宗教伦理学（如基督伦理学）、自然主义伦理学等等。下面我们专门探讨马克思主义伦理学。

二、马克思主义伦理学

马克思主义伦理学是由马克思、恩格斯首创，无数马克思主义者在探索研究，目前尚处于发展中的伦理学。马克思主义伦理学要成为科学的、成熟的伦理学，除了需要真正坚持马克思主义的基本原理、方法外，还必须辩证、成功地学习吸收生物科学、心理科学等的相关理论成果，诸如进化论、生物人类学、社会生物学、行为遗传学、生物遗传学、进化心理学、脑科学、人格心理学等。

马克思主义伦理学对于道德的基本观点，是把道德看作一种客观的、相对独立的事物、现象，有一个产生、发展的客观过程，有自己独特的本质、规律、意义。道德与其他事物之间，既有密切而复杂的关系，又有相对独立性，是一个半开放的系统。

（一）道德的定义

在一些人看来，只有人类才有道德，其他动物是没有道德的。这是一种独断论或人类中心思想。动物是否有道德，首先在于对"道德"的定义、理解。

要科学、全面地定义"道德"是很困难的，这里首先给出"道德"的其中两个特征或属性：（1）做出了利他的行为。（2）是有意识地做出的利他行为。

一个人即便有善心、爱心，有道德动机、愿望，但只要还没有做出道德行为，我们就不能说这个人是道德的，只能说这个人有道德动机。反之，如果一个人做出了利他行为，但不是有意识地做出的，而是无意地、偶然地做出的，甚至是出于自私的动机而做出的利他行为，我们就不能说这个人是道德的。例如：做课间操的时间到了，许多学生已经从教室走出来，站到操场上，只有小王还在教室。刘老师走进去刚把小王拉出教室，这时候教室就倒塌了。那么，刘老师拉小王走出教室的行为，就不是道德行为。因此刘老师拉小王出教室的动机不是救小王免于教室倒塌的压砸，只是拉他出来做操。例如：水滋润万物、阳光照耀万物，我们不能说水和太阳是道德的。又如：李四怀着希望得到高考加分的动机而把落水者救起来，一个老板怀着宣传自己的动机而做慈善，就不是道德行为。当然这些也不是不道德行为。我们只能够说，这是一种正当的交易。因此既不应赞扬，也不应批评谴责。

许多人认为动物没有道德，其中一个原因就是认为动物没有道德动机，动物没有意识。但是，蜜蜂、蚂蚁也没有意识呀，他们为什么又赞扬蜜蜂蚂蚁的勤劳、奉献、自我牺牲精神呢？为什么赞扬狗对主人的忠诚呢（狗对主人忠诚，很可能是因为狗的生存资源全在主人提供而已）？

前面介绍了人的本性基本上是利己的。但是，利己有多种情况：（1）损人利己；（2）不损人也不利人而利己；（3）既利人又利己。损人利己是不道德的。不损人也不利人而利己就无所谓道德不道德，算是零道德吧！既利人又利己是道德的。还有一种道德的情况：损己利人。这种道德与既利人又利己的道德是什么关系？损己利人的道德是一种高尚道德，是大我的道德；既利人又利己的道德是普通道德，是符合人的本性的道德。当然，"损己利人"的"损己"是指损失了自己较大的利益，如果只是损失自己一点点利益，是可以忽略的，如举手之劳，就应当归入普通道德了。要求他人无私奉献、大公无私、毫不利己专门利人，是一种高尚道德，不符合普通人的本性，因此不应对普通人进行要求，应对共产党员、领导干部进行要求。

由于行为对象与行为主体的复杂关系，道德具有相对性。我们出于亲情、友情而对亲人、朋友做出的利他行为，是道德行为吗？例如：我们自己很饿了，亲人朋友也很饿了，我们把仅有的一点食物给了亲人朋友，而没有留给自己吃，看起来我们是道德的。但是第二章兰德的思想似乎表明这是自私的。康德也表达了类似的观点，道德行为应当是纯粹出于道德责任、道德义务的行为，而非出于个人情感的行为。如果在场的有我们自己、我们的亲人朋友以及一两个陌生人，大家都很饿，我们把仅有的一点食物给了我们的亲人朋友，而没有给陌生人，那么我们应该算是自私的了。总之，道德是复杂的。

（二）动物界的道德现象

人是由某种动物演化而来，因此必须从动物开始探索道德的起源。第二章已经介绍了，动物是有意识的，动物也有相应的认识能力和判断能力，有情绪、情感，等等。因此，动物界普遍存在道德现象。但是，动物的道德是原始道德或初级道德，表现在许多方面，例如动物具有同情心，能够自己冒着生命危险为群体警戒、报告险情，能够做出分享食物等利他行为，甚至能够舍己救人，等等。

1. 动物有同情心

当然，并非所有动物都具有同情心。大体情况是：越低等的动物，越没有同情心；越高等的动物，有一些同情心；亲缘关系越近，动物越能够表现出同情心，亲缘关系越远，越难以表现同情心；同情心似乎可以在后天的共同生活中培养，之所以能够培养，大概是后天的共同生活，基于共同的利益关系而产生了相互之间的依赖、依靠，进而产生了感情——这种感情的产生是缓慢的，因此延续的时间也很长，例如狗对主人的感情可能导致主人离去或死后狗守候主人终生。

德瓦尔指出："同情是与熟悉和亲密程度有关的，而熟悉与亲密程度是可以用两个个体待在一起的时间的长短来测量的。"[①]

2. 动物的亲缘利他行为

蚂蚁、蜜蜂中的工蚁、工蜂，为自己的群体任劳任怨地工作，默默无闻，甚至献出生命。工蜂在蜇人后，蜇针和肠脏都留在人体皮肤中，自己很快就会死亡。工蜂为什么这么伟大？甘愿牺牲自己、保护蜂群？这种行为违背了自然选择规律呀！因为这种具有利他主义的个体没有留下后代，因此不能遗传、进化呀！

达尔文首先遇到了这个问题，用血缘选择来进行解释。他认为：自然选择是作用于家系（家庭、家族），而不是作用于个体。但这是不正确的。20世纪六七十年代，汉密尔顿的一系列论文科学地解释了这种现象。因为工蜂是雌性，却没有生育能力（严格地说应是：工蜂性器官发育不完全，不能与雄蜂性交，但可以产下非受精卵，非受精卵可以长成雄蜂。但工蜂被监视着，不被允许产卵，只有极少数可以偷偷产卵）。所以，工蜂只能指望其母亲或姐妹代替自己繁衍后代。为此，工蜂才要献出生命以保护蜂群。

血缘利他现象，最突出的表现就是父母帮助和保卫其子女，以及兄

---

① ［美］弗朗斯·德瓦尔：《黑猩猩的政治》，赵芊里译，上海译文出版社2014年版，第224页。

弟姐妹的相互帮助与保卫。亲缘关系越近，相互帮助和保卫的倾向就越强烈。

动物在保护幼子的策略问题上不仅出于本能，还有意识，非常聪明。例如：一些鸟类在捕食者面前会进行疯狂的表演，以吸引"敌人"的注意力从而把"敌人"引开远离它们的幼子。最普遍的表演是假装受伤。不同的鸟类假装受伤的情况不一样。有的是中断正常的飞行，精确地模拟受伤状或病态。进行表演的动物增加了自身的危险，但是减少了其幼子的危险。[①]

3. 动物的互惠利他与合作行为

对于与自己没有任何亲缘关系的个体，无论是动物还是人，都存在合作、利他现象。这是为什么？这不是违背"基因自私"吗？大约在20世纪50年代，哈佛大学生物学系的一个研究生罗伯特·特里弗斯（Robert Trivers）向汉密尔顿提交了一篇论文，提出了这一问题。特里弗斯认为这种现象的原因之一就是"互惠互利"。在汉密尔顿的鼓励下，特里弗斯发表了文章，引起了一系列关于动物互惠互利的争论。

生物为什么会对与自己没有血缘关系的个体做出利他行为？这是否违背了生物（自私）的本性？特里弗斯提出的互惠利他主义认为，这并不违背生物的本性，依然可以用自然选择来解释。1983年，研究者们终于发现了动物互惠互利的事实。生物学家杰拉尔德·威尔金森（Gerald Wilkinson）在哥斯达黎加对昼伏夜出的吸血蝙蝠进行了观察研究，吸血蝙蝠白天栖息在树洞中，晚上才外出搜寻大个的猎物，它们常常鬼鬼祟祟地附在猎物身上，从猎物伤口处吸食它们的血液。但是这种食物极不稳定。成年蝙蝠情况好一些，十个晚上中大概只有一个晚上不能找到食物。但是小蝙蝠就没有那么幸运，三个晚上中大约就有一个晚上不能找到食物。因此，它们连续两天挨饿是常有的事。如果连续60个小时都没有

---

① ［美］爱德华·O.威尔逊：《社会生物学：新的综合》，毛盛贤等译，北京理工大学出版社2008年版，第113–114页。

吸食到动物血液，它们很可能就会饿死。研究者发现，一旦找到食物，它们就会大吃一顿，回来之后再吐出一些给另一只蝙蝠吃。

那么，相互喂食的蝙蝠之间是否存在亲缘关系呢？这是不是亲缘利他现象呢？研究者发现，蝙蝠常常在固定的地方栖息，而且往往是长时间也不换居——有时长达 18 年。但是它们之间的关系并不太密切，亲缘利他理论不能解释这种相互喂食的行为。威尔金森发现，蝙蝠喂食遵循着"以牙还牙"的原则：一只刚刚奉献出食物的蝙蝠往往会得到受恩者的回报；反之，如果上次拒绝给他者提供食物的蝙蝠，这次它就会遭到他者的拒绝。"看来每一只蝙蝠好像都非常精明，善于盘算"，它们经常相互间梳理羽毛，"蝙蝠在相互梳理羽毛时特别关注对方肚子附近的地方，因此一只吃得肚子鼓鼓的蝙蝠根本无法逃过对方的眼睛。这次欺骗了别人，下回他也会同样遭到欺骗。互惠互利原则统治着整个蝙蝠群体。"①

互惠利他现象不仅存在于同类动物之中，还大量存在于不同种类的动物之间。动物的互惠互利行为有许多形式。例如一些动物利用自己获取的食物换取与异性交配的机会，或者换取对方为自己梳理皮毛。动物的互惠互利行为发展的高级形式，就是用自己的猎物、能力等为群体或群体中的其他个体服务，从而得到群体的承认，获得威信、身份与地位。

（三）人类道德的起源

人类道德的起源与动物界中的利他行为的起源基本相同，主要有血缘利他和互惠利他两种情况。当然，还包括由于同情、仁爱等做出的高尚道德行为。

1. 人类的血缘利他现象

人类普遍存在由于血缘关系亲近而做出的利他行为。但是，从本质上看，血缘利他行为从利他者的动机上看，是出于基因自私。我帮助我

---

① ［美］麦特·里德雷：《美德的起源：人类的本能与协作的进化》，刘珩译，中央编译出版社 2004 年版，第 61 页。

的儿孙，是因为我的儿孙是我的生命的延续。那么，这种表面的利他行为在根本上是不是自私呢？例如，一个父亲或母亲冒着生命危险跳入熊熊火海中去救自己的子女，这是自私行为还是伟大的壮举？父母含辛茹苦地养育子女、子女孝敬父母等等，究竟是道德行为还是自私行为？

世界经济学之父、英国的亚当·斯密为此问题甚至与自己的老师分道扬镳了。他的老师弗郎西斯·哈钦森（Francis Hutcheson）认为：出于虚荣或自身利益而做出的慈善行为不是真正的慈善行为。斯密则认为：即便一个人仅是受虚荣心驱使，他做的善事仍应当得到承认。另一位比他们晚一些的经济学家艾玛塔·森（Amartya Sen）赞同康德的观点，因而也认为："基于同情的行为是自私的行为，因为别人快乐你才快乐，别人苦恼你也难过。因此对别人的同情可以帮你实现自身价值。"①

道德是相对的、具体的。相对于你自己来说，为孩子付出是道德的。但是相对于别人的孩子来说，你不为别人的孩子付出，只为自己的孩子付出，这就是自私的。

2. 人类的互惠利他与合作现象

不仅动物界存在广泛的互惠互利与合作现象，人类更加发展和丰富了这种现象。从原始社会到今天的市场经济社会，从西方到东方，各种形式、各种类型的互惠互利现象普遍存在。例如：

（1）原始社会的食物分享行为。无论是在原始社会，还是在当今，人类普遍存在着一种食物分享现象。20 世纪中后期，研究者对许多土著人进行了观察和研究。例如委内瑞拉的雅诺马马人，常常一起分食从森林中猎捕的大型野兽，但小猎物或菜园里种的大蕉却都归个人所有。在巴拉圭的阿切人中，猎手们猎捕到猴子或小猪后，常将 90% 的肉分给他人，但若是找到棕榈树的树心或小型犰狳时，则自己留下大部分，

① ［美］麦特·里德雷：《美德的起源：人类的本能与协作的进化》，刘珩译，中央编译出版社 2004 年版，第 13－14 页。

只将一小点赠与同伴。澳大利亚阿纳姆地区的蒂维人中，猎手将五分之四的小型猎物留给自家享用，但如果是 12 公斤以上的猎物则只能留五分之一。坦桑尼亚埃亚西湖附近的哈扎人也一样，男人喜欢猎捕大型动物，如羚羊、长颈鹿等，他们常常将猎捕到的肉分给他人。①

原始人分享肉食的原因与动物相比，基本相同。例如：当今，越是大型的社交宴会，肉食就越不能缺少，而且越贵重越好。人们为什么要把最贵重的肉食或茅台等山珍海味拿出来（从酒店、餐馆买来）与大家分享？为什么不只点萝卜青菜、面食米饭？每个人都清楚其中的原因。

（2）礼物赠送。向他人（他家、他群体、他集团、他国等）赠送礼物是人类社会的普遍现象，在原始社会即已出现。在 20 世纪 20 年代，一位名叫马塞尔·莫斯的民族学家在其著作《赠礼》中提出，工业社会之前的礼物赠送是与陌生者签订社会合约的一种方式。在国家尚未出现之前，赠送礼物起到了维护和平的作用。20 世纪 60 年代，马歇尔·萨林斯注意到，赠送礼物与接受礼物的双方之间亲属关系越近，回礼时就越不讲究数量或质量对等；但是在村落或氏族内部则有必要将礼物来往的账目牢记在心。里德雷认为，许多情况下人们赠送礼物时都希望能得到价值相当的回礼。受礼方如果拿不出什么礼物回赠就会使自己陷入窘境，也会因为帮了对方许多忙而只得到一盒巧克力作为酬谢而生气恼怒。② 只有礼尚往来，人际关系才能够得到维系。而良好的人际关系是人生存于世的重要条件或资源之一。

赠送礼物本来是一种建立和维持人际关系的方式，是一种互惠互利现象。但是这种互惠互利也可以用于谋取不正当利益，变成权、钱、色的交易，人情交易。这就是所谓的拉关系、走后门，请客送礼，行贿受

① ［美］麦特·里德雷：《美德的起源：人类的本能与协作的进化》，刘珩译，中央编译出版社 2004 年版，第 91、114 页。
② ［美］麦特·里德雷：《美德的起源：人类的本能与协作的进化》，刘珩译，中央编译出版社 2004 年版，第 123－124 页。

贿，等等。因此，我们在礼物赠送活动中需要把握原则和方向。

（3）商品交换。互惠互利行为发展的高级形式就是商品交换，实际上就是交换人们的劳动，本质上就是互惠互利行为。换句话说，互惠互利，例如原始人的食物分享行为，就是商品交换和现代市场制度的前身。

无论是食物分享还是公平自愿的商品交换，对双方都是有好处的，所以是互惠互利的行为。特里弗斯和威尔逊等都认为：实物交换是"相互的利他主义行为"，"货币是相互利他主义的一种量化"。[①] 自愿的、公平的商品交换，本质上是用自己的熟练劳动成果与自己不熟练而别人熟练的劳动成果相交换，因此是双赢的行为。

（四）道德起源的思想试验

历史不能倒流，我们不可能回到人类真实的历史中去研究道德的起源，但是我们可以通过模拟和思想试验来理解道德的起源和道德的本质。

1. 囚徒困境的模拟游戏

读者如果有兴趣，可以组织一些人玩这样一个游戏：两人一组对玩，每人手上两张牌：一张红色的，一张黑色的。两人同时各出一张进行较量，得分情况是：

$$5 分 \quad 红：红 \quad 5 分$$
$$0 分 \quad 红：黑 \quad 8 分$$
$$8 分 \quad 黑：红 \quad 0 分$$
$$2 分 \quad 黑：黑 \quad 2 分$$

游戏的次数越多越好，例如 20 次、40 次、50 次、100 次，等等。可以组织 1 组、2 组、3 组……游戏可以分为一、二两个阶段，第一阶段不准说话、交流、讨论、商量；第二阶段可以允许游戏双方商量、交流。最后计算参与游戏的所有人的单个人总分（分组仅仅是有利于游戏进行，最后计算个人总分，在所有参与人之中进行比较），总分最高者

---

① ［美］爱德华·O.威尔逊：《社会生物学：新的综合》，毛盛贤等译，北京理工大学出版社 2008 年版，第 518 页。

为第一名，其次为第二名，依次类推。我们多次组织学生玩这个游戏，多数时候是组织 6 名学生玩，三男三女，第一组由两位男生对玩，第二组由两位女生对玩，第三组由一位男生与一位女生对玩。为节省时间，多是玩 20 次。但是，从来没有谁的得分达到 100 分。多数人的得分在 70—85 分之间，还有 40—69 分的。得分超过 90 分的很少。根据前面的计分规则，如果游戏双方都总是出红牌，那么最后得分都是 100 分。但是我们组织的游戏从来没有出现过这种得分情况。或许是因为游戏者在短时间没还没有理解透游戏规则，没有过多思考如何使自己得高分的原因。

这是一个根据"囚徒的困境"而设计的游戏。

2. 囚徒困境的提出

"囚徒的困境"故事的原型是美国兰德公司（美国军方与道格拉斯飞机公司共同建立的一个军工研究机构，二战结束后即酝酿，1948 年 3 月正式成立，博弈论研究的大本营）的研究人员梅里尔·弗劳特和梅尔文·德莱歇于 1950 年 2 月所做的一个实验。[①] 兰德的另一位研究人员艾伯特·塔克是著名的数学家，得知这个实验后，于 1950 年 5 月在斯坦福大学心理学系做博弈论报告时，把实验改为了一个更易于为缺乏博弈论知识背景的人能够听懂的故事。塔克把他编撰的故事叫做"囚徒的困境"。为了便于我们理解，这里把囚徒的困境故事改编为：

> 张三和李四合伙犯罪，被抓到警察局。但是警察手上并没有证据。于是把二人分开关押以防二人串供，同时分别对二人进行审问。警察分别给他们摆出了各自的出路：
>
> 如果拒绝交代，那么由于警察没有证据而不能移送法院，但是也不能立即释放，因为他们有作案嫌疑，因此将被关押 0.5 年后释放。
>
> 如果你检举揭发了同伙的罪行，那么你将被立即释放，甚至还

---

① ［美］威廉姆·庞德斯通：《囚徒的困境》，吴鹤龄译，北京理工大学出版社 2008 年版，第 122 页。

有奖励。而你的同伙将独自一人承担罪行，被关押 6 年。

但是，如果你拒不交代，而你的同伙检举揭发了你，那么他将被立即释放，甚至获得奖励，而你将独自一人承担罪行，被关押 6 年。

如果你检举对方，而对方也检举了你，那么你们共同承担罪责，都将被关押 4 年。

那么，张三和李四该怎样做呢？

让我们把以上情况整理为：

	张三		李四		
6 年	抗拒	检举同伙	0 年	忠诚	背叛
0.5 年	抗拒	抗拒	0.5 年	两人团结（勾结）	
4 年	检举同伙	检举同伙	4 年	背叛	背叛
0 年	检举同伙	抗拒	6 年	背叛	忠诚

张三思考：要是李四忠诚于自己多好！如果李四忠诚于自己，什么都不说（对警察抗拒），那么自己最坏的结果是只被关押半年，而最好的结果是当场释放；而如果对方检举揭发了自己，那么自己最坏的结果是将被关押 6 年，最好的结果也要被关押 4 年。为了避免这种最坏情况的发生，自己就不能选择抗拒警察而忠诚于对方，自己最好的选择是检举揭发对方。因为不管对方怎样选择，只要我揭发对方，那么我最坏被关押 4 年，比被关押 6 年要好，我最好的结果是当场释放。

李四的思考与张三的思考一样，自己最好的选择就是检举揭发对方。

结果：双方相互背叛，相互检举揭发，双方都获得 4 年徒刑。

困境：两人都是从最有利于自己的角度做出的选择，他们为什么没有得到最好（当场释放）、也没有得到比较好（被关押半年）的结果？为什么都陷入被关押 4 年的困境？

他们为什么不能团结起来，相互忠诚于对方（都抗拒警察），从而获得更好的结果（被关押半年）？因为他们谁都不信任谁，别人是不可靠的，所以自己只能从避免最坏、争取最好的角度做选择，结果双方都陷入困境。

除了上面每个人有两种选择、四种命运之外，有没有第三种选择？如两人或其中一人只坦白交代自己的罪行，不检举揭发对方，可以吗？外国的专家们在构想"囚徒困境"的故事时，并没有设计这种坦白的情况。实际情况往往是：两人谁都不会坦白交代自己的罪行。为什么？因为犯罪嫌疑人在实施犯罪前，早就知道，一旦被抓到，会坐牢。他们早就做好了坐牢的准备。他们只是带着侥幸心理而去犯罪的。所以，一旦真被抓到，他们很少坦白交代自己，依然以侥幸心理对抗警察，希望警察找不到证据而无罪释放。如果在犯罪前就想好了：一旦被抓，就向警察坦白，那么就没有人会去犯罪了！美国的罪犯们深知一个歪道理："坦白从宽，把牢底坐穿。抗拒从严，最多半年。"

囚徒的困境表明：人类由于自利本性，人人都追求自己的最大利益，又不信任别人，逃避最可能的风险，最终人人得到的反而是最小或较小利益，陷入困境，不能自拔。

前面的纸牌游戏即根据囚徒的困境故事而设计。游戏双方都知道，自己出黑牌，对方出红牌，自己就会得到最高分 8 分，而对方得 0 分；反之，自己出红牌，对方出黑牌，自己就得 0 分，而对方得 8 分。如果你是聪明人，不想吃亏，那么最好的策略就是总是出黑牌。于是，如果对方是傻瓜、老实人，那么自己就得到最分；如果对方与自己一样，自己也不吃亏；如果对方是以牙还牙者，自己还小有赚头。要走到双方合作、都出红牌对双方都有好处的情况，需要漫长的摸索，所以游戏次数应当越多越好，但次数太多了花时间，也无聊。如果经过 20—30 次以上的游戏，双方还没有明白合作的意义，那么允许双方讨论、商量，就是给双方一个机会，看能否协商出合作的策略。

囚徒的困境虽然是一个虚构的故事，但是类似的事情在社会中普遍存在，例如：

（1）砍伐森林：我们老家有一座山，我小的时候，山上的树木郁郁葱葱。山是属于集体的。"文革"结束之后，思想解放了，改革开放了。到了20世纪80年代初期，有一些人开始去偷砍树木。怕被发现，都是在傍晚或者凌晨。但是，还是被一些人发现了。于是，偷偷去砍伐的人越来越多，而且逐渐在白天也去砍伐。于是，偷砍树木成为了全村人公开的秘密。短短几年，整座山的树木都快砍伐完了。最后，村长、支部书记也加入到砍伐的行列。大家都知道，不能全部砍伐完，否则水土流失、后代没有木材。但是，没有人是傻瓜，谁都清楚，你不去砍，别人也会去砍。树木迟早会砍伐完。所以，很快，整座山就变得光秃秃的了。

（2）在鱼产卵的时期，多数渔民自觉不去打鱼，以让鱼繁殖，保证每年有鱼可捕。但极少数人趁此机会去打渔，比平时捕获的鱼多好多。其他规矩的渔民知道后，觉得吃亏了，也不管鱼产卵不产卵了，你不捕别人也会去捕，明年反正没有鱼，还不如今年先捕一些再说。于是，渔民们纷纷出动，把正在产卵的鱼全捕了。明年，大家都没有鱼可捕了。渔民们陷入了囚徒的困境。

（3）在食堂买饭的时候，由于人多，多数学生排队站着等候买饭。有一两个学生不愿意排队，挤到前面去。于是，大家都挤上去。秩序大乱。越挤，其实越慢。

（4）竞相降价：商人的本性是追逐高额利润。当供不应求的时候，商人就会普遍涨价。但是，如果你刚开了一家店，你非常清楚，竞争不过同行。因此，为了吸引顾客，你只有薄利多销，同样的东西，你卖得比别人便宜。很快，你的生意就会火爆起来。顾客都被你吸引过来了，同行不高兴了。可能找个黑社会的人来教训你。但是，一般情况下，同行都是跟着降价。降价对商人没有好处。但是没有办法，一个人改变不了整个形势。于是，一个个商家都降价了。可见，大家都陷入了囚徒困境之中。

实际情况是：商人都是非常聪明的。当降价到一定时候，无利可图时，大家就会团结起来，建立商会等组织，统一价格。相互监督，不允许降价。大家走上了合作，这对大家都有好处。

（5）我国的房价为什么越来越高、高得离谱？就是因为大家竞相去买。你现在不买，明年房价会更高。于是，大家都急着去买。东拼西凑，甚至贷款去买。结果，房价越来越高。如果大家都克制一下，不急着去买，肯定会降价。但是，普通老百姓不像商人那么善于团结，关键是没有人来组织。

（6）世界十大歌剧之一的《托斯卡》，故事大意是：1800 年，罗马画家马里奥·卡瓦拉多西因掩护政治犯安格洛蒂而被捕受刑，美丽的女歌唱家托斯卡正热恋着他。警察总监斯卡皮亚被托斯卡迷住，答应使她的恋人获得自由。作为回报，她得委身于他。托斯卡被迫假意顺从，在警察总监刚写完假处决的命令后，趁其不备用刀刺死了他。黎明时，马里奥被带到刑场，托斯卡告诉他这只是假处决，谁料这是警察总监耍的花招，马里奥真的被处决了。这时刺死总监一事已经被人发现，并认定斯卡尔皮亚是托斯卡所杀。托斯卡陷入绝境，终于呼喊着"斯卡尔皮亚，上帝面前见"并跳墙自杀。

《托斯卡》表明：陌生人之间是没有信任的，相互之间只有利用关系。但是，双方互不信任、互相欺骗、互相利用的话，最后是两败俱伤。

3. 人类如何走出囚徒的困境？

人类如何走出囚徒的困境呢？外国有许多科学家，包括生物学家、经济学家、政治学家、数学家等都在研究人类如何走出囚徒困境的问题。

外国的专家们设计了各种策略，制作成电脑游戏，每次游戏进行几百上千次，试图找到出路。典型的策略有：

（1）一味欺骗：每一次都出黑牌。总是追求自己的最大利益，不与人合作，不退让，不愿意吃亏。

（2）以牙还牙：第一次，我出红牌，而不管对方出什么。第二次，我根据对方第一次出的什么牌，我就出什么牌。第三次，我看对方第二次出的什么牌，我就出什么牌；第四次，我看对方第三次出的什么牌，我就出什么牌……（鲁迅）

（3）一味合作：每一次都出红牌。永远相信所有人都是善良的。博爱精神。

（4）傻瓜蛋（巴甫洛夫）：第一次，我出红的，如果赢了，那么下次继续出红的；如果输了，我就出黑的；如果出黑的赢了，就继续出黑的；一直到输了，再下次就出红的……这就像一个刚学会赌博的人。也像是在训练孩子：做了好事，就奖励；继续做好事，继续奖励；做了坏事，就惩罚……

1979年，密歇根大学一位叫罗伯特·阿克谢罗德的政治学家就设计了14个程序（策略）来玩这个游戏。每一对对手共游戏200次。后来，阿克谢罗德向全世界的博弈论学者征集游戏策略。多伦多大学的数学教授阿纳托·拉普波特提交了一个名叫"以牙还牙"的程序。阿克谢罗德从所征集到的程序中共选择了62种策略（程序），进行游戏。结果发现：

"一味欺骗"虽然在与"一味合作"、"傻瓜蛋"等的斗争中可以获得高分，但是它与自己程序的斗争则两败俱伤；与"以牙还牙"的斗争中也没有占到多少便宜。

"以牙还牙"在与"一味欺骗"的斗争中，小输。但是在与其他程序的斗争中，由于非常容易合作，因此总得分最高的是"以牙还牙"。

阿克谢罗德的实验结果发表之后，引起了人们的热烈讨论。他当时还是一个年轻人。因此许多人对他非常嫉妒，展开了批判。人们认为，阿克谢罗德的实验毕竟是电脑游戏，现实社会生活比电脑游戏复杂得多。例如：Rob Boyd 和 Jeffrey Lorberbaum 设计了一种电脑游戏：

各种程序在电脑屏幕上争夺有限的空间（每一种程序开始时都有两个游戏者参加）。他们争夺的方式上：看谁的繁殖速度快、产生的后代多，能够占取最多的空间。而其繁殖速度由其得分决定。显然，游戏开始不久，"一味欺骗"由于能够轻易战胜像"傻瓜蛋"、"一味合作"等善良的程序，把这些程序赶尽杀绝，最后几乎占满了整个电脑屏幕。但是，在赶尽杀绝其他程序之后，电脑屏幕上剩下的绝大部分是他们自己繁殖的后代。他们的后代相互竞争，两败俱伤，得分很低，于是这些坏人的开始变得迟钝、面面相觑。这时候，"以牙还牙"后来居上了。"以牙还牙"在与"一味欺骗"的竞争中不会输得很惨，但是"以牙还牙"在与另一个"以牙还牙"竞争时，能够很好地合作。于是，他们的繁殖速度很快，最终这个家族发展壮大，把"一味欺骗"驱逐出了屏幕。

现在，全世界就成为"以牙还牙"的家族后代了。

但是，Rob Boyd 和 Jeffrey Lorberbaum 设计的"以牙还牙"程序并非每次游戏都严格按照固有的方式进行。他们偶尔也会出错（这样设计的目的是模拟人类，人有时候也会犯错误）。让我们看看：当一个"以牙还牙"偶尔出黑牌时，对方下一次马上就跟着出黑牌，进行报复；对方出了黑牌之后，你自己下一下又跟着对方的上一次出黑牌……这样，双方都一直出黑牌。这就陷入了冤冤相报的恶性循环。就像我们在武侠小说或武侠电视中看到的那样：

张三因为某种原因杀死了李四。杀父之仇，不共戴天。于是李四的儿子刻苦练功，更受到高人的指点。十年后找张三报仇，杀死了张三。

现在，轮到张三的儿子苦练十年，来杀李四的儿子了。

接下去，又是李四的孙子苦练十年，再找张三的儿子报仇。

再下来，就是张三的孙子苦练十年，找李四的孙子报仇……

如此这样冤冤相报，两个家族就成了世代仇人。可见，以牙还牙不是最好的策略。

20 世纪 80 年代后期，瑞士的一个名叫 Karl Sigmund 的数学家正在讲博弈论，一个叫 Martin Nowak 的大学生本来是学化学专业的，听了之后马上转入博弈论。他设计了一种叫"宽容的以牙还牙"程序。这一程序的游戏者的玩法与以牙还牙基本相同，只是容许对方偶尔的过错。在游戏中，这一游戏最终成了胜利者。

游戏的具体过程可以区分为若干个阶段：

游戏的第一阶段

存在许许多多的游戏策略，模拟各种为人处世的原则（生存策略）。每个人一生都要与形形色色的人打交道。

	一味欺骗	以牙还牙	一味合作	傻瓜蛋	……	个人总分
一味欺骗						
以牙还牙						
一味合作						
傻瓜蛋						
……						

第一阶段的结果："一味欺骗"获得第一名。"一味合作"、"傻瓜蛋"获得分数很低，远低于其他。"以牙还牙"分数是第二。

游戏规则是这样：凡是一次游戏获得高分（8 分、5 分），就自我繁殖一次，表示有能力生养后代，子孙昌盛。凡是获得低分（2 分、0分），就被淘汰，表示没有能力养育后代。

所以，第一阶段模拟人类社会的实验结果是：最后，世界上只剩下两类人：大量的"一味欺骗"者和少量的"以牙还牙"者。老实人、傻瓜蛋等都被淘汰了。当今我国大概就处于这个阶段的后期，在市场经济的洗礼中，淳朴、老实的好人越来越少了。

第二阶段的游戏

现在，全世界只有两类人：绝大部分是"一味欺骗"，少数的"以牙还牙"。我们来看他们之间的PK。他们的生存竞争有三类：

（1）一味欺骗与以牙还牙的竞争。

（2）一味欺骗与一味欺骗的竞争。

（3）以牙还牙与以牙还牙的竞争。

一味欺骗	……	以牙还牙	……	个人总分
一味欺骗				
以牙还牙				

游戏结果：由于"一味欺骗"者数量众多，"以牙还牙"者数量少，因此大部分竞争发生在"一味欺骗"者之间，他们的得分都很低，很快被淘汰。"以牙还牙"者得分很高，但人数很少，所以其子孙是慢慢地繁殖昌盛。经过成百上千次的游戏，第二阶段的模拟实验结果是：现在，全世界只剩下以牙还牙的人。当今西方发达国家大概即将进入这个阶段的后期。

以牙还牙是不是最好的做人原则呢？共产主义社会是否就要到来了呢？没有那么快。我们这里的游戏没有出一次错误。但是在现实社会生活中，即便是以牙还牙的人，也会偶尔犯错误。那么，如果他们不时地犯错误，结果会怎样呢？

第三阶段的游戏

现在，全世界的人都是以牙还牙者。人非圣贤，孰能无过？让我们看看：当一个"以牙还牙"者偶尔犯错出黑牌时，情况会怎样？根据以牙还牙的原则，对方下一次马上就跟着出黑牌，进行报复。对方出了黑牌之后，你自己第三次又跟着对方的上一次出黑牌……这样，双方都一直出黑牌。最后，以牙还牙就变成了一味欺骗，变成坏人了。古今中外这样的例子很多。

好人与好人之间，如果一两次的误解、误会，没有得到理解、沟通、宽容，那么误会、怨恨会越积越深，最后发展成为水火不容，而陷入了冤冤相报的恶性循环。我们在武侠小说或武侠电视剧中经常可以看到，例如《霍元甲》里的霍家与赵家，霍老爷与赵老爷其实都是好人，就是因为误会积累加深，两家变成世仇。

国内许多武打电视剧都在重复这样的主题：张三与李四本是好朋友，他们品德也好。张三因为某种原因误杀了李四，或者是别人杀了李四而嫁祸于张三。杀父之仇，不共戴天。于是李四的儿子到少林寺去刻苦练功，更受到高人的指点。十年后找张三报仇，杀死了张三。

于是，张三的儿子又到峨眉山苦练十年，出来杀死了李四的儿子。

接下去，李四的孙子到武当山苦练十年，出来杀死了张三的儿子。

再下来，张三的孙子到狼牙山苦练十年，出来杀死了李四的孙子。

……

如此这样冤冤相报，两个家族就成了世代仇人。

可见，以牙还牙的做人原则不是最好的。人类还是没有走出囚徒的困境。

第四阶段：宽容的以牙还牙

20 世纪 80 年代后期，瑞士的一个名叫 Karl Sigmund 的数学家正在讲博弈论，一个叫 Martin Nowak 的大学生本来是学化学专业的，听了之后马上转入博弈论。他设计了一种叫"宽容的以牙还牙"程序。这一程序的游戏者的玩法与以牙还牙基本相同，只是容许对方偶尔的过错。即：对方偶尔出黑牌，原谅他，自己照样出红牌（如果对方经常出黑牌，证明对方是一味欺骗者或类似的一味欺骗者）。在游戏中，这一游戏最终成了胜利者。

也就是说，如果世界上人人都奉行宽容的以牙还牙做人原则，那么人类就走出了囚徒的困境，这个世界就是一个道德的世界。又可以这样说，有道德的人就是宽容的以牙还牙者，道德教育的目的应培养宽容的以牙还牙者。

4. 不要道德，不要道德教育，做坏人如何？

当今世界上形形色色的人都有，有老实巴交的人，有社会经验少的人，有智商平平的人，有思想保守的人……当今社会还处于游戏的第一阶段。在这样的社会里，由于有大量的弱者、老实人、傻瓜蛋等的存在，因此坏人、狡猾的人、强者、欺骗者往往能够通过欺骗弱者而获取最大的利益。所以，如果我们做人就做坏人，怎么样？

在一个社会、一定时期，社会上的财富、利益、地位、名声等是有限的。大家都争做坏人，坏人多了，那么，坏人的竞争对手主要就不是弱者，而是其他坏人了。于是，竞争更加残酷。例如：

假设美国某个村有 100 家人，每家都被政府征了一亩地，转让给一个公司。公司共赔偿了 100 万元。那么，这 100 万元怎么分配呢？

显然，最公平的分配办法是每家人一万元。但是，村长是一个非常自私又狡猾的人，想借机捞一把，于是他使用种种手段（例如，欺骗村民说，公司原本打算每亩只赔偿三千元，是他自费花了许多钱走关系、耗费口舌力争，所以才赔了 100 万），并借助自己掌握分配的权力，给每家只分了五千元，99 家共 49 万 5 千元。自己得了 50 万又 5 千元。老实巴交的村民们也没有办法。

假设这 99 个村民中的一个人智商比较高或者体力比较大，或者是副村长，也希望捞一把。于是，就有了两个坏人、强者，那么，两个强者不仅要与 98 个弱者竞争，他们二人之间还要竞争。结果可能是：村长得到 40 万，副村长得到 20 万，另外 98 人每人只能得到 4 千元多一点。可以看出，多了一个坏人，村长从 50 多万减少到了 40 万。强者多了，那么不仅弱者的利益减少了，而且强者的利益也减少了。

另外一些在智谋、体力、势力等方面有优势的人，显然也不甘心被宰割，也希望自己多捞一些。如果有 10 个强者，结果怎样？10 个强者不仅要与 90 个弱者竞争，他们 10 人相互还要竞争。结果可能是：强者平均每人得到 8 万元（共 80 万元），90 个弱者每人得到 2200 元。如下图：

坏人		弱者		
人数	每人得钱	人数	每人得钱	
1	50.5 万元	99	5000 元	共 100 人 共 100 万元
2	30 万元	98	4000 多元	
……	……	……	……	
10	8 万元	90	约 2222 元	
……				

从这个例子可以看出：首先，"强"与"弱"都是相对的。有的非常强，有的人比较强，有的人很弱，有的人比较弱。是逐渐过渡的。呈正态分布。第二，在自然状态的竞争中，每个人都力图追求自己的最大利益，竞争状态是"大鱼吃小鱼，小鱼吃虾米"。第三，做坏人会带来最大利益，因此坏人越来越多。第四，随着坏人的增加，竞争加剧，不仅坏人与弱者之间在竞争，坏人之间也存在强烈的竞争。即便没有政府、公、警、法等暴力机构，比较强的人也很有可能被更强的人吞掉，把生命葬送。例如黑社会中的"黑吃黑"现象。第五，最后，在胆量、体力、谋略、势力等方面优势不够强的人，就会金盆洗手，以求保全性命。社会上的强者会减少。第六，强者减少之后，强者获得的利益就会增大。于是，越来越多的人又开始要做强者……

所以，我们要看清楚了：做人选择做坏人，风险很大，是冒着生命危险！风险不仅来自坏人内部的黑吃黑，更来自政府、公、警、法等暴力机构。

此外，从前面的分析还可以看出：

世界上之所以有坏人，外因在于有弱者、傻瓜、胆小鬼的存在。如果世界上没有傻瓜、没有胆小鬼，人人都是（宽容的）以牙还牙者，那么世界上也就没有了坏人。可见，坏人是被傻瓜、胆小鬼宠坏了的。坏人之所以敢于在光天化日之下嚣张、公开做坏事，一个坏人做坏事，一群人纷纷逃避而不敢斗争，是因为我们太软弱、胆小、自私。

这就提醒我们：道德教育不能仅仅培养遵纪守法的好公民，因为这样的好公民越多，社会上的坏人就越多。道德教育更应培养宽容的以牙还牙者，把弱者、老实人、傻瓜、好公民都培养成宽容的以牙还牙者，推动人类社会的竞争进入第二、三阶段，以实现坏人的基本消亡（或者转化为宽容的以牙还牙者）。

宽容的以牙还牙，就是爱憎分明，敢爱敢恨。首先以诚待人，以合作的姿态待人，然后看对方的回应。容许对方偶尔的不友好行为。如果对方多数时候对我友好，少数时候对我不友好，那么对方还是值得信任的、值得交往的。人无完人，只要多数时候不做坏事，就是好人。如果对方多次对我们使坏，那就说明对方是坏人，我们就拿出自己的看家本领：以牙还牙，以其人之道，还治其人之身。坏人只能从我们身上占第一、二次小便宜。当然，我们在第一、二次与陌生人交往的时候，不能把大事委任出去，以免吃大亏。

这种宽容的以牙还牙的为人处世原则适应于任何社会。

5. 游戏与实验反映的道德的起源与本质

在原始社会，人与人之间，在各方面差别不大的情况下，如果相互之间不信任，双方都背叛对方，结果是两败俱伤，即便稍微强一些的一方，也是杀敌一万，自损三千。在原始社会，人不仅要与人竞争，还要与自然生存环境竞争（如打猎中，与老虎、狮子等猛兽竞争）。长期的这种竞争，使他们最后就会认识到：人与人之间只有相互信任、合作，对大家才有好处。

道德的本质：从竞争走向合作；我为人人，人人为我；互惠互利，实现共赢。

道德对自己、对别人都有用、都有好处。道德行为直接对别人有好处，从长期、根本上看，其实是自己的一种无意识的播种、投资、付出，获得了别人的信任、好感、感激、接受、接纳。终有一日，当自己遇到困难时，他人也会这样做，直接为你，根本上他人也是为他自己。

这不是相互利用。因为我们在为他人做好事的时候，根本没有想到他人在将来回报我们的问题。我们在做好事时或者只是凭着良心、怜悯心、同情心在做好事，凭着千万年所形成的本能在这样做，道德良心早在千万年之前已经通过生存竞争和自然选择而成为我们的遗传本能；或者我们的动机完全是为着他人而做好事的。

在道德的世界，人与人之间不是完全独立、对立、竞争的关系，不是"我—他"、"我—你"关系，而是"我们"关系。我与你、我与他，形成了一个属于"我们"的群体、我们的社会、我们的世界。

（五）道德的本质

对于父母无私帮助自己的子女的行为，究竟是自私行为还是道德行为？出于同情与怜悯而帮助陌生的人，是否违背了行为者的利己本性？人为什么有同情心？热爱父母、热爱家乡、热爱老师、热爱祖国、热爱集体、热爱人民……这样的道德情感究竟是如何产生的？种种问题，都要求我们必须探讨，道德的本质是什么？

1. 情绪的本质与功能：为了有机体

无论是其他动物的情绪情感，还是人的情绪情感，都不是无源之水、无本之木。首先，情绪是神经系统的机能，是神经系统产生的。情绪情感不能在没有神经系统的基础上产生。其次，情绪情感不是空穴来风，总是在某些信息刺激下产生的。信息既可以来自有机体之外，也可以来自有机体之内。

动物为什么会产生情绪情感？设若有滚烫的开水流到我们的手上，那么我们的手一定会被烫伤。所谓烫伤，就是开水伤害了我们手上的皮肤乃至里面的肌肉。可见，开水会伤害我们的身体，严重者会危害我们的生命。那么，有机体如何避免开水的伤害呢？开水的高温刺激了我们手里的神经，产生神经冲动，神经冲动传到我们的小脑。我们的小脑如何知道手被伤害呢？这就是痛觉的产生。痛觉的产生类似于我们的耳朵接收声音而在大脑产生听觉。痛觉、听觉、味觉、视觉、触觉、嗅觉等都是感觉。痛觉并非某种特别的感觉，不过是众多感觉的一种。小脑接收到神经冲动产生痛觉之后，一边继续向大脑神经中枢汇报，一边由于情况紧急而独自当机立断，发出让手退回的命令。所以，往往是在我们明白是怎么回事之前，手其实已经退回来了。

总之，情绪情感是有机体自我保护的机制、机能。我们的情绪情感通常不会伤害我们自己而去保护别人。反之，如果我们要损失、牺牲自己的利益以去保护别人，那么我们一定会忍受情绪情感的折磨。情绪情感不同意我们那样做，我们只能用意志来克服、压制情绪情感。

但是，同情、怜悯这样的情绪却允许我们牺牲自己的利益而去帮助别人。这是怎么回事呢？什么叫同情？《现代汉语词典》（第5版）的释义是："对于别人的遭遇在感情上发生共鸣。"首先，别人的遭遇是什么？显然不是积极的好事，而是遭遇不幸、苦难等让人难过、影响乃至危害生命或生存的事情。其次，什么叫"共鸣"？共鸣就是感同身受，能够体会到别人的遭遇、苦难。共鸣、感同身受是一种什么样的情绪情感呢？同情又叫怜悯、恻隐之心。所谓"恻隐"，《古代汉语词典》释义为："隐痛；对别人不幸的同情、怜悯。""恻"即"忧伤，悲痛"。① 第三，我们为什么能够体会到？因为我们自己也曾经遭遇过。

---

① 《古代汉语词典》，商务印书馆1998年版，第143页。

如果我们自己从来没有遭遇过，那么产生共鸣就比较困难。如鲁迅先生所说："穷人绝无开交易所折本的烦恼，煤油大王哪会知道北京拣煤渣老婆子的辛酸，饥区的灾民，大约总不会去种兰花，像阔老太爷一样……"

所以，没有经历过苦难的人，往往难以同情、体谅别人。但只是"难以"，并非不可能。我们看到别人遭遇苦难，虽然我们自己从未遭受过同样的苦难，但或许我们遭遇过类似或近似的苦难，或者我们从电视上看过同样或类似的苦难，我们在视知觉和运用我们的思维、想象，就能够感受到别人的痛苦。同情、怜悯、恻隐是消极的情绪，不利于我们的心理健康。即便我们转身离开，这种情绪依然才我们心中。唯有我们或另外的人去帮助别人解除他们的苦难，我们这种情绪才能够熄灭。托马斯·霍布斯曾经谈到"给一个乞丐六便士的理由"时说："想起那位老人的悲惨处境，我就心如刀绞。我的这点儿施舍倘能帮他一把，也让我心安一些。"①

这么说，同情他人，竟然是一种自私的行为？普通道德的利人利己性，单从行为者个人角度看，确实是利己的，是利人中的利己。所以历来有学者认为："如果对别人的善行出自你的怜悯，那你本身就是自私的"，"一只甘心终生禁欲，为同胞姐妹做奴隶的蚂蚁并不是因为心地善良，而是受到自私的基因的驱使；一只反哺食物的吸血蝙蝠也是完全出于自身的利益考虑。就连狒狒之间进行社会交往时也是深谋远虑，绝非出于善心"，"人类美德只是一种利己的权宜之计"。②

其实，道德、名声、荣誉等是人的精神财富，一个人追求道德、荣誉等，其实是在追求精神财富。

---

① ［美］麦特·里德雷：《美德的起源：人类的本能与协作的进化》，刘珩译，中央编译出版社2004年版，第1页。
② ［美］麦特·里德雷：《美德的起源：人类的本能与协作的进化》，刘珩译，中央编译出版社2004年版，第138页。

2. 普通道德的本质

人的本性的根本方面是利己性。那么，在人的本性中有没有与利己性相对立的属性？例如有没有善性、利他性？从前面对同情心的分析似乎可以看到，人的本性中没有善性，只有利己性。但是，道德行为不是损人利己的行为，也不是既不损人也不利人而利己的行为，普通道德行为是那种既利人又利己的行为。所以，从自己的利益角度看，普通道德确实是利己的。但是我们一定要牢记的是，这种利己性是既利人又利己的。从他人角度看，是利人的，所以是道德行为。

3. 从"大我"角度看道德的本质

我们为什么可能热爱我们的子女、热爱父母、热爱兄弟姐妹、热爱邻居、热爱朋友、热爱老师、热爱集体、热爱家乡、热爱祖国、热爱中国共产党、热爱社会主义、热爱人民……？

我是一个独立的个体，我的本性是利己的，我为什么可能热爱父母、热爱老师、恩爱朋友、热爱中国……？

所谓"我是一个独立的个体"，主要是从身体角度而言。我就是我，父母就是父母，朋友就是朋友，我们是不同的、相互独立的生命个体，我与这些个体之间的界限是非常清晰的。他们在我的身体之外。

但是，这里所谓"独立的个体"，仅仅是就身体而言。实际上，我与他们之间存在着各种复杂的关系。例如：子女身上有着父母的基因，是父母生命的延续。所以，父母与子女之间，并没有截然清晰的界限。同样，兄弟姐妹之间、堂兄弟之间、我们与自己的侄儿侄女之间，都存在着不同含量、不同比例的血缘关系。因此，在这些个体之间，也没有截然清晰的界限。但是非常清楚，父子之间的血缘更多，而与侄儿之间的血缘就少了一些，因此我们爱自己的子女超过爱侄儿侄女。

马克思主义关于事物是普遍联系的观点在这里得到了清楚的体现。个体在世界上不是一个孤立的原子，而是与他人有着千丝万缕、或亲或疏的各种关系，如血缘关系、邻里关系、朋友关系、同事关系、同学关

系、师生关系、上下级关系、同乡关系、兴趣相投关系……各种各样的
关系把我们与社会联系在一起。我们的利益、生活、生命、生存、快
乐、幸福、事业、命运等等与他人错综交织，真是剪不断理还乱。

　　我们为什么能够做到几乎是无条件地热爱、关心、帮助我们的亲生
子女，为子女付出一切、奉献一切？当然，不同的父母付出的程度存在
差异。一般而言，父母年龄越大才生子女的、子女年龄越小，那么父母
越易于无条件付出。那些年纪轻轻，才十七八岁或二十一二岁左右就生
孩子的，这样的父母就不太愿意无条件付出，因为他们自己还年轻，他
们的生活还没有过够。这只是表面现象。父母之所以愿意为子女几乎是
无条件地付出，是因为子女是父母生命的延续。那些四十多岁才有子女
的父母、老来得子的父母，因为自己的生育能力即将结束，所以更易于
为子女无条件付出。反之，年纪轻轻的父母就不一样，如果子女出了问
题，他们还可以再生育。

　　反过来看，子女虽然也热爱、孝敬父母，但是子女对父母的爱和关
心远比不上父母对子女的爱与关心。尤其是当子女长大成人，又有了自
己的子女之后，对自己子女的爱就远大于对父母的爱了。为什么？因为
我们的父母已经老去，他们不是我们生命的延续，我们自己的子女才是
我们生命的延续，所以我们才爱子女胜过爱父母。类似地，爷爷奶奶对
孙子女的爱往往超过对子女的爱。表面上看是孙子女还小，更需要关
爱，但实际上却是，孙子孙女才是家族生命延续的希望，子女的使命已
经完成。

　　可以说，子女、父母、兄弟、堂兄弟、邻居、朋友、同事、同志、
集体、祖国……都在不同程度上是我们生命的一部分或与我们的生命、
命运有着复杂的关系。所以，我们才可能热爱他们，为他们付出。因
此，我们帮助和关心这些人，本质上就是关心和帮助自己。我们往往是
从身体边界来看人，他们在我的身体之外，他们是他们，不是我自己，
因此帮助和关心他们通常就被认为是道德行为。

在这样的大背景来看待自己，我们就不是"小我"，而是"大我"。"小我"只是身体边界范围之内的我，"大我"则是从自己的生活、生存、生命等来看自己，于是自己就没有边界，与他人、社会、世界存在着复杂的关系。

我们之所以会牺牲自己的时间、精力、利益乃至生命而去关心帮助他人、集体、祖国等，是因为我们牺牲的是"小我"的利益，成就的是"大我"的利益。所以，从小我来看，是损己利人。但是从大我角度看，依然是利人利己。

个人从小我走向大我的过程，扩大了个人的边界，使自己超越身体的我，成为包容了他人的我，生成了善性。例如，出于同情而施舍他人，就使自己走向大我，生成了善性。因此，我们不能再说出于同情的行为是自私或利己的行为。

父母把仅有的食物给子女吃，而自己忍受饥饿，这是道德行为。但是，如果还有陌生孩子在场，饥肠辘辘而眼巴巴地看着。这时候，父母依然仅给自己的子女吃，不给陌生的孩子吃，那么此时的父母就是自私的。

可见，我们关心帮助子女、朋友、熟人，是道德行为。因为在这样的行为中我们扩大了自己，从小我走向大我。但是，当有陌生人在场且有同样需要之时，我们还仅仅关心帮助子女、朋友、熟人，而不关心帮助陌生人的话，此时我们就是在缩小自己，把自己的边界从一个包容陌生人的更大的范围缩小到仅仅包容子女、朋友的范围。

可见，大我、小我是相对的。其实，这里的"大"、"小"是使动用法，是"使自己变大"、"使自己变小"的意思。没有陌生人在场时，我们把自己从个体身体的边界扩大到子女、朋友身上，是在使自己变大。所以是道德行为。当有陌生人在场时，我们使自己的边界从包容陌生人的更大的范围缩小到仅仅包容子女或朋友的范围。这时才使自己变小，这样的行为就是自私行为。

前面在探讨道德的起源与本质时，我们只是把道德理解为利他行为。看来这样的理解是肤浅的。第一，人、我之间的边界不是固定的，而是可以变化、交叉、包容的。第二，我们仅仅是从人的本性是利己的这样的角度来分析道德的本质。实际上，在利他的过程中，在关心、帮助他人的过程中，虽然原因是利己性，但是却生成了利他性、善性。

因此，对于道德，应当这样来理解：道德行为是利他的大我行为。

人的本性中没有善性。但是，人的本性中有理性、同情与怜悯，还有发展起来的羞耻感。这些因素使人在出于利己的过程中的利他行为，扩大了自我，就生成了善性。这反映了人性不是绝对的、固定的、静止的，而是发展的。

大我是一个发展的动态过程，体现为一种变化、趋势。大凡伟大的道德家，无不把自我扩大到世界、人类、天下、宇宙，他们关心和思考的是整个人类社会的命运。这就反映了他们的道德境界之高、之大，达到了大我的至境。

例如：一班和二班的同学都非常喜欢足球。课余时间，两个班的同学总是发生争论，各自都认为自己班的水平最高。于是，两个班决定举行一场比赛。裁判由一班的王铁担任。比赛开始了，二班的一个同学接到同伴传来的足球，一脚远射，足球进门了！王铁眼看自己班就要输了，于是灵机一动，大声喊道："越位！越位！"其实王铁自己心里非常清楚，对方球员根本没有越位。毫不例外，争执发生了。

在这个案例中，王铁体现出了自己具有极强的集体荣誉感和集体主义精神。这是具有道德品质的重要表现之一。但是，王铁明明知道对方球员没有越位，却判越位，这是明显的弄虚作假，是偏袒自己班级。弄虚作假是缺乏道德的重要表现之一。那么，王铁究竟有道德还是没有道德？

类似这样的事情非常多，如：为了帮助朋友而打骂他人，为了自己的孩子、亲人、朋友而走后门、拉关系，为了自己单位少缴税而做假账，出于爱国主义情感而牺牲其他国家的利益……在通常情况下，帮助朋友、亲人、熟人，为本单位集体着想，热爱祖国等，是道德行为。因为我们把个人的边界从个人身体扩大到他人、集体、国家。但是在以上情况下，我们却是把个人边界从世界范围缩小到自己国家、从整个国家社会缩小到自己所在集体单位、从更多的人缩小到亲人朋友……由于还没有缩小到我们个人的身体边界范围之内，毕竟我们的边界还是在朋友、集体、国家，因此我们还是有一些道德的。只不过反映了我们的道德境界不够高，我们的胸怀气量不够大。

可见，我们不能静止地看个人的边界有多大，而应动态地看个人的边界是在扩大还是缩小。如果我们的边界仅仅在于我们的身体范围之内，那么我们就是极度自私的。如果我们只把我们的边界扩大到我们的父母子女和知心朋友等范围，我们有点自私。如果我们把我们的边界扩大到同事、邻居、熟人、单位、集体，那么我们就有了一些道德。如果我们还能够把我们的边界扩大到陌生人、普通人、一般民众，那么我们就具有普通道德。如果我们能够把我们的边界扩大到世界、人类、天下，那么我们就具有最高的道德境界！

道德的起点是身体边界范围的个人和个人的利己性。但是道德的结果却是生成了善性，把小我变成大我。有了善性，付出、奉献、牺牲、见义勇为、大公无私等损己利人的高尚道德行为就不再违背人的本性了。让我们重温马克思和恩格斯的话：

"利己主义的人，必然由于纯粹的利己主义而成为共产主义者……人的心灵，从一开始就直接由于自己的利己主义而是无私的和富有牺牲精神的。"

"即使抛开一些可能的物质上的愿望不谈，我们也是从利己主义成为共产主义者的，要从利己主义成为人，而不仅仅是成为个人。"

"利己主义——当然，不仅仅是施蒂纳的理智的利己主义，而且也包括心灵的利己主义——也就是我们博爱的出发点，否则这种爱就漂浮在空中了。"

4. 个人道德发展的境界

根据道德的相对性，我们可以把个人道德发展的境界大致区分为：

（1）极度自私境界：只关心和在乎自己个体的利益，对自己的父母、子女等基本上不在乎，只在乎他们是否对自己有用。个体的边界在于个体身体的边界。

（2）比较自私境界：只在乎和关心自己的父母、子女、兄弟姐妹、爷爷奶奶等亲人以及知心朋友等少数与自己最亲近的人。个体的边界就在这少数与自己最亲近、关系最密切的人之内。

（3）普通道德境界：一般能够关心和帮助普通朋友、熟人、同事、集体、邻居等平时与自己打交道、有来往和有联系的人和群体。对于陌生人的困难或要求，自己在力所能及的范围内通常也能够帮助。但都是付出不大、损失不多的事情。这是对人的基本道德要求，道德教育的基本目的。属于公民道德水平。

（4）高尚道德境界：像雷锋、焦裕禄、董存瑞、黄继光、邱少云等这样的人物，或是平时工作中默默奉献，"春蚕到死丝方尽、蜡炬成灰泪始干"的无名英雄，或是见义勇为、英勇就义、慷慨赴死的革命烈士等。这是少数优秀与先进人士的道德水平，是对共产党员和领导干部的道德要求，属于人民公仆的道德水平。

（5）伟大道德境界、天地道德境界：这是道德家、伟大人物、革命领袖等的道德水平。圣人道德。

（六）道德的规律

我们帮助他人，我们付出了时间、精力、钱财等，他人得到好处，我们自己只有失去，没有得到好处，道德的"既利人又利己"体现在哪里呢？普通道德行为完全是损己利人的呀！我们没有得到利益呀！谁都清楚这一点，所以道德宣传、道德教育的效果才很低嘛！谁愿意无偿地付出？谁愿意当傻瓜？

那么，普通道德在利人的同时，其利己的一面体现在哪里呢？

从个人角度来看，一个人要在社会上生存、立足，获取生存资源，乃至发展、追求个人的幸福等，根本途径主要有二：一是道德的途径，合法的途径，正当的途径；二是不道德的途径，不择手段，坑蒙拐骗，偷窃、抢劫、欺诈、弄虚作假等。

不道德的途径，必然侵犯他人或群体的利益。因此偶尔为之，或许不被发现。如果经常如此，就很可能被发现。所谓"常在河边走，哪有不湿鞋"、"久走夜路必撞鬼"就是这个意思。因此，靠不道德手段去获取生存资源和追求自己的幸福，不是根本出路，有风险。如果做一次坏事被发现的可能性是 10%，那么做两次坏事被发现一次的可能性就是 20%，做三次坏事被发现一次的可能性是 30%……于是，当作 10 次坏事的时候，被发现一次的可能性就是 100%！一个人只有一条命。无论你做多少次坏事，只要被发现一次，就足以严重影响你的命运、幸福！有的人说，我只做一次坏事，见好就收。例如，我就贪污一次，或就抢劫一次，或就受贿一次……我就靠这一次的不正当收入，就可以过上一辈子的幸福生活了。理论上确实如此。但无数事实表明：（1）人的欲望是无止境的，所谓欲壑难填。（2）人总是存在侥幸心理，第一次没有被发现，就想再干一次；第二次没有被发现，又想干第三次……一直到最终被发现，被抓了，那时候就悔之晚矣！

正所谓"善有善报，恶有恶报；不是不报，时候未到"。什么时候才到呢？

《周易·系辞下》指出：

> 天地之大德曰生，圣人之大宝曰位。
> 何以守位曰仁，何以聚人曰财。
> 理财正辞，禁民为非曰义。
> ……
> 善不积，不足以成名。
> 恶不积，不足以灭身。
> 小人以小善为无益，而弗为也。

以小恶为无伤，而弗去也。

故恶积而不可掩，罪大而不可解。

　　天地之间，最大的道德是什么？让我们先来看看，天地之间，最不道德的是什么？显然就是剥夺人的生命、残害生命。生命是最宝贵的。因此，让人活下去，让人生存下去，就是天地之间最道德的。圣人最大的宝贝是什么？不是金银珠宝，不是珍珠玛瑙，不是这些常人所认为的奇珍异宝，而是适合自己的工作岗位！一个人要为社会、国家、人民服务，要奉献，最好的方式不是走上街头去帮助他人，而是立足自己的本职工作，好好地工作，把工作做到最好。反之，人若无工作，整天无所事事，游手好闲，就可能惹是生非；若无收入来源，还可能去违法犯罪。而且，没有工作，整天无聊，还可能出现心理问题。可见，工作是多么重要！既能够预防心理疾患产生，又能够预防违法犯罪，更能够让人做出相应的成就，体现人生的价值。

　　如何才能够守住自己的工作岗位呢？不是靠巴结讨好上司，而是热爱人民、热爱工作、敬业乐群。如何让人们团结在自己的周围？那就要仗义疏财。例如宋江，为什么有那么多人来归附他、拥护他？因为他是"及时雨"，在别人有困难的时候，能够及时出手帮助。依靠共同的理想、信念、志向来团结人、让人拥护自己，这只能对极少数人而言。对于普通人来说，要衣、食、住、行，因此要得到他们的拥护，就需要让他们得到物质财富。孙中山之已经被选为中华民国南京政府临时大总统了，为什么却在短短几个月之后就把总统职位拱手让人？一般的说法是当时的中国资产阶级不够强大。但具体地看，当时的实际情况却是，南京政府财政极端困难，政府运转艰难，尤其是严重缺乏财政资金去给归附南京政府的全国各地的军队官兵发放军饷，导致南京政府失去了军队的支持！

　　做一件好事、一件小小的好事，难以给自己带来好报。但是，做的好事一点点积累，积累到一定时候，就由量变飞跃为质变，就得到好报、善报了。

做一件坏事，不一定得到恶报。但是经常做坏事，坏事做多了，由量变发展到质变，就会遭到恶报了。一个人不道德到罪大恶极、恶贯满盈、众叛亲离的时候，他还怎么活得下去呢？真是"天网恢恢，疏而不漏"！

这就是道德的规律！善有善报，恶有恶报；如果未报，量变未到！

通过普通道德（利人利己）而非高尚道德（损己利人）的途径去追求自己的利益，自己虽然不能暴富，但由于对他人、群体都有利，因此就会获得他人和群体的认可、接纳、称赞、尊重。所以，这是最安全、最顺利、最保险的生存途径，也是自我实现和获得幸福的康庄大道。《中庸》指出：

> 大德必得其位，必得其禄，必得其名，必得其寿。

大德，经常做出道德行为，而不是偶尔的一次道德行为，那么在统计规律上这个人一定能够得到适合自己的工作岗位，一定能够得到报酬，一定能够获得名声，一定能够得到长寿。反之，"好人命不长"、"老实人吃亏"、"好人没有好报"，除了因为"好人"、"老实人"在能力等方面的不足之外，在道德方面的原因是：他们所具有的道德是朴素的乃至盲目的道德，不是理性的道德。

因为普通道德的本质就是利人利己，互惠互利的。从个人角度看，不考虑普通道德客观上利人的一面，那么普通道德就是利己的（但是这种利己不是自私或恶，而是善，是道德的，因为它是既利己又利人）。

这就是道德的规律！道德规律不是必然性规律，而是统计性规律，是道德领域的从量变到质变的规律。普通道德的"利人利己"往往不是同时利人利己，而是先利人，后利己；眼前利人，长远利己。

美国科学家惊人发现：善恶有报是真正的科学①

据报道，英美两所大学，加德夫大学与德州大学的联合研究显示，"恶有恶报"有科学根据。科学家在神经化学领域的研究中发现了这样一种现象：当人心怀善念、积极思考时，人体内会分泌出令细胞健康的神经传导物质，免疫细胞也变得活跃，人就不容易生病，正念常存，人的免疫系统就强健；而当心存恶意、负面思考时，走的是相反的神经系统：即负向系统被激发启动，而正向系统被抑制住，身体机能的良性回圈会被破坏。所以善良正直的人往往更加健康长寿。

美国有份杂志曾经发表过一篇题为《坏心情产生毒素》的研究报告，报告中称："在心理实验室中的试验显示，我们人类的恶念，能引起生理上的化学物质变化，在血液中产生一种毒素。当人在正常心态下向一个冰杯内吐气时，凝附着的是一种无色透明的物质；而当人处在怨恨、暴怒、恐怖、嫉妒的心情下，凝聚起的物体便分别显现出不同的颜色，通过化学分析得知，人的负面思想会使人的体液内产生毒素。"

最近，美国耶鲁大学和加州大学合作研究了"社会关系如何影响人的死亡率"课题，工作者随机抽取了7000人进行了长达9年的跟踪调查，统计研究发现，乐于助人且与他人相处融洽的人，其健康状况和预期寿命明显优于常怀恶意、心胸狭隘、损人利己的人，而后者的死亡率比正常人高出1.5到2倍。在不同种族、阶层、健身习惯的人群中，都得出了相同的结论，于是科学家公布了研究成果，行善能延长人的寿命。

更多不同的实验都得出了相同的结论，即纯净、慈善、正面的

---

① http://dy.qq.com/article.htm?id=20151119A000NZ00.

思想状态能令生命健康喜悦，而恶念会让机体组织失衡与病变。这是在生理医学领域中的发现，而这些早在几千年前的中国古籍中都有系统的阐述。如孔子说过的"仁者寿"、医学古籍中讲过的正气存内，"邪不可干"等等。

无神论者往往都会说，这只是心理意识的暗示作用，道德都是人自己制订的，没有什么固定的标准，善恶也没有固定的标准，好人坏人也都是人自己定义的。如果一个人不在这种人为的道德熏陶下长大，就不会产生这种影响人体健康的负罪感了。然而事实恰恰相反，科学家的最新研究发现，善恶有着不同的能量频率，有着不同的物质特性；刚刚出生不久、没有经过观念教化的婴儿都有着善良的本性；当人要说谎、欺骗时，无论情绪如何稳定，但生理状态都会出现不由自主的变化，且都能被精密的测谎仪监测到，人的机体似乎遵循着某种客观特性在运转，不以人的思想状态为改变。

21世纪之初轰动全世界的水结晶形态研究显示，万物有灵，天地有特性存在，善恶在自然中似乎有着客观的标准，不是人自己创造出来的虚幻概念。当水接触到慈悲、博爱、幸福、鼓励这些良性资讯，或者是在美妙的音乐场中时，水结晶会呈现出绚丽、美妙而牢固的形态构造；而如果当水接触到负面的资讯时，水结晶的构造会变异、扭曲，甚至根本涣散无法成形。水是生命之源，人体内70%以上的物质都是水，当人处于不同的状态时，其身体机能也都会发生类似的变化。

……

美国凯斯西储大学生命伦理学教授史蒂芬波斯特和小说家吉尔奈马克从现代科学和医学的角度出发，对人的种种善行，在"付出"与"回报"之间究竟能产生什么样的关系进行了深度的研究。

研究人员制定了一个详细的测量表，并长期追踪一些乐于付出的人，分门别类地对每一种"付出"带来的"回报"进行物理统计和生理分析，从而揭示了"付出"产生的"医疗作用"和"快乐指数"："宅心仁厚、乐善好施"的人，这些善行确实对自身心理和身体健康产生巨大而深远的影响：其自身的社会能力、判断能力、正面情绪以及心态等都会全面提升。哪怕对别人一个会心的微笑，传递一个友好的幽默的表情，这些简单的行为，都会引起唾液中的免疫球蛋白浓度增加。

在综合了四十多所美国主要大学一百多项研究成果、并结合长期追踪的实验报告显示的资料之后，他们得出了令人惊讶的消息：人们善良的行为，比如赞美、宽恕、勇气、幽默、尊重、同情、忠诚等等，这些行为的付出显示："付出与回报之间存在着神奇的能量转换秘密，即一个人在付出的同时，回报的能量正通过各种形式向此人返还，只不过在大多数情况下，自己浑然不知……"

（七）道德对个体生命与自我实现的作用与意义

人是宇宙的精华，万物的灵长。人有理性、有羞耻感、有自我意识、有想象力和创造力、有独立的人格和尊严，有社会归属感，有追求人生价值与自我实现的需要，有渴望得到社会接纳和承认的需要。人的这些本体性需要使人超越于动物界，高于动物。但是，人要实现和满足这些高级需要，都不能离开道德。没有道德，人就只有生物性，只有兽性，人就会停留于动物水平，而不能上升为高贵于动物的、真正意义上的人。所以，人要成为真正的人，走向文明、高尚、伟大，就应自觉地追求道德，实现生命的升华与超越。

第三篇

德育的发展心理学基础：
个体道德发展论

第五章　个体道德发展的理论

上一章中囚徒困境的游戏，似乎暗示着人类社会道德发展的历史过程与规律。那么，对于个人而言，一个人从出生到长大、变老，随着年龄的增加，道德是如何发展的呢？有什么规律吗？当然，个人道德的发展，并不只是因为年龄的增加而在发生变化，伴随年龄增加的，是个人命运的变化、转折，各种社会性因素的巨大影响作用。

一、当今世界普通个人道德发展状况猜想

在当今世界，例如在美国，一个普通的、平均化的人，其道德发展的情况是怎样的呢？请从下面的几个坐标图中选出你认为基本正确的一个。假如一个普通的、平均化的人，3 岁上幼儿园，6 岁上小学，12 岁上初中，18 岁上大学读本科，22 岁毕业进入社会开始工作，假设 25 岁结婚，27 岁有第一个孩子，60 岁退休。

曲线 C：个人出生时，道德水平为 0，随着年龄的增长，道德水平直线增长。这很可能是不正确的，或者说只有极少数人是这样。

曲线 B：个人出生时，道德水平为 0，从 0 岁到 22 岁，由于主要生活在家庭、学校，所以道德水平基本上呈直线增长（0—3 岁增长速度低于 3—22 岁）。22 岁进入社会之后，道德水平的增长放慢，但是依然在增长。这也很可能是不正确的，或者说只有少数人是这样。

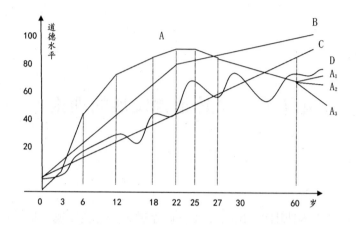

图 6　个体道德水平随年龄发展变化图

曲线 D：个人出生时，道德水平为 0，随着年龄的增长，道德水平的发展没有规律，具有很大的偶然性。做人像变色龙，时而表现出有一些道德，时而没有道德。这样的人即便有，也应是很少很少的。

曲线 A：个人出生时，道德水平为 0。0—3 岁，在家庭，道德水平缓慢增长。3—6 岁增长最快，因为幼儿园没有知识教学，更没有升学压力。6—12 岁，小学的学习压力比中学小，所以道德水平增长速度仅次于幼儿园阶段。12—18 年，中学的智育加强，升学压力大，道德水平增长放慢。18—22 岁，大学本科阶段，开始了解社会，道德水平的增长进一步放慢。22—25 岁，进入社会，道德水平维持几年（或者维持几个月就非常缓慢地下降）。25—27 岁，结婚、生孩子，经济压力等增加，精力的一部分转向家庭、孩子，道德水平开始下降。27—60 岁，了解了社会现实，体验了生活、工作，道德水平开始显著下降。到 60 岁退休后，可能出现三种情况：有的人由于事业有成、家庭幸福、人际和谐等，没有了工作压力、社会应酬减少，开始享受生活，道德水平开始上升。有的人可能是维持原来的水平。还有的人由于收入显著减少，社会活动减少，开始不满、无聊等，道德水平比之前下降更快。

除了以上几种情况外，肯定还有其他各种情况。但是，曲线 A 或许最接近当今世界人类社会现实的基本情况。

以上只是凭经验进行的估计、猜测，不是严格的科学研究成果。国内外学界对个人道德发展所进行的严格的科学研究还很少。尤其是我国，几乎就没有进行过这方面的严格认真的科学研究，国外的研究有一些。

二、皮亚杰的个体道德发展理论

皮亚杰或许是第一个对个人道德发展进行专门的科学研究的人。让·皮亚杰（Jean Piaget，1896—1980），瑞士人，是现代最有名的儿童心理学家。皮亚杰一生共发表了五十多本著作，撰写的文章更是多不胜数。代表性的有：《儿童的语言和思想》《儿童的判断和推理》《儿童关于世界的概念》《儿童的物理因果概念》《儿童的道德判断》《儿童智慧的起源》《儿童现实概念的构成》《儿童符号的形成》《智慧心理学》《发生认识论导论》《发生认识论原理》《结构主义》《从儿童到青年逻辑思维的发展》《儿童逻辑思维的早期形成》等。

皮亚杰关于个体道德发展的研究，是在他青年时期对小学生的弹子游戏的观察基础上进行的。[①]

弹子游戏：在地上画一个四方形，可以两个人、三个人、四个人一起玩。每个人首先放入若干颗弹子在四方形里面：弹子可以是不同的材料制造的，如有泥土造的，有木造的，有塑料造的，有金属造的，有玻璃造的，有玉石造的。这些都是从商店买的。两三个人玩时，每人至少需要放入两颗同样的弹子（如果你们两人的弹子不同，如果你的一颗弹子的价格等于对方的两倍，那么你放一颗，对方就要放两颗；你放两颗，对方就要放四颗；当然，如果你们的技术差异巨大，还可以另外协

---

① 以下内容主要参考了［瑞士］让·皮亚杰：《儿童的道德判断》，傅统先、陆有铨译，山东教育出版社 1984 年版。

商），因为如果每人只放一颗，总数太少，难以打中；如果是四人玩，每人只需要放入一颗就可以了。

然后，在距离四方形大约 1 米远的地方画一条与四方形某一边平行的直线，大家就站在这条直线上，把自己手里的另一种弹子（弹球，一般比自己放到四方形里面的弹子要贵好几倍）抛掷出去，击打四方形里面的弹子，如果把里面的弹子打出四方形之外，那么就属于你了。但是，如果你抛掷出去的弹球落在了四方形之内，你就不能拿走，留在里面，变成弹子了。此外，你抛掷出去的弹球即便滚到四方形之外，也不能马上拿走，只能下次你要射击时，才可以拣起来。于是，你射击之后的人就可以不射击四方形里面的弹子，而是射击你的弹球。

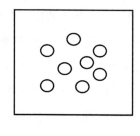

图 7　投弹图

那么，如果你射击到了四方形里的某一颗弹子，把它撞击到四方形的边上，而没有完全滚出来，怎么办？一般是，如果滚出了一半，就算滚出来了。

还有，谁最先射击呢？因为第一个射击的人显然占优势，因为弹子堆积在一起，容易被射击出去，于是又要有另外的规则。一般做法是：站在投掷线后面大约两米处，每人把自己的弹球向投掷线抛去，谁的弹球距离投掷线最近，谁就第一个开始；但是，如果你的弹球越过了投掷线，那么就最后开始，如果有几个人的弹球都越过了，那么最远的那个最后开始。

射击中，如果你成功地射击出了一个弹子，那么就奖励你再射击，一直到未射击出弹子，才让后面的人开始。但是，一般在第一轮不奖励，以保证每人有射击机会。

还有，如果你发现没有好的射击机会，那么你可以放弃一次射击。

总之，规则很多。具体的规则都是大家所同意的。

皮亚杰与许多小朋友一起进行了游戏，并进行询问："这些规则是从哪里来的？每个人必须遵守规则吗？这些规则可以改变吗？"

除了提出这些问题，皮亚杰还设计了一些对偶故事，要求儿童回答，如：

故事一

一个叫约翰的小男孩正在他的房间里玩，妈妈叫他去吃饭。他走进餐厅时，门后面有一把椅子，椅子上有一个盘子，盘子上放着15个杯子。约翰不知道有这些东西，他推门进餐厅时，撞倒了椅子，打碎了15个杯子。

故事二

有一个叫亨利的小男孩，一天，爸爸妈妈都出去了，只有亨利一个人在家，他想偷吃放在橱柜里的果酱。于是他就爬到椅子上去，站在椅子上去拿橱柜里的果酱。但还是有些够不着，亨利踮起脚跟，使劲够着去拿，结果把一个杯子弄掉到地上，打碎了。

皮亚杰问孩子们："约翰和亨利，你们更讨厌谁？谁最坏？为什么？""应当如何惩罚这两个淘气的家伙？"

通过这些研究，皮亚杰把儿童的道德发展划分成三个阶段：

第一阶段：前道德阶段（约2—5岁）

注意：皮亚杰没有研究0—2岁的儿童，因为这个阶段的儿童还没有自我意识，即还不能把自己与外界世界有意识地区分出来。

这个阶段的儿童对规则没有多少注意、关心，他们玩弹子游戏并不是为了获得胜利而玩，不在乎游戏的结果、输赢，他们好像是对弹子本身感兴趣，在研究弹子的运动性质，各种规则不过是为了改变弹子的运动状态，从而多方面地了解弹子的运动特性。因此，谁输谁赢他们并不在乎，谁玩、谁旁观也没有多大的关系。前道德阶段，就是不能对孩子进行道德评价的阶段。因为在这个阶段，人的认识能力、判断能力等都还没有发展好，因此即便是做了坏事，他们也不知道是在做坏事。例如，他们要是弄死其他小动物，我们也不能说他们残忍，因为他们还不懂得什么叫生命，他们只是觉得好玩才弄死其他小动物的。

第二阶段：他律道德阶段（道德实在论阶段，5—10岁）

在这个阶段，儿童形成了规则意识。儿童的规则意识有以下特点：

（1）规则是客观的、权威的、绝对的、神圣的、不可改变的。例如：

你问一个六七岁的儿童："在过公路时，闯红灯可以吗？"他会回答："不可以。"你再问他："如果不闯红灯上学就会迟到，迟到了就会被老师批评。那么可以闯红灯吗？"他仍然会说："不能闯红灯，因为老师讲过的"，或者"警察叔叔不允许闯红灯"。

（2）他律阶段的儿童看重行为的后果，不大关心行为者的意图好坏。例如在前面的对偶故事中，许多儿童认为约翰比亨利更坏，因为约翰打碎了15个杯子，而亨利只打碎了1个杯子。虽然从动机上看，约翰是不小心打碎的，而亨利是为了偷吃果酱。

（3）在对错误行为的惩罚上，他律阶段的儿童主张抵罪式的惩罚。例如：课间休息时，迈克在与同学们的游玩中，非常粗鲁，动作很大，不小心打碎了窗户玻璃。老师问他律阶段的儿童："应该如何处罚迈克?"那么多数儿童主张打屁股、罚站等,而不是主张迈克自己出钱赔偿损失的玻璃。

(4)他律阶段的儿童相信存在着一种内在的公正,你违反了社会规则,就免不了要以这样或那样的方式受到惩罚。如果一个 6 岁的男孩在偷吃点心时不小心摔倒,把膝盖磕破了,这个阶段的儿童就会认为这是对他偷吃点心的惩罚。(所以,他们如果做了坏事,就不敢隐瞒,而是坦白交代?)

第三阶段:自律道德阶段(道德相对论阶段,11、12 岁—　)

这个阶段的儿童的道德发展的特点是:

(1)他们认识到,社会规则是由人制定的,而不是神圣的、绝对的、客观的,是可以修改的,在大家都同意的情况下,规则就可以改变。他们还认为,为了服务于人的需要,也可以违法规则。例如:为了救人,可以闯红灯,可以超速行驶。

(2)他们判断行为道德与否的主要依据是行为者的动机、意图,而非行为的客观后果。对于打碎了 15 个杯子的约翰和打碎了 1 个杯子的亨利,他们会认为亨利更坏,因为他是为了偷吃果酱,而约翰是不小心打碎 15 个杯子的。

(3)在对错误行为的惩罚上,他们赞成回报式的惩罚,即惩罚要与错误行为相符合。例如:对于打碎窗户玻璃的迈克的惩罚,他们认为应让迈克赔偿玻璃的损失,而不是打迈克的屁股。

(4)自律阶段的儿童不相信存在内在的公正。例如:他们相信,违法规则的行为如果没有被发现,就不会受到惩罚(因此,他们自己有时会偷偷地做坏事?他们做了坏事会隐瞒?)。

以上各个阶段的年龄阶段,并非绝对的,不过是皮亚杰所研究范围内的儿童表现出来的特征而已。在不同的时代、民族、文化、家庭等背景下,各道德阶段所出现的年龄阶段是会发生很大变化的。例如:某些社会的某些成年人,可能依然处于他律道德阶段。

皮亚杰区分出儿童"规则意识发展"和"规则实践进展"两个范畴，并认为，儿童的规则意识发展具有三个阶段，而儿童的规则实践进展具有四个阶段，分别是：

（1）0—2岁，具有纯粹运动性质或个人性质的阶段，儿童是按照他的欲念和运动习惯玩弹球的。

（2）2—5岁，自我中心阶段，模仿他人的玩法，但只是自己独自游戏而不寻求伙伴，或者与别的儿童一起玩但不求胜利，不会试图把各种玩法统一起来。

（3）7、8—10岁，刚出现协作的阶段。每个游戏者都试图取胜，所以大家开始考虑相互控制和统一规则。虽然或许可以达成某种一致意见，但对一般规则的看法仍然是模糊的，矛盾的。

（4）11、12岁—　，规则编集成典阶段。不仅确定了游戏程序的每一个细节，而且大家都知道了应该遵守规则的实际准则。

三、柯尔伯格的个体道德发展理论

柯尔伯格（L. Kohlberg，1927 – 1987）美国心理学家、道德心理教育学家，1958年获芝加哥大学博士学位，1968年起任哈佛大学教授，从事认知道德发展研究。1974年，在哈佛大学创办"道德发展与道德教育研究中心"。1987年，因忍受不了疾病的折磨，在波士顿跳水自尽。著有《道德教育的哲学》等书。

柯尔伯格继承了皮亚杰的研究，重点在进行道德两难故事讨论，借以掌握儿童的道德意识、道德认识的发展。这些道德两难故事有：[①]

---

① 以下内容主要参考了［美］柯尔伯格：《道德教育的哲学》，魏贤超译，浙江教育出版社2000年版。

海因茨偷药

在欧洲的某小镇上，有一位妇女患了癌症。医生诊断后发现：只有一种药能够挽救这位妇女的生命。这种药品是住在同一个小镇上的一位药剂师最近发明的。这种药的一个疗程的药的成本是100美元，但是药剂师却要价2000美元。病人的丈夫海因茨东拼西凑，想尽一切办法，只凑到了1000美元。海因茨恳求药剂师把药卖便宜一些，药剂师不同意，一分不少。海因茨又恳求，先付1000美元，暂欠另1000美元以后尽快付，药剂师还是不同意。药剂师说："我发明这种药的目的就是为了赚钱，而且我从不接受他人的欠账。"

海因茨实在没有办法，于是在一个夜深人静的晚上，打碎药剂师的药品仓库的窗户玻璃，进去偷了一瓶药。

1957年，柯尔伯格向72个10—16岁的男孩进行了询问：海因茨该不该去偷药？为什么？他如果被抓到了，法官该不该给予他惩罚？为什么？

在大学本科和硕士研究生《德育原理》课程的教学中，我向学生提出了这些问题。多数学生回答："该去偷药。"问为什么，他们回答："救妻子呀！"问为什么要救妻子，他们觉得问得奇怪了，救自己的妻子还需要理由吗？问：是不是希望把妻子救活之后，好给自己煮饭、洗衣服？他们回答："不能这样说呀，是人命呀！救人呀！"我再问："那如果是你的邻居的妻子得了这种病，也没有钱，你会帮她偷药吗？"学生们都回答："不会。"问为什么，他们回答："她自己的丈夫去偷呀！"再问："如果她自己的丈夫是胆小鬼呢，你会帮他去偷吗？"都回答："不会。"根据柯尔伯格的理论，这些大学生的道德发展还处于第一水平的第二个阶段啊！

对于这些道德两难问题，没有唯一正确、标准的答案。柯尔伯格并不在乎孩子们的答案，而在乎他们答案背后所提出的理由。他们的理由反映了他们的道德认识发展的水平。例如：如果回答"要去偷，否则妻子会打我、骂我"，表明道德发展处于第一水平的第一阶段；如果回答"要去偷，因为救活了妻子，她以后可以给我煮饭"，表明道德发展处于第一水平的第二阶段；如果回答"不去偷，因为害怕被发现、抓住而挨打、被关进监狱"，表明处于第一阶段；如果回答"不去偷，因为偷东西是违法的"，表明道德发展处于第二水平第四阶段；如果回答"不去偷，因为老师讲过（或父母讲过）不能偷东西"，表明处于第三阶段；……

赔偿两难题

读小学五年级的汤姆，在一次课间休息时，其他同学都出教室去了，教室里只有他一个人。于是汤姆就去翻玛丽的书包，偷了里面的20美元钱。放好之后，汤姆赶快出了教室。不久，玛丽回到教室，发现书包里的20美元不见了，于是她就去告诉了老师。老师请偷钱者归还这笔钱，可没有人吱声。老师也没有办法了。放学后，汤姆得意洋洋地悄悄告诉自己最好的朋友泽克："是我偷的，怎么样？老师根本就没有办法查出是我！"问：

（1）泽克应该劝汤姆归还这笔钱吗？为什么？

（2）如果泽克努力劝汤姆归还这笔钱，而汤姆又不肯，那么泽克是否应该去教师那里告发汤姆？

（3）如果班上没有任何人知道钱是谁偷的，那么教师该怎么办？（可以搜查大家的书包、搜身吗）？为什么？

现在的我们当然知道，不能搜身，也不能搜书包。因为这是违法的。泽克当然应该劝汤姆还钱。问题是：汤姆怎么会还呢？要是会还的话，当初就不会偷了。所以，泽克该怎么办？我在教学中问，大学生们都回答：该向老师告发。我再问："如果是你的兄弟、父母做了这样的事，你们还会告发吗？"大家沉默了。朋友没有了可以另外交，兄弟父母没有了就没有了，所以不告发哈?！大家继续沉默。我只好提醒："汤姆为什么要偷钱呢？他是想用这钱去玩电子游戏、买零食吃，还是穷得吃了上顿没有下顿？"如果是前者，我们就只能给他讲清道理，如果他还不听，不愿意以某种能够保住面子的方式归还，我们就只有告发，这样的朋友不值得交往。如果是后者，我们大家就应当帮助他，当然还是要以能够保住他面子的方式把钱还了。

还有大学生回答："先去找老师，要求老师答应保住汤姆的面子、不公开，老师承诺之后，再说是汤姆偷的。"这个办法也是好的。但是极少数老师可能会假装承诺，等到你说出是汤姆之后，老师又会忘记承诺，严惩汤姆。

通过研究，柯尔伯格提出了他的个体道德发展过程理论和道德教育思想。

（一）个体道德发展的三水平七阶段论

阶段0：前道德阶段（　岁一　岁）

在这个阶段，儿童既不理解规则，也不能用规则和权威判断好坏，使他愉快的或兴奋的就是好的，使他痛苦的或害怕的就是坏的。没有义务、应该、必须等概念，行为受他自身能做什么或想做什么支配。这个阶段大体上相当于皮亚杰理论中的前道德阶段，大致是5岁之前，儿童由于认识能力等的低下，即便做了坏事，也不能说他们坏，因为他们根本就不知道自己是在做坏事。

水平一：前习俗的水平（　—9岁）

儿童能够区别文化中的规则和好坏，懂得是非的名称，但是他是根据行为对身体的或快感上的后果来解释好坏的（受罚、得奖和交换喜爱的东西），或是根据宣布这些规则和好坏的人的体力来分别好坏的。这实际上就是没有道德的水平。可以分为两个阶段：

阶段 1：以惩罚与服从为定向。

以行为对自己身体上所产生的后果来决定这种行为的好坏，他们的行为规则是避免惩罚、无条件服从外部力量。

这时的学生服从父母、教师等权威人物，认为凡是不会受到惩罚的行为就是好的。他们说海因茨偷药合理，因为不偷药，妻子会病死，他要受到谴责的。也有的说海因茨不该偷药，因为被抓住会坐牢、受罚的。

例：要求 10 岁的汤姆回答"最好是救一个重要的人物，还是救一群不重要的人物"时，汤姆回答："救那些不重要的人，因为一个人只有一所房子和一些家具；但一群人有许多家具，而且这些人中有的可能有不少钱，但别人并不知道。"

阶段 2：以工具性的相对主义为定向。

正确的行为就是那些可以满足个人需要、有时也可以满足他人需要的行为。人们之间的关系是根据像市场地位那样的关系来判断的。也就是我们非常熟悉的相互利用。儿童知道了公平、互换和平等分配，但是他们总是以物质上的或实用的方式来解释这些价值，而不是根据忠义、感恩或公平来进行的。

例：吉米的哥哥偷偷下河游泳了，问吉米："你是否会把哥哥偷偷下河游泳的事告诉给父亲？"吉米回答："不会。因为我哪天也可能会悄悄下河游泳，我不告发哥哥，以后哥哥也就不会告发我。"对于海因茨偷药的事情，这个阶段的儿童会说："不应该偷，因为即使偷了这种药，也不会对他有多大用处。如果他等待着，这个药剂师也许会降低价格卖给他。"还有儿童会说："赞成偷药。因为妻子过去替海因茨做过饭，洗过衣，现在妻子病了，丈夫该去偷。"也有儿童认为："药店老板发明药就是为了赚钱，所以老板是对的。"

水平二：习俗的水平（9—15 岁）

　　这个水平的儿童按照个人的家庭、集团或国家所期望人们所做的去行事，就被认为它本身就是有价值的，而不管它所产生的直接和明显的后果如何。这种态度不仅服从于个人的期望和社会的秩序，而且是忠心耿耿，主动去维护、支持和辩护这种秩序。这个水平也包括两个阶段：

　　阶段3：以人与人之间的和谐一致或者"好男孩—好女孩"为定向。

　　凡是讨人喜欢或帮助别人而为他们所称赞的行为就是好行为，经常用意图去判断行为，好孩子就会获得别人的称赞。

　　他们认为海因茨不该偷药。因为这种行为是违法的。这一阶段学生的道德判断是以本人的行为是否被允许为衡量标准，他们能理解别人，服从别人的规定。

　　例：对于吉米哥哥悄悄下河游泳的事情，吉米可能回答："应该告诉父亲，以求得父亲对自己的信任"，或"不应该告诉父亲，这样哥哥就会信任自己"。

　　阶段4：以法律与秩序为定向。

　　行为是服从权威、固定的规则和维护社会秩序的，尽自己的义务，对权威表示尊敬和维护既定的社会秩序本身就是正确的行为。这是"好公民"的阶段。

　　例：这个药剂师应降低价格将药卖给你，但是，他是错的并不等于你就是对的。这个药剂师对这种药拥有所有权，因为他是通过努力工作才将它发明出来的。如果你以这种方式偷窃这种药就是在侵犯这个药剂师的权利。

　　从救治妻子疾病看，无可非议。但偷窃行为又为法律所禁止，因此偷药又是不应该的。这阶段的学生要求履行自己的义务，对权威表示尊敬，遵守不变的法则，并要求别人也去遵守。

　　水平三：后习俗的、自主的或有原则的水平（16岁—　）

　　在这个水平上，儿童显然努力地脱离掌握原则的集团或个人的权威，并不把自己和这样的集团视为一体而去确定有效的和可用的道德价值和原则。

阶段5：以法定的社会契约为定向。

已经认识到规则不是绝对的、权威的、客观的，规则是人制订的，只要大家都同意，规则就可以修改。正确的行为往往取决于一般的个人权利和已为整个社会批判考核而予以同意的标准。儿童清晰地意识到个人的意见和价值是相对的，从而相应地强调要求有一个取得一致同意的程序和规则。柯尔伯格认为，普通美国人处于这个阶段。

这个阶段的人对海因茨的行为表示同情，并愿出庭为其辩护，请求减刑。有的发问：法律允许老板不顾人的死活赚钱，对吗？他们把法律、道德准则看作是维护社会秩序的一种契约，并持较为灵活的态度。

阶段6：以普遍的伦理原则为定向。

根据良心做出的决定就是正确的，而所谓根据良心做出的决定就是指根据自己选择的具有逻辑全面性、普遍性和融贯性的伦理原则做出的道德决定。如：普遍的公正原则、互惠原则、人权平等原则和尊重个人的人类尊严的原则。这个阶段，也就是康德所谓"我为道德立法"的境界，道德在我心中，"我"能够超越小我，代表整个人类来为社会建立规则。这个水平也相当于孔子所谓"随心所欲不逾矩"的境界。"替天行道"也处于这个境界。

例：他们对海因茨的行为表示赞许，以为这是对允许药店老板牟取暴利的一种反抗，人的生命比财产更宝贵，为了救人危难，甘愿蒙受屈辱和惩罚的行为是高尚的。这种认识突破了既存的规章制度，不是从具体的道德准则，而是从道德的本质去进行道德判断。

柯尔伯格认为，大多数9岁以下的儿童、一些青少年以及成年罪犯的道德发展处在前习俗水平。少数成人则已达到后习俗水平，但一般只是在20岁以后才达到的。现实社会中，一般人到20岁才可能达到水平三。但是通过正当的教育，儿童到16岁时可以达到第三水平。所以，具体某个人在什么时候达到什么水平、阶段，需要具体分析。并非所有人到 9 岁都能够进入第二水平、到 16 岁都能进入第三水平。

我们可以看出，外国的道德教育是要教学生动脑筋的，道德教育应类似于数学教育等智育，需要学生的智力活动，去思考、判断，而非只是观察、暗示、熏陶、训练等非理性过程。其实，我们身边也不乏道德难题，都可以找出来作为道德教育的例子。

（二）我们身边的道德两难案例

女子乘公交用宠物狗占座　遭老人质疑后破口大骂

2012 年 9 月 1 日《重庆晨报》

[**导读**] 重庆一妙龄女乘公交让狗占人座，老人要求让座遭到长达十分钟辱骂，满车乘客愤怒。

图 8　从北碚后峰岩开往北碚城区的公共汽车上，小狗占了一个座位

8 月 29 日上午 9 点左右，刘小学与妻子从北碚后峰岩坐公共汽车前往北碚城区。途中，一阵争吵声让他从梦中惊醒。一年轻女子让自己的宠物占座，不让老人坐。眼前的一幕，让刘小学和其他乘客感到无比气愤。

她用宠物狗帮朋友占座位

公共汽车从车站出发后，刘小学就睡着了。感觉开了没多久，车子停下了，刘小学睁开眼看见一位 60 来岁的老人上了车。车厢内很快就被乘客挤满。老人上车后看见第三排靠窗有一个空位，便穿过人群径直朝空位走了过去。老人见座位上卧着一只金黄色的小狗，它的旁边是一个穿白色短袖 T 恤，染着一头黄发的年轻女子，她对站在车厢的老人无动于衷。

老人对年轻女子说，自己想坐小狗所占的座位。但该女子说，座位是她帮朋友占的。老人随口说道："狗还要坐位子？"这话惹怒了这个年轻女子。她不停地用粗俗的脏话辱骂老人，一直持续了十多分钟。其间，老人实在听不下去时，才与该女子争执了几句。

年轻女子的行为让车上的乘客愤怒，大家开始你一言我一语地为老人打抱不平。

她口中的朋友始终没出现

当车行驶了三分之二的路程时，坐在前排的刘小学转过头去看年轻女子的朋友是否上车了，却发现座位上坐着的依然是她那只宠物狗。

在快到达北碚城区时，有段路正在施工，车辆需要单边放行。公共汽车停下来，让大家下车休息。刘小学就用手机拍下了这个年轻女子，发现有人在拍照，年轻女子不好意思地将头扭到一边。

刘小学随后问售票员，为何不制止年轻女子的行为，让她给老人让个座。但售票员无奈地说：该女子购买了两张车票，又称自己是帮朋友占的座位。因此，她也不好说什么。

在车辆快驶入终点站时，刘小学和妻子下了车。直到刘小学下车时，该女子口中所说的朋友始终没有出现。

问：如果你当时在车上，你也没有座位而是站着的，你会怎么做？答案当然是多样的。但是，竟然有 211 的本科女大学生回答："按照我的性情，我不会说什么。"我说："还是要有一点正义感嘛！"女大学生沉默。我再问："如果那位老人是你的爷爷呢？"女大学生回答："那就看有没有其他人让座了。"

这样的大学生不只一个，还有女大学生回答："我一般不会去管别人的事情。"有的学生回答："我不知道怎么做。"……

最后，我再问："这件事，在车上主要应由谁来管？"有好几个学生大声回答："司机！"对了，这件事主要应由司机来负责处理。在这个案例中，司机的说法、做法是不正确的，因为重庆市有专门规定，不允许携带宠物上公交车。所以司机应禁止该乘客带宠物上车，更不应该给该乘客出售车票！此外，如果有人给所谓的朋友买了票，但是那朋友还没有上车，这个人可以占座位吗？公交车票又不是对号入座的呀！

未让座被扇耳光　小伙眼镜被打飞腮帮通红

http://www.northnews.cn/2012/0825/898716.shtml

2012 年 8 月 25 日　江苏都市网

江苏都市网综合报道　事情发生在（2012 年）8 月 23 日下午1 点多，近日，在浙江杭州 K192 公交车上，一对夫妻站在一个有座位的小伙子旁边，妻子抱着孩子，小伙看了几眼，没让座，突然，丈夫大骂："看什么看。"连扇了小伙 5 个耳光，小伙被打得鼻血横流腮帮通红，镜框也被打飞，断成几截。

有网友提出，小伙不让座可能另有隐情。一名自称是小伙朋友的网友说，小伙回家后跟他说了自己的遭遇，哭得很伤心，"实际上他是一个残疾人，腿脚不方便，而且性格内向。那天他看到那个妇女抱着小孩，内心是很想让座的，可是他自己腿脚又不好，又没有其他人让座，于是他很无奈地看了那对夫妻两眼，不想竟挨了几耳光。"

讨论：那个年轻的丈夫该打小伙子吗？为什么？让不让座是道德问题，而打人是比道德更严重的法律问题！不能借道德之名去侵犯他人的正当权利。

（三）个体道德发展的规律

柯尔伯格认为，道德认识的发展是按照三个水平、六个阶段依次发展的，这种发展的顺序既不会超越，更不会逆转。学生的道德判断是通过道德推理的训练得以发展的，道德两难问题是道德推理训练的有效方法。一个人的智慧发展与其道德认识发展是密切相关的，但却不是同步的。所以他主张：必须使学生认知上的成熟达到能在原则上进行推理的水平。

（四）柯尔伯格的道德教育方法

（1）道德两难问题讨论法：也称"新苏格拉底法"，就是前面这些道德两难问题的讨论法，在讨论中，学生展开思考，相互激发、启发，各种观点得以呈现，相互比较，孰高孰低就可见分晓。

（2）公正团体法：也称"新柏拉图法"，主要是重视团体、班集体、社会的道德气氛对学生道德发展的影响，建立一个具有凝聚力的、充满朝气的、积极向上的班集体，小组纪律督促、导师指导。在此基础上进行课堂讨论、对话、交流，以促进学生的道德发展。重视社会考察、参观。

（五）反对柯尔伯格的声音——吉利根

吉利根是柯尔伯格的博士生、工作助手，女性，后来成为著名的心理学家。在帮助柯尔伯格进行道德两难问题的实验中，吉利根发现，与男学生年龄一样大的女学生，得分普遍比较低。为什么？难道是女生不如男生？吉利根难以接受这样的观点。她认真地分析了女生的回答：有的女生认为海因茨不该偷药，认为他应该去向药剂师求情，告诉药剂师自己的妻子病得很严重，有生命危险，急需他的药，请求他降低药价或同意拖欠另外的 1000 美元。

求情？我们太熟悉啦！甚至是跪在他人面前，一把鼻涕一把眼泪，声泪俱下，求爷爷告奶奶，以求在情感上打动人，再说一句："你不答应我就不起来!"到了这个程度，不相信药剂师会无动于衷！先是海因茨跪一天一晚，如果药剂师没有答应，再把海因茨的妻子弄到药剂师的家门前跪下，跪一天一晚。这样，即便药剂师还不答应，周围的邻居、药剂师的朋友、亲人恐怕也看不下去了，纷纷开始指责药剂师了。同时，人们开始担心：要是海因茨的妻子死在药剂师的家门前，怎么办？药剂师听到或是想到这一点后，加上邻居、朋友、亲人的指责，他已经是遭到千夫所指、众叛亲离的孤家寡人了，他还能够无动于衷、稳如泰山吗？为了区区半副药的钱（海因茨已经有了半副药的钱，只差一半的钱了），何苦把自己逼到这步田地呢？这时候，药剂师只能无奈地投降了！

吉利根发现：男人在得不到药品时，就使用暴力、偷窃，是认为药剂师不公平。柯尔伯格把公平、公正作为最高的道德，以此来判断个体的道德发展水平。而女人在这个故事中表现出的最高道德不是公正，而是与社会的和谐、关怀、关爱。

于是，吉利根认为，男性与女性在道德发展方向上是不同的，不能用男性的公正目标来要求女性。女性追求的最高道德方向是关怀。

关怀？关心？仁爱！这我们太熟悉了，儒家不就是以仁爱为本嘛！难道中国以儒家思想为指导思想的两千多年的封建社会，是母性社会？

其实，公正、仁爱，都是道德的最高目标，甚至还可以加上信仰等。道德最高目标不是唯一的。对于多数男人而言，可以是公正第一，仁爱第二；对多数女性而言，可以是仁爱第一，公正第二。

四、班杜拉的社会学习理论[①]

班杜拉（Albert Bandura，1925—　），出生于加拿大，1953 年开始在斯坦福大学心理学系执教，1964 年升任正教授，1974 年担任美国心

---

① 本部分内容主要参考了［美］班杜拉：《思想和行动的社会基础：社会认知论》，林颖等译，华东师范大学出版社 2001 年版。

理学会主席，1980年获得美国心理学会"杰出科学贡献奖"。2016年5月19日，美国总统奥巴马在白宫为获得美国国家科学奖的人颁发奖章，班杜拉就在获奖者之列。国家科学奖章（美国），也称总统科学奖章，旨在表彰那些为科学、技术、工程做出了非凡贡献的美国科学家，由美国总统亲自授予。他的代表性著作有：《通过榜样实践进行行为矫正》、《认知过程的社会学习理论》、《榜样理论：传统、趋势和争端》、《行为变化的社会学习理论》、《青少年的攻击》（合著）、《社会学习与人格发展》（合著）、《行为矫正原理》等。

模仿学习实验

1961年，班杜拉得到斯坦福大学附属幼儿园的管理人员和教师的支持和帮助，从而获得了研究中所需要的被试。参加这项研究的被试由36名男孩和36名女孩组成，他们的年龄在3—6岁之间，平均年龄为4岁零4个月。这些儿童被分成三个组：

第一组：榜样奖励组，让儿童们在半黑暗的房间里看一部短片。短片的内容是：一个女性成年人（榜样）对一个大充气娃娃做出一系列的攻击行为，如一边用木棒打击娃娃，一边喊叫"真带劲儿！"还把皮球扔到娃娃身上，喊叫"梆！梆！梆！"影片的最后，出现了另一个成人，他给这个攻击充气娃娃的成年女子一些糖果和饮料，作为奖励。

第二组：榜样惩罚组，同样让儿童在半黑暗的房间里看一个成年女子攻击一个充气娃娃。影片最后出现的成年人，则训斥这个女子，并打了这个女子几巴掌。

第三组：无结果组，成年女子攻击充气娃娃之后，影片就结束了，没有出现另一个成年人进行奖励或惩罚。

看完这个短片之后，把每个儿童单独留在一间与影片中出现的那间放着充气娃娃、还有木棒的半黑暗房间一样的房间里，实验者隐蔽起来观察他们的行为。结果发现：

第一组儿童进入房间后，马上就兴致勃勃地拿起木棒打击充气娃娃，同时兴奋地呼叫着。

第二组儿童进入房间后，几乎没有人模仿影片中的行为，即没有攻击充气娃娃。

第三组的儿童进入房间后，到处走，东摸西摸，寻找玩乐。也有一些儿童拿起木棒攻击充气娃娃，但是没有第一组的儿童多，攻击的猛烈性也不如第一组。

可见，第一组儿童通过观察、模仿而学会了社会行为。他们并没有受到直接奖励带来的强化。这与巴甫洛夫的经典条件反射试验很不相同。巴甫洛夫的试验结果是：试验者（狗、儿童等）自身受到奖励或惩罚之后，才会形成相应的强化，即直接强化。而这里的试验，是试验者通过观察、模仿就受到了强化，这叫替代强化。第二组儿童也并没有受到惩罚，却不敢模仿学习，是因为他们害怕受到类似的惩罚，这叫替代惩罚。

在实验的第二阶段，班杜拉鼓励后两组儿童学习影片里成年女子的样子攻打玩具娃娃，谁学得像就给谁糖吃。结果两组儿童都争先恐后地使劲打击玩具娃娃。这说明通过看影片，两组儿童都已经学会了攻击行为。

实验第一阶段的第二组儿童之所以没有人敢打玩具娃娃，只不过是因为他们害怕打了以后会受到惩罚，从而暂时抑制了攻击行为，而当条件许可（第二阶段受到鼓励）时，他们也会像第一组儿童一样把学习到的攻击行为表现出来。

为什么儿童不学好，偏要学别人的攻击行为呢？在后续的实验中，班杜拉发现这其实是一种替代强化作用：我们并不会随便模仿别人的任何行为，只有在观察到他人的行为受到奖励时，自己才会更多地表现出该行为，看到他人的行为受到惩罚时，自己就会抑制类似行为。

青少年的酗酒、抽烟、暴力等都是从社会上学会的。儿童的攻击行为一般在3—6岁出现第一个高峰，10—11岁出现第二个高峰。

总体来说，男孩以暴力攻击居多，女孩以语言攻击居多。攻击行为会妨碍孩子今后一生的发展，如果攻击行为延续至青年和成年，就会出现人际关系紧张、社交困难。另外，攻击行为与犯罪有一定关联。心理学研究表明：70%的少年暴力罪犯在儿童期就被认定为有攻击行为。也就是说，从小攻击性强的孩子，如果不注意克服和制止，长大后容易走上违法犯罪道路。因此，如果孩子经常出现攻击性较强的行为时，家长切不可掉以轻心，必须及早予以矫治。

言行一致的捐钱实验

班杜拉在一个实验中，把学生分为四组，每组配一个实验员。等到实验员与学生建立了融洽关系并得到学生的信任之后，主试分别让四组学生为孤儿院的幼儿募取捐款。

第一组：实验员向学生宣传捐款、救济孤儿的意义，同时自己慷慨解囊，捐出钱款。

第二组：实验员向本组学生宣传不去救济孤儿、把钱留给自己的好处，本人也表现得极端吝啬，不向募取捐款的主试捐钱。

第三组：实验员宣传慷慨仁慈，自己却表现贪婪，不予捐款。

第四组：实验员宣传贪婪，劝说学生不要捐款，自己却毫不吝啬地向主试大批捐钱。

实验结果是：

第一组：学生全部捐了款。

第二组：学生没有一个为孤儿捐钱的。

第三组：尽管实验员把救济孤儿的意义讲得头头是道，并赢得了本组学生的好感，但是绝大多数学生并没按实验员说的去做，而是仿效实验员的行为，不捐钱款。

第四组：学生正好相反，大多数学生对宣传贪婪的实验员表示反感，却又学着他的样子捐出钱款。

实验结果表明：当教育者言行一致时，教育效果最好；当教育者言行不一时，学生不是学习教育者的言语，而是学习教育者的行为。可见，榜样能对学生的行为产生巨大的影响，模仿是学生向社会学习、形成品德的重要途径。

这一点，孔子在《论语·子路》中早就说过："其身正，不令而行；其身不正，虽令不从。"班杜拉用一个科学的试验，对此进行了充分的证明。

抗拒诱惑的实验

沃尔特斯等人于 1963 年设计了一个抗拒诱惑的实验：他们挑选了一批 5 岁的男孩，先把他们带入一个放着玩具和字典的房间参观，并告诉他们：这些玩具是禁止玩的，但是可以翻看字典。

然后，他们把男孩分成三组：

第一组是奖励榜样组，给他们播放一个短片，片中的一个男孩在刚才大家看过的房间里，正在玩被禁止玩的玩具。不久男孩的妈妈进来了，亲切地夸奖他，并与他一起玩。

第二组是指责榜样组，给他们播放一个短片，片中的一个男孩在刚才大家看过的房间里，正在玩被禁止玩的玩具。不久男孩的妈妈进来了，严厉地斥责、训斥男孩违反了规定，男孩显出害怕的样子。

第三组是控制组，不看任何短片。

正式实验开始了：让每个男孩都单独在刚才参观过的房间里呆 15 分钟，以对所有孩子进行一次抗拒诱惑的实验。

结果：

第二组指责榜样组的抗拒诱惑能力或自制力较强，一般能够克制 7 分钟，有的甚至坚持 15 分钟。

第三组即控制组次之，平均能够克制 5 分钟。

第一组即榜样奖励组较差，约在 80 秒钟后就开始动手玩玩具。

社会学习理论关于道德教育的基本观点是：

（1）儿童的道德行为通过社会学习（观察学习和模仿学习）可以获得和改变。

（2）环境、社会文化关系、客观条件和榜样强化等是影响儿童道德行为发展的重要因素。

延迟满足实验

20 世纪 70 年代初，美国斯坦福大学心理学教授沃尔特·米歇尔（Walter Mischel）设计了一个著名的关于"延迟满足"的实验。这个实验是在斯坦福大学校园里的一所幼儿园开始的。研究人员每次找来数十名儿童，让他们每个人单独呆在一个只有一张桌子和一把椅子的小房间里，桌子上的托盘里有这些儿童爱吃的东西——棉花糖。研究人员告诉他们：可以马上吃掉棉花糖，但是研究人员回来时就没有奖励；如果等到研究人员回来时再吃，那么就可以再得到一颗棉花糖作为奖励；如果等不及了，他们还可以按响桌子上的铃，研究人员听到铃声会马上返回。

实验开始了。对这些孩子们来说，实验的过程颇为残酷难熬。有的孩子为了不去看那诱惑人的棉花糖而捂住眼睛或是背转身体；还有一些孩子开始做一些小动作，如踢桌子，拉自己的辫子；有的甚至用手去打棉花糖。结果，大多数的孩子坚持不到三分钟就放弃了。一些孩子甚至没有按铃就直接把糖吃掉了，另一些则盯着桌上的棉花糖，半分钟后按了铃。大约三分之一的孩子成功延迟了自己对棉花糖的欲望，他们等到研究人员回来兑现了奖励，差不多有 15 分钟的时间。

从 1981 年开始，米歇尔逐一联系当时已是高中生的 653 名参加者，给他们的父母、老师发去调查问卷，针对这些孩子的学习成绩、处理问题的能力以及与同学的关系等方面提问。米歇尔在分析问卷的结果时发现：

当年那些马上按铃的孩子，无论在家里还是在学校，都更容易出现行为上的问题，学习成绩分数也较低。他们通常难以面对压力，注意力不集中，很难维持与他人的友谊。当年那些可以等上 15 分钟再吃糖的孩子，在学习成绩上比那些马上吃糖的孩子平均高出很多。

实验并未就此结束。米歇尔和其他研究人员继续对当年的实验参加者进行研究，直到他们 35 岁以后。研究表明，当年不能等待的人，在成年后有更高的体重指数并更容易有吸毒方面的问题。"不过由于实验的时间跨度比较大，这次调查结果都是当年参加试验的人自己说的，和他们实际生活中的行为难免有些出入。"米歇尔解释说。

2004 年，就职于哥伦比亚大学的米歇尔教授继续深化这项研究。他挑选出一些当年实验的参加者，用功能磁共振成像仪为他们的脑部进行扫描，希望通过对比扫描图，找出大脑对"延迟满足"能力起作用的特定区域。此外，研究人员还进行了不同的基因测试，以研究是否存在控制"延迟满足"能力的遗传因素。

对于当年的实验，有的心理学家认为孩子是否愿意等待取决于他们对棉花糖的渴望程度。但是，实验人员很快证明了所有孩子都急切地想要得到第二颗棉花糖。那么，究竟是什么决定了自我控制能力呢？通过对孩子们行为的反复观察，米歇尔得出结论：秘诀就在于"转移注意力"。肯等待的孩子不会一直盯着棉花糖，他们捂住眼睛、玩捉迷藏或是唱歌，他们对棉花糖的渴望不是消失了而是暂时被忘记。

在米歇尔看来，这个棉花糖实验对参加者的未来有很强的预测性。"如果有的孩子可以控制自己而得到更多的棉花糖，那么他就可以去学习而不是看电视，"米歇尔说，"将来他也会积攒更多的钱来养老。他得到的不仅仅是棉花糖。"

此外，米歇尔和同事们还发现，甚至在 19 个月大的婴儿身上也可以看出"延迟满足"的能力差异。把婴儿从母亲身边抱走，观察不同婴儿的反应。结果，有些婴儿立刻哇哇大哭，另一些则可以通过转移注意力来克服母亲离开的焦虑情绪，比如玩玩具。当等到这些婴儿 5 岁大时，研究人员给他们做了同样的棉花糖实验。实验显示：当初哇哇大哭的孩子长大后依然无法抵挡棉花糖的诱惑。

米歇尔这个历时30多年的实验得出的结论为："延迟满足"能力有基因因素的影响，小时候"延迟满足"能力强的孩子，其后来的学习能力和社会能力都比较强。

以上实验是研究自然条件下，孩子自然具备的"延迟满足"能力对未来的影响。但是米歇尔不愿轻易下这样的结论：后天培养对未来会造成什么影响，他要进行新的研究。

2005年，米歇尔正在准备一项大规模实验，对象是费城、西雅图和纽约的4—8岁在校学生，目的是想探索这种"延迟满足"的自我控制能力是否可以通过教育成功培养？如何通过教育方式培养？训练会对他们的神经系统产生什么影响？（研究表明许多人四五十岁后的情绪疾病，产生的根源就是婴幼儿时期的不当教育）

这项实验持续了这么长的时间，可见西方人对科学的态度多么认真、严谨！在科学研究上不能急功近利！

五、埃里克森的人格发展阶段论[①]

爱利克·埃里克森（Erik H. Erikson, 1902—1994），美国精神病学家，著名的发展心理学家和精神分析学家。代表性著作有：《儿童和社会》、《领悟与责任》、《同一性（青少年与危机）》、《新的同一性维度》、《生命历史与历史时刻》、《同一性与生命周期：一种新观点》等。

1963年，埃里克森提出了人格发展八阶段的理论。他认为，人的本性无所谓好坏，只是具有向某一方面发展的可能性。只要在人生发展的各阶段有效地解决出现的特殊矛盾，就可以发展起积极的个性品质。反之，则会形成消极的个性品质，形成不健全的人格。学生在日趋成熟

---

① 以下内容主要参考了［美］埃里克森：《同一性：青少年与危机》，孙名之译，中央编译出版社2015年版。

的过程中，会逐渐面对更加复杂的人际关系，出现必须解决的特殊问题。能否顺利解决这些问题，决定着他们人格发展的方向。人格发展的八个阶段是：

第一阶段：婴儿期（0—1.5 岁），基本信任和不信任的冲突

这个阶段的儿童最为孤弱，因而对成人依赖性最大。如果护理人能以慈爱和惯常的方式来满足儿童的需要，他们就会形成基本信任感。如果他们的母亲拒绝他们的需要或以非惯常的方式来满足他们的需要，儿童就会形成不信任感。如果护理是充满爱和惯常的，那么儿童就懂得他们可以不必为失去一位慈爱和信赖的母亲而担心。所以，当母亲不在身边时，他们也不会有明显的烦躁不安。信任在人格中形成了"希望"这一品质，它起着增强自我的力量。具有信任感的儿童具有安全感，敢于希望，富于理想，具有强烈的未来定向。反之则不敢希望，时时担忧自己的需要得不到满足。

如果这一阶段的危机成功地得到解决，就会形成希望的美德；如果危机没有得到成功地解决，就会形成胆小惧怕。

第二阶段：儿童期（1.5—3 岁），自主与害羞和怀疑的冲突

这一时期，儿童掌握了大量的技能，如爬、走、说话等。他们学会了如何抓握和放开。他们不仅把这些能力应用于物体，而且还应用于控制和排泄大小便。更重要的是他们学会了怎样坚持或放弃，也就是说儿童开始"有意志"地决定做什么或不做什么。这时候父母与子女的冲突很激烈，也就是第一个反抗期的出现，一方面父母必须承担起控制儿童行为使之符合社会规范的任务，即养成良好的习惯，如训练儿童大小便，使他们对肮脏的随地大小便感到羞耻，训练他们按时吃饭、节约粮食等；另一方面儿童开始了自主感，他们坚持自己的进食、排泄方式。所以，训练良好的习惯不是一件容易的事。这时孩子会反复应用"我"、"我们"、"不"来反抗外界控制。父母决不能听之任之、放任自流，否则将不利于儿童的社会化。另一方面，若过分严厉，又会伤害儿童自主感和自我控制能力。如果父母对儿童的保护或惩罚不当，儿童就会产生怀疑，并感到害羞。因此，把握住"度"，才有利于在儿童人格内部形成意志品质。

在这个阶段中，如果儿童形成的自主性超过羞怯与疑虑，就形成意志的美德；如果危机不能成功地解决，就会形成自我疑虑。

第三阶段：学龄初期（3—5岁），主动对内疚的冲突

在这一时期，儿童能更多地进行各种具体的运动神经活动，更精确地运用语言和更生动地运用想象力。这些技能使儿童萌发出各种思想、行为和幻想，以及规划未来的前景。在前两个阶段，儿童已懂得他们是人。现在他们开始探究他们能成为哪一类人。在这个阶段，儿童检验了各种各样的限制，以便找到哪些是属于许可的范围，而哪些又是不许可的。如果父母鼓励儿童的独创性行为和想象力，那儿童会以一种健康的独创性意识离开这个阶段。然而，如果父母讥笑儿童的独创性行为和想象力，那儿童就会以缺乏自信心离开这一阶段。由于缺乏自主性，因此当他们在考虑种种行为时总是易于产生内疚感，所以，他们倾向于生活在别人为他们安排好的狭隘的圈子里。

如果这个阶段的危机成功得到解决，就会形成方向和目的的美德；如果危机不能成功地解决，就会形成自卑感。

第四阶段：学龄期（6—12岁），勤奋对自卑的冲突

在这一阶段，儿童学习各种必要的谋生技能以及能使他们成为社会生产者所具备的专业技巧。内部发展阶段似乎是为"步入生活"而设置的，它不认为生活必须首先是学校生活，不管学校还是田野，是丛林还是教室。儿童必须忘记他过去的希望和愿望，他丰富的想象被驯服，被一些非人性事物的法则所约束，甚至被读、写、算所约束。因为，尽管儿童在心理上已经具有做父母的基本因素，但他在生理上成为父母之前，首先必须是一个劳动者和有可能养家活口的人。学校是培养儿童将来就业及顺应他们文化的场所。因为在大多数文化中，包括我们自己的文化，生存要求具备与他人合作的工作能力，所以社交技巧是学校传授的重要课程之。

如果他们能顺利地完成学习课程，他们就会获得勤奋感，这使他们在今后的独立生活和承担工作任务中充满信心。反之，就会产生自卑。另外，如果儿童养成了过分看重自己的工作的态度，而对其他方面木然处之，这种人的生活是可悲的。

如果这一阶段的危机成功地得到解决，就会形成"能力"的美德；如果危机不能成功地解决，就会形成无能。

第五阶段：青春期（12—18岁），自我同一性和角色混乱的冲突

在这个阶段，青少年本能冲动的高涨会带来问题，更重要的是青少年面临新的社会要求和社会的冲突而感到困扰和混乱。所以，青少年期的主要任务是建立一个新的同一感或自己在别人眼中的形象，以及他在社会集体中所占的情感位置。

在前四个阶段，儿童懂得了他是什么，能干什么，懂得所能担任的各种角色。在这个阶段，儿童必须仔细思考全部积累起来的有关他们自己及社会的知识，最后致力于某一生活策略。一旦他们这样做，他们就获得了一种同一性，长大成人了。获得个人的同一性就标志着这个发展阶段取得了满意的结局。

然而，这个阶段自身应当看作是一个寻找同一性的时期，而不是具有同一性的时期。他们现在主要关心的是把别人对他们的评价与他们自己的感觉相比较，主要关心的是如何把各种角色及早期培养的技能和当今职业的标准相联系这个问题。

如果年轻人不能以同一性来离开这个阶段，那他们就会以角色混乱或者也许会以消极的同一性来离开这个阶段。

在埃里克森看来，角色混乱和消极的同一性可以解释美国青少年所表现出的许许多多骚乱和攻击现象。

如果这一阶段的危机成功地得到解决，就会形成忠诚的美德；如果危机不能成功地解决，就会形成不确定性或说是无归属感、为人冷淡冷漠、缺乏关爱的意识。

第六阶段：成年早期（18—25 岁），亲密对孤独的冲突

弗洛伊德曾经把健康的人定义为一种充满爱而辛勤工作的人。埃里克森赞同这个定义，但是他又指出，唯有具备牢固同一性的人才能敢于涉足与另一个人相爱的情河之中。具有牢固同一性的青年人热烈地寻求与别人的亲密关系。青年人是在寻求和保持同一性的过程中生成的，他们热切和乐意把自己的同一性与其他人的同一性融合在一起。他已具备了与他人亲密相处的能力，也就是说，具备了成为协会会员和伙伴关系成员所须承担义务的能力以及具备了为遵守这些义务而发展的道德力量的能力，即使这些都需要付出巨大的牺牲和让步。反之，没有形成有效工作与亲密能力的人会离群索居，回避与别人亲密交往，因而就形成了孤立感。

如果这一阶段的危机成功地得到解决，就会形成爱的美德；如果危机不能成功地解决，就会形成混乱的两性关系。

第七阶段：成年期（25—65 岁），生育对自我专注的冲突

一个人当顺利地度过了自我同一性时期，在以后的岁月中将过上幸福充实的生活，他（她）将生儿育女，关心后代的繁殖和养育。生育感有生和育两层含义，一个人即使没生孩子，只要能关心孩子、教育指导孩子也可以具有生育感。反之，没有生育感的人，其人格贫乏和停滞，是一个自我关注的人，他们只考虑自己的需要和利益，不关心他人（包括儿童）的需要和利益。

在这一时期，人们不仅要生育孩子，同时要承担社会工作，这是一个人对下一代的关心和创造力最旺盛的时期，人们将获得关心和创造力的品质。

如果一个人能很幸运地形成积极的同一性，过上富有成效的幸福生活，那么他就会力图把产生这些东西的环境条件传递给下一代。这可以通过与儿童（不必是自己的孩子）提高直接的交往，或者通过生产或创造能提高下一代生活水平的那些东西来实现。

如果这一阶段的危机成功地得到解决，就会形成关心的美德；如果危机得不到成功的解决，就会形成自私自利。

第八阶段：成熟期（65 岁以上），自我调整与绝望期的冲突

由于衰老过程，老人的体力、心车和健康每况愈下，对此他们必须做出相应的调整和适应，所以被称为自我调整对绝望感的心理冲突。

当老人们回顾过去时，可能怀着充实的感情与世告别，也可能怀着绝望走向死亡。自我调整是一种接受自我、承认现实的感受，一种超脱的智慧之感。如果一个人的自我调整大于绝望，他将获得智慧的品质。只有回顾一生感到所度过的是丰足的，有创建的和幸福的人生的人才会不惧怕死亡。这种人具有一种圆满感和满足感。而那种回顾挫败人生的人则体验到失望。看起来似乎令人奇怪，但是体验到失望并不像体验到满足感的人那样敢于面对死亡，因为前者在一生中没有实现任何重大的目标。

如果这一阶段的危机得到成功地解决，就形成智慧的美德。如果危机得不到成功地解决，就会形成失望和毫无意义感。

老年人对死亡的态度直接影响下一代儿童时期信任感的形成。因此，第八阶段和第一阶段首尾相连，构成一个循环或生命的周期。

埃里克森认为，在每一个心理社会发展阶段中，解决了核心问题之后所产生的人格特质，都包括了积极与消极两方面的品质，如果各个阶段都保持向积极品质发展，就算完成了这阶段的任务，逐渐实现了健全的人格，否则就会产生心理社会危机，出现情绪障碍，形成不健全的人格。

从上面可以看到，个性自我的形成与社会文化与环境因素具有密切关系，自我与社会生活在个体人格发展中具有非常重要的作用。埃里克森的八阶段论是他临床经验的总结，还缺乏理论上的论证。但可以肯定的是，人生在不同的发展阶段，既具有独特的、关键的发展任务，也有一般性的发展任务。因此既要坚持马克思主义的重点论，又要坚持马克思主义的全面发展观，做到辩证统一，不走极端。此外，各阶段的年龄界限也不是绝对的。在不同的时代、民族、文化、社会环境下，各年龄界限肯定会有所变化。总之，我们不同死板、僵化地对待这些理论。

第六章　个体道德发展影响因素论

　　个体道德在发展的过程中，会受到许多因素的影响。根据马克思主义一般原理，我们可以把这些因素划分为外因与内因。马克思主义原理指出：在事物发展过程中，外因是条件，内因是根本，外因通过内因而发生作用。在个体道德发展过程中，主要的外因是自然环境和社会环境（社会大环境、家庭小环境和家庭外的直接生活中环境）等，内因主要有人性、遗传、个体的主观能动性与个体实践活动等。

　　人性问题前面已经探讨过。无论社会如何发展，如何文明化，人依然主要是一个生物性的人，要追求自己的生存、安全、发展、快乐、幸福等，有各种情感、欲望、需要以及理性、交往性、对话性、实践性、合群性等基本属性。

一、遗传对个体道德发展的影响

　　学术界一般认为：遗传不决定人的发展。因为表面上看起来，遗传是"静"的状况，就像地质、地层。但是，地质、地层实际上是在缓慢地运动、变化的，积累到一定时候，火山、地震就爆发了，产生出巨大的能量。学术界之所以认为遗传不决定人的发展，实际上是认为在事物发展过程中起决定作用的因素是唯一的。这是一种形而上学的发展因素观。许多事物在发展过程中会受到许多因素的影响，其中起决定作用的因素往往不是唯一的，而是许多因素共同形成的合力在发挥决定作用。有时候，一个偶然的、不起眼的因素也可能发挥决定作用。

遗传在个体的道德发展中起着提供一定的物质基础的作用。个体的基因、本能，个体神经系统的物质、结构、功能，乃至个体的身高、性别、相貌，等等，都可能对个体的道德发展有不同程度的影响。所谓"种瓜得瓜，种豆得豆"、"龙生龙，凤生凤，老鼠的儿子会打洞"，都是遗传决定的。

人类也一样。你是一个天才，还是笨蛋，就是遗传决定的。我们绝大部分人都是普普通通、平平凡凡的人，是因为我们绝大部分人的遗传素质也是普通的、一般的。生下来就眼瞎的人，无论怎样奋斗，都不可能成为画家。张飞、李逵这样的人，脾气之所以暴躁，显然是遗传决定的。

案例一：吉姆兄弟的相似性①

吉姆兄弟是一对同卵双生子，在出生时就被分开，被两个不同的家庭收养。他们一直处于分离状态，直到39岁时才第一次见面。这是1979年的事情。当施普林格得知自己还有一个孪生兄弟路易斯、住在中西部之后，他于1979年2月9日打了电话，取得了联系。三周后，他成了哥哥婚礼的伴郎。

初次见面，兄弟俩就发现彼此有着许多惊人的相似之处。他们身高均为6英尺，体重均为180磅；都结过两次婚；他们两任妻子的名字都相同，第一任妻子的名字都叫琳达，第二任妻子的名字都叫贝蒂；每个人都有一个儿子叫詹姆士；他们的工作也相似，都是兼职的县治安官；都喜欢抽沙龙薄荷烟，喝米勒建兴啤酒；都患有同样的头痛综合症，有咬手指甲的习惯；都喜欢把给妻子的情书满

---

① ［美］兰迪·拉森、戴维·巴斯：《人格心理学》，郭永玉等译，人民邮电出版社2011年版，第149、157页。

屋子乱扔；他们都喜欢同一类型的电视节目，都使用同一个牌子的牙膏，都养着一只杰克拉塞尔狗，等等。在标准化的人格测验中他们的得分也相似，如责任心强、情绪稳定。

当然，他们还是有差异。一个擅长写作，一个擅长演说。他们的发型不同，一个梳向前额，一个梳向后面。

遗传对人格的影响是显著的。例如在支配性上，同卵双生子之间的相关是 $+.57$，而异卵双生子之间的相关只有 $+.12$。[①] 研究者对明尼苏达双生子库的 353 对男性双胞胎的精神病特质进行了研究，精神病特质包括马基雅维利主义（以操控他人为乐）、冷漠、冲动的反世俗性（对社会传统漠不关心）、大胆、责备外化（因为自己的问题而责备他人）和压力免疫力。研究表明，所有这些精神病特质都表现出中等至较高的遗传率。例如："冷漠"的 r_{mz} 是 $+.34$，R_{dz} 是 $-.16$；而"大胆"的 r_{mz} 是 $+.54$，R_{dz} 是 $.03$。[②]

一项对 296 对日本双生子的研究揭示出 Cloninger 提出的七因素人格（包括新奇寻求、避免伤害、奖励依赖和坚韧性等）具有中等程度的遗传率。一项用观察法对德国的 168 对同卵双生子和 132 对异卵双生子进行的研究，发现"五大"人格的遗传率为 $.40$。[③] 综合行为遗传学对重要人格特质的研究，如外向性、随和性、尽责性、精神质、开放性，"得出遗传率的估计范围为 $.20$—$.45$。总的来说，重要人格特质明

[①] ［美］兰迪·拉森、戴维·巴斯：《人格心理学》，郭永玉等译，人民邮电出版社 2011 年版，第 158 页。

[②] ［美］兰迪·拉森、戴维·巴斯：《人格心理学》，郭永玉等译，人民邮电出版社 2011 年版，第 162 页。

[③] ［美］兰迪·拉森、戴维·巴斯：《人格心理学》，郭永玉等译，人民邮电出版社 2011 年版，第 162 页。

显显示出了中等程度的遗传率"。①

态度与偏好是人格的一部分。明尼苏达双生子研究的结果显示，传统主义（对保守价值的支持超过对现代价值的支持）的遗传率为.63。一项对生活在澳大利亚的2000多对双生子的研究发现，在传统主义上，同卵双生子的相关系数是.63，异卵双生子的相关系数是.46，遗传率大约是.34。（在这里，遗传率等于同卵双生子的相关系数减异卵双生子的相关系数，再乘以2，即：$0.63 - 0.46 = 0.17$，$0.17 \times 2 = 0.34$）一项对科罗拉多收养计划的654名收养和非收养儿童进行的纵向研究表明，遗传对保守态度有显著影响。此外，"基因似乎还影响职业偏好"。在一项大规模的调查中，研究者要求居住在加拿大和美国的435名被领养子女和10880名亲生子女从14个方面评价一些具有良好前景的工作，结果发现：亲生子女中有71%的相关达到了统计学上的显著性；而被领养子女中只有3%的相关具有统计学意义（说明抚养环境没有产生任何效应）。②

让人惊奇的是，吸烟与饮酒也具有一定的遗传性。一项对澳大利亚双生子的研究发现，两个同卵双生子都吸烟的概率比仅有一个吸烟的概率高大约16倍；而异卵双生子的概率只有7倍左右。这证明"吸烟和饮酒存在遗传性"。对荷兰的1300个青少年双生子的研究也得出了相似的结果。总之，"大部分研究显示，饮酒行为对两性来说均具有中等的遗传率，其范围是.36—.56。就像罗斯总结的那样：'成年人的饮酒模式是稳定的，遗传在其中起了很大的作用。'"与日常饮酒习惯相比，对酗酒的遗传学研究表明，"酗酒具有更高的遗传性。实际上，几乎所有关于酗酒的行为遗传学研究都显示，酗酒的遗传率为.50或者更高。

① ［美］兰迪·拉森、戴维·巴斯：《人格心理学》，郭永玉等译，人民邮电出版社2011年版，第163页。
② ［美］兰迪·拉森、戴维·巴斯：《人格心理学》，郭永玉等译，人民邮电出版社2011年版，第163页。

其中一项研究发现，男性酗酒的遗传率为.71，女性为.67。有趣的是，同样的研究还发现酗酒和'行为异常'（反社会行为）之间具有遗传学的联系。它表明这两种基因可能同时存在于同一个体身上。"[1]

当今，行为遗传学的研究已经进入到了分子遗传学的水平。分子遗传学，即研究某个或某些特定基因对行为的影响。被研究最多的基因是位于第 11 号染色体短臂上的 D4DR 基因。这种蛋白基因编码被称为多巴胺受体，其功能是对多巴胺做出反应。与 D4DR 基因相关的人格特质是新奇寻求，表现为寻求一种新奇体验的倾向，特别是那些相当冒险、危险的倾向，如吸毒、冒险的性活动、赌博、飙车等。现在，分子遗传学已经指出，实际上人的任何一种行为并非一个基因决定的，而是许多基因共同作用的结果。

基因影响行为的具体过程是非常复杂的，其中一个方面是基因对神经递质的调节。影响行为的神经递质主要有多巴胺、5－羟色胺、去甲肾上腺素等。遗传决定气质，气质决定或影响性格，性格决定命运，而道德品质是性格的一部分。

目前，行为遗传学研究的总的结论基本上是："人格特质的 30%—50% 受遗传影响，50%—70% 受环境影响。"[2] 另一方面，遗传与环境本身并非稳定而毫不相关，遗传、本能的形成是长期的环境作用的筛选结果，二者是相互作用的。此外，遗传与环境是共同作用在个体身上的，例如：父母把语言能力的基因遗传到孩子身上，又从小在家里堆满书籍，注重语言教育，那么孩子的语言天赋就表现得非常好；反之，如果孩子刚出生就成了"狼孩"，那么语言能力就难以表现出来了。

---

[1]　［美］兰迪·拉森、戴维·巴斯：《人格心理学》，郭永玉等译，人民邮电出版社 2011 年版，第 166 页。

[2]　［美］兰迪·拉森、戴维·巴斯：《人格心理学》，郭永玉等译，人民邮电出版社 2011 年版，第 174 页。

案例二：经典实验：人的本性是天生的吗？

1979 年，美国明尼苏达大学的托马斯·鲍查德、戴维德·莱肯及其助手们开始对遗传在人格发展中的作用问题进行研究。如何研究呢？基因、神经系统等是看不见的，不同人之间的遗传差异也很难测量。只有一种情况最清楚：同卵双胞胎具有完全相同的遗传。因为所谓同卵双胞胎，就是一个受精的卵子，后来发生分裂，变成两个完全相同的胚胎，再发育成两个人。双胞胎除了有同卵双胞胎外，还有异卵双胞胎。异卵双胞胎是两个卵子分别与精子结合，形成两个受精卵，发育成两个胚胎，最后发育成两个人。异卵双胞胎在遗传上其实就和非双胞胎的兄弟姐妹一样，仅仅是同时受孕、怀孕而已。

经过认真而周密地准备、设计，鲍查德和莱肯从 1983 年便开始鉴定、寻找同卵双胞胎，并将他们集中起来。他们最终找到了 56 对分开养育的同卵双胞胎（MZA），这 56 对双胞胎来自美国等 8 个国家，他们同意参加为期一周的心理测验和生理测量。在进行进一步研究分析后，鲍查德等人于 1990 年完成了这篇研究报告。他们将这些从小就分开长大的双胞胎与那些在共同家庭环境中成长的同卵双胞胎（MZT）进行比较，得出了惊人的发现，在整个生物与行为科学领域引起了巨大的反响。

方法：被试

第一个挑战就是要寻找那些早年分离、成长环境不同、成年后才相聚的同卵双胞胎。研究者要进行这项研究的消息以口头传播方式流传开来以后，找到了许多被试。双胞胎本人、朋友或家庭成员与明尼苏达双胞胎收养和研究中心取得联系，该机构里从事各种社会公益事业的专业人员也在其中协助进行联系工作。有时，也会出现双胞胎之一与中心取得联系并寻求帮助的情况，他们希望找到自己的兄弟姐妹。所有的双胞胎在参加研究之前均经过检测以确保他们确实是同卵双胞胎。

程序：

在一周之内，每一名被试完成了将近 50 小时的测试，测试内容几乎涵盖你可以想到的每个维度。他们完成了四种人格特质量表、三种能力倾向和职业兴趣问卷、两项智力测验。另外，被试还要填写一张家用物品清单（例如：家用电器、望远镜、艺术珍品和《辞海》等），以评估其家庭背景的相似性；一张家庭环境量表以测量他们对养父母方式的感受。他们还要进行个人生活史、精神病学以及性生活史等三次访谈。每名被试的所有项目全部分开独立完成，以避免一对双胞胎间存在不经意的相互影响。

结果：见下表

分开养育的同卵双胞胎（MZA）与养育在一起的
同卵双胞胎（MZT）在某些特征上的相关系数（R）的比较

	特征	R（MZA）	R（MZT）	相似性 R（MZA）/R（MZT）
生理	脑电波活动	0.80	0.81	0.987
	血压	0.64	0.70	0.914
	心率	0.49	0.54	0.907
智力	韦氏成人智力量表	0.69	0.88	0.784
	瑞文智力测验	0.78	0.76	1.030
人格	多维人格问卷(MPQ)	0.50	0.49	1.020
	加利福尼亚人格问卷	0.48	0.49	0.979
心理兴趣	史特朗－康久尔兴趣问卷	0.39	0.48	0.813
	明尼苏达职业兴趣量表	0.40	0.49	0.816
社会态度	宗教信仰	0.49	0.51	0.961
	无宗教信仰社会态度	0.34	0.28	1.210

上表显示了分开养育的同卵双胞胎（MZA）在某些特征上的相似

性，也包含了养育在一起的同卵双胞胎（MZT）在该方面的测量结果。相似程度在表中用相关系数或相关值"R"来表示。相关系数越大，其相似程度越高。

逻辑假设：若个体的差异是由环境引起的，则在相同环境下成长起来并养育在一起的同卵双胞胎与分开养育的同卵双胞胎相比，其个体特征应更相似。正如你所看到的，研究者所发现的并非如此。

将MZA双胎胎间每种特征的相关系数与MZT双胞胎间的相关系数相除，所得数值列在表1的最右一列，这列数值表示两类双胞胎在每种特征相似性上的差异。如果两个相关系数相同，则相除以后的结果是1.00；如果它们完全不同，则相除以后的结果会接近0.00。仔细观察表1中最右列的数据，就会发现MZA双胞胎和MZT双胎胎在每种特征上的相关系数惊人的相似，即其比值大多接近于1.00，没有低于0.70的。

我们还可以分别看从小分开养育的双胞胎、共同环境中长大的双胞胎，并对这两种情况进行比较。其实，两类双胞胎在各项上的得分差异并不显著，这就表明：环境差异并未对双胞胎的身心发展造成显著影响。从小分开长大的双胞胎之间的差异，与不分开长大的双胞胎之间的差异相比，并不显著。

案例三：都是基因惹的祸：父与子作案手法如出一辙

1981年，18岁的大卫·加尔布雷思和他15岁的女友米歇尔搭乘老沃德·韦弗的卡车去怀里卡，但是老沃德·韦弗却将他俩带到了他在奥罗维尔的家中。老沃德·韦弗指使一个同伙用枪将加尔布雷思打死。他在几天中多次强奸米歇尔。他还告诉米歇尔，他要将她当作他的女儿。但不久，他却将米歇尔扔在了马里斯维尔的郊外。

1976年，老沃德·韦弗，在尤里卡遇到了一个下夜班的女招待。在停车场，他用球棒将那个女招待击倒，并把她拖进他的卡

车。在老沃德·韦弗开车之前，女招待挣扎着逃脱，他因此而被判
3年监禁。

在监狱里，老沃德·韦弗有一次向他的室友吹嘘，他曾杀害了
18岁的罗伯特·拉德富德和他的女友芭芭拉·利维尔。老沃德·
韦弗说，他用铁管子将拉德富德打死。他两次强奸了利维尔，并且
在她反抗时，他还用尿布将她蒙死。事后，老沃德·韦弗将她的尸
体埋在了自家后院中的水泥板下。

老沃德·韦弗的儿子叫沃德·韦弗三世（小沃德）。1986年，
小沃德用一根12磅重的水泥棍袭击15岁的乔斯林·奥德娜和她16
岁的姐姐詹尼弗。詹尼弗·奥德娜曾将小沃德·韦弗当作她的朋
友。在最近的一次采访中，她讲到了她在遭到小沃德·韦弗袭击时
的惊讶。她大声叫着："你要干什么？我是詹尼弗。"小沃德·韦
弗并未作答。她俩最终逃出了他的魔爪。第二天，警察逮捕了小沃
德·韦弗，他被判入狱3年。

出狱不久的某年11月，小沃德·韦弗因强奸他儿子19岁的女
朋友而再次入狱。

后来，美国俄勒冈市两个女学生失踪。随后，警察在小沃德·
韦弗家的后院发现了这两个女学生的尸体。这种情况就连那些经验
丰富的侦探也感到很迷惑，他们都有些该案似曾相识的感觉。警察
将杀人犯的详细资料列了出来：

根据法院记录和对他们家庭成员的采访，父子两人从小便经常
污言秽语，满口脏话；两人都曾因强奸亲戚而被告上法院，最后被
判无罪；两人都曾因虐待动物而成为被告，但最后也被判无罪；两
人还喜欢在野外活动，猎杀动物；两人都曾在军队服役；两人都有
过两次失败的婚姻；两人都有5个孩子；两人都有对妇女实施暴力
的记录。

在小沃德·韦弗的成长过程中，老沃德·韦弗对他并没有直接

的影响。因为在小沃德·韦弗4岁时，父子两人便已经不在一起生活了。

父母离异后，小沃德·韦弗由母亲的第二任丈夫抚养。据沃德·韦弗家的几个亲戚讲，他的这位继父性情急躁，经常满口脏话。但是，老沃德·韦弗还是对小沃德·韦弗的成长有所影响。辩护律师霍夫曼说，在小沃德·韦弗21岁时，他曾出席了法庭对他父亲的审判。小沃德·韦弗也到监狱看望过他的父亲。

科学家们曾经对数千名儿童进行了跟踪调查，希望了解是什么东西影响他们的行为。根据这些调查结果，研究人员相信，至少50%的人类行为都是基因作用的结果。

南安普敦大学和瑞典卡罗林科萨研究院的科学家说，对孪生儿的研究结果显示，遗传影响蛮横和好斗行为。根据一个由数所知名大学的科学家组成的独立研究小组的研究结果表明，基因甚至影响社会观点，如偏爱过山车、对死刑的看法等。

尽管如此，却没有人能够抑制相关基因的变化。麻省理工学院的认知科学家、《空白记录：人性的现代否定》一书的作者史蒂文·宾克说："毫无疑问，一个人的品质主要受基因影响。我知道，数万种基因一同作用，便会对人类思想造成巨大的影响。"

案例四：不可思议的罪犯

有一个囚犯，出生于荷兰，我们姑且称之为X。在他23岁时，有一天晚上，只有他和姐姐在家。他来到姐姐的房间，原打算与姐姐随便聊聊，可是见到她后，邪念竟然莫名其妙地产生，而且难以抑制。此前他就经常不分场合地对女性产生性欲，这次他再也忍不住了，竟然不顾一切地强奸了自己的姐姐。X因强奸罪而被判刑入狱。在狱中，囚犯 X 接受了精神病治疗，他似乎变得平和一些，心理状态趋于正常。然而，他暴戾本性很快又露了出来，经常与其他囚犯打斗，有一次甚至毫无来由地用干草叉刺伤了监工。

囚犯 X 的一名亲戚去看医生时，对医生谈起了对自己家族历史的担忧。她告诉医生，囚犯 X 并非这个家族唯一出问题的人。当她还小的时候，她自己的哥哥曾经拿着刀子强迫她脱掉衣服；她的另一名亲戚曾经试图用车压死自己的老板；另外两个男性亲戚犯过纵火罪；还有一个男性亲戚有露阴癖，而另一个则有观阴癖。这些问题男孩对自己的姐妹骚扰非常严重，以至于一些女孩因此逃离了家庭。

她的讲述引来了专家对该家庭历史的研究。专家们发现，接受详细调查的所有 8 个男人都有智力障碍，他们都内向、害羞，没什么朋友，他们都有较强烈的暴力倾向，一件看起来很小的事情就能让他们勃然大怒。调查发现，这个家族的问题至少已经持续了 5 代，前后有几十个人患有这种奇怪的病，其症状都是智力障碍、性攻击和暴力行为，得病者都是男性，而该家族的女性没有任何人表现出这类症状。

荷兰基因学家汉斯·布伦纳和他的同事在分析了该家族成员的 DNA 之后发现，这个家族的所有问题男人的一个具体标记基因都发生了独特变异，这个变异基因不让细胞制造单胺氧化酶 A，一种分解5—羟色胺的酶。没有了这种酶，5—羟色胺在大脑中的含量就会减少，人的攻击性行为就会变得强烈。

5—羟色胺是大脑中的一种小而简单的化学分子，但它对人的大脑具有至关重要的影响。研究表明，如果大脑中5—羟色胺含量高，这种人就容易患上抑郁症，自己对自己不满；反之，如果5—羟色胺含量低，这样的人就易对他人愤怒，有强烈的攻击倾向。不管一个人是对自己还是他人发怒，是自我抑郁还是攻击他人，5—

羟色胺都在起作用，5—羟色胺就是使人感觉不好，有科学家说它是"大脑的惩罚物质"。

案例五：最具暴力的"超级男性"

20 世纪 60 年代，在一个盛夏的深夜，芝加哥的一家医院在忙碌了一天之后显得异常宁静，只有一些护士在值班。天气有些闷热，几个年轻的护士在值班室里聊着小报上的八卦新闻。这时，一个高大粗壮的黑影闯进了医院，随后，医院里隐隐传出几声惊慌的尖叫。

第二天，院方发现，昨晚值班的八个护士一起失踪了。几天后，警方在市郊的荒野找到了整齐排列的八具女尸。高温下尸体已经开始腐烂，落满了蚊蝇，现场惨不忍睹。尸检结果显示，其中两个最漂亮的护士被强奸过；受害人的每一部分肢体都被匕首深戳了数十刀，致命伤在颈部：受害人的脖子显然被一遍遍地切割过。最让人侧目的是，八个人的内脏都被挖走了。

凶手很快被抓获，这个令人既憎恶又恐怖的凶手名叫理查德·斯帕克，被当时的报章称为最具暴力的"超级男性"。

凶手的极端凶残引起了医学界的关注，专家们全面检查了理查德·斯帕克的身体，终于发现了一个惊天秘密。原来，正常人的体内都有 46 条染色体，而凶手理查德·斯帕克却多了一条 Y 染色体，这在医学上叫作 47XYY 综合症。额外的 Y 染色体是由于父亲的生殖细胞在减数分裂时，染色体不分离所致。由于是男性，又多了一条与男性有关的染色体，患上这种病的人就太男性化了，身材高大，动作不协调。更重要的是，他们比一般男性更加脾气暴烈，进攻性强，容易犯罪，包括性行为不当而犯罪。

根据统计数字，47XYY 综合征患者中刑事犯罪率较正常人群为高，大约可达几到十几倍。在普通群体中，每 1000 个男性中具有两条 Y 染色体的仅有 1 人，但在一些监狱犯人中，这个比率高出了 5 倍，在极个别监狱中这个比率甚至会高出近 20 倍！

从一定程度上来说，凶手理查德·斯帕克和囚犯 X 其实都是基因变异的牺牲品。一般来说，有些人之所以沦为罪犯一个主要原因是他们所处的社会环境很差，尤其是如果他们童年时代受到虐待，成人后就容易出现过激甚至犯罪行为。但是，根据最新的研究结果，一些人面对压力时表现得比别人更脆弱是因为他们有一种特殊的变异的基因。有这种基因的人，出现偷盗、横行霸道等反社会行为的可能性比别人高得多。

1966 年 1 月，以色列和美国科学家发现，人类的第 11 号染色体上存在的 D4DR 基因与人类的性格有关，它决定一种喜好追求新奇的性格。具有这种性格的人总想寻求新的刺激，富于冲动，喜欢冒险。与这种性格特征相反的是：喜欢思考、冷漠、沉着、拘谨、恬淡寡欢。

我们知道，人类的染色体一般是 23 对：其中 22 对常染色体，一对性染色体 XY。但是，在某些情况下，性染色体可能畸变为 XXY 和 XYY。其中科学家们对 XYY 型研究比较多。具有 XYY 型染色体的男性所出现的生理与人格变化，称为 XYY 综合征，首先在 1961 年被揭示。

XYY 综合征的发生率约为 1∶1000。该类患者在儿童期症状不显著。成年患者的主要表现为：身材特别高，智力比较差（智商大都在 60—79 之间）；一般认为 XYY 患者缺少自制力，脾气暴烈，易激动，具有所谓抗社会性格，并认为在罪犯中 XYY 患者比较见（但最近的研究指出这种现象被夸大了，确实 XYY 患者要比正常男性显示出较强的抗社会性格和易于犯罪，但和智力低下所致的教育效果不好也有关系）。

染色体异常（畸形）的类型还有几种，各种染色体异常的患者在生理、人格上都有明显的变化。如性染色体为 XXY 者，这类患者犯罪率也有增高，与 XYY 者相近（这就从反面说明多一条 Y 染色体不是决定因素，起决定作用的应是二者具有的智能低下与中枢神经系统异常）。

还有一种变异型是 49, **XYYYY**, 性格极暴烈, 具破坏性。而 48, **XYYY** 患者较少见。又如 **XXX** 者, 这类患者躯体外形特征不显著, 性征发育如常, 多数可有不同程度的智力发育障碍, 心理个性发育易受不良环境影响, 从而导致人格偏离, 可表现为伦理道德观念淡薄、行为放荡、粗野, 甚至出现暴力、凶杀等社会行为或发生某些精神障碍。**XXX** 发生率约为 1/2000。

看来, 我们以前关于男性、女性的观念需要更正。以前一般认为: 性染色体为 **XX** 者为女性, **XY** 型为男性。但是现在发现了其他各种基因组合, 如: **XXX** 为偏女性化的女性 (超女); **XXY** 为偏女性化的男性; **XYY** 为偏男性化的男性 (超男); **XYYY** 为更加偏男性化的男性 (猛男); 而 **XYYYY** 为超级男性 (暴男) 了。

性染色体变异、人格变异与行为反常的人毕竟少见。我们大部分人的人格和行为是正常的, 这很可能是因为我们的性染色体是正常的。

总之, 先天因素与后天因素在人的发展中的作用是相互制约、相互影响、此消彼长的关系, 其中后天因素起着积极、主导的作用: 如果后天因素作用不力, 没有足够的压力控制先天因素, 那么先天因素的作用就大力发挥出来, 如图 9 中的 **A**。

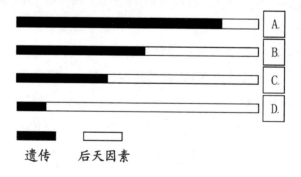

遗传   后天因素

图 9   先天因素与后天因素相互作用图

如果后天因素复杂, 如一个人的生活经历丰富、外在影响因素多,那么后天因素的作用就很大，就能够控制、压抑先天因素作用的发挥，如上图中的 D。介于 A、D 之间的是 B 和 C，这是大部分人的情况。总之，遗传对人的身心发展的影响是：

（1）遗传决定生理物质、结构、机能的初始状态。

（2）遗传决定了心理发展的物质基础、心理前提，遗传是心理发展的土壤、背景、序幕。遗传决定气质、智能，部分决定性格、个性，一定程度上影响品德、能力、技巧。

遗传不直接决定或影响一个人的知识、品德、信念、才能、技术、技巧等，但是直接影响知识、信念、品德、技巧等的物质前提和基础。

（3）遗传因素的成熟机制、遗传决定的生理发展过程与规律制约着个体身心发展的顺序和速度。教育、环境等不能违背这些规律，只有顺应这些规律，才能发挥作用。例如对 7 岁儿童进行高等数学教育，就毫无作用。

总之，遗传和先天因素决定你的平台、起点，后天因素决定你所达到的最后高度。遗传决定你发展的可能性，后天因素实现这种可能性。

二、自然环境对个体道德发展的影响

在我国古代，南方很少出皇帝，北方很少出大商人，山区多出英雄豪杰，江浙多出文人墨客。俗话说，"一方水土养育一方人"。自然环境对个性、人格（包含部分品德、思想观念等）的影响作用主要有：

（1）自然环境首先影响人的生理、身体。一个地方的物产、饮食、气候、地貌等，影响该地人们的身材、外貌、长相、皮肤、毛发，甚至大脑神经系统等。例如长期（以千万年计，而不是以几年、几十年计）生活在寒冷地区的人，身材高大，神经系统较敏感，皮肤较粗糙但肤色较白，鼻梁较高，鼻孔较小。长期生活在热带的人，皮肤颜色深（热而干燥的地区，皮肤多为黑色；热而潮湿的地区，皮肤多为棕色，就像被熏蒸过的），身材多较矮，等等。

（2）自然环境在一定程度上影响人的性格。如山区人多淳朴、善良、老实、循规蹈矩，草原人多奔放、粗犷、热情开放，平原人多细腻、敏感、精思（多出文人墨客），沿海人多灵活、敏捷、敢于冒险与闯荡（下海、下南洋）。

（3）自然环境影响和限制人的生产方式、生活方式，生产与生活方式极大地影响人的思维方式、生活习惯、家庭内外的人际关系和交往方式，最终形成人的性格。这是对个体而言。对群体而言，生产方式和生活方式影响和形成了群体的文明与文化。人们一般把文化类型区分为：海洋文化、大陆文化、草原文化。这就是由自然环境决定的。

在中国古代，为什么自然科学和民主政治发展异常缓慢？两千多年前，古希腊为什么就发展起民主政治和自然科学？这绝对不是因为中国人智商方面有什么问题，显然是自然环境、生产方式决定的。古希腊是一个个的城邦国家，我国春秋战国时期也是一个个的诸侯国。这些诸侯国为什么没有发展出民主政治呢？

我们现在知道的是，中国人与西方人在思维方式上存在根本性差异，就是西方人重逻辑思维与分析，中国人重整体性直觉把握。中国人对世界的认识是以理解、直觉、感悟、体验的方式去做宏观性把握。《易经》、《道德经》、《论语》都如此。这种思维方式的差异，根源就在于自然环境与生产方式的根本差异。两种思维方式的差异，导致中国产生的是中医，西方是西医；中国出现了许多技术成果，西方产生了科学；中国追求"大一统"，西方小国林立。

中国古代也出现过渴望追求自然科学的愿望，如《礼记·大学》提出的"格物"、"致知"。到了宋明时期，理学家们再次表达了追求自然科学的强烈愿望，提出了"穷理"的伟大口号。然而在具体如何着手问题上，一个个聪明绝顶的天才人物无不误入歧途。如朱熹走入了"读书穷理"的错误道路。古代做到了"三不朽"的"两个半"中的一个是王阳明，多么富有聪明智慧！他青年时期就洞穿了朱熹"读书穷理"的错误，决心按正确的途径去格物。于是，他在自家后院的竹林里"格"竹子之"物"，连续七天七夜，晚上就在竹林里睡躺椅上，而不回房睡。毕竟，由于前无古人"格物"的任何经验与方法论指导，又无显微镜、放大镜等基本科研工具与仪器，王阳明筋疲力尽，以失败告终，最终倒向了主观唯心主义，提出了"为善去恶是格物"的方向性错误观点，把追求科学真理的格物变成了追求道德理想的格物。

在个体道德发展与个性品质上，西方人崇尚独立、平等、自由、智慧、冒险、探索等，中国人崇尚和平、团结、仁爱、维护群体利益、尊重和忠诚于上级领导或长辈、遵纪守法等。中国道德目的是群体"维稳"，西方道德目的是个人"幸福"。

总之，自然环境与生产方式的差异，产生了三大文明：海洋文明、草原文明、山陆文明。梁启超曾经羡慕地说："海也者，能发人进取之雄心者也……彼航海者，其所求固自利也，然求之之始，却不可不先置利害于度外，以性命财产为孤注，冒万险于一掷也。故久于海上者，能使其精神，日以勇猛，日以高尚，此古来濒海之民，所以比于陆居者，活气较胜，进取较锐，虽同一种族而能忽成独立之国民也。"

自然环境对个性的重大影响，早为许多大思想家所发现。

古希腊的希波克拉底（Hippocrates）就认为，人类特性产生于气候。

柏拉图认为，人类精神生活与海洋影响有关。

亚里士多德认为，地理位置、气候、土壤等影响个别民族特性与社会性质，希腊半岛处于炎热与寒冷气候之间，赋予希腊人以优良品性。

16世纪初期法国历史学家、社会学家博丹（Jean Bodin）在他的著作《论共和国》中认为，民族差异起因于所处自然条件的不同。

法国启蒙哲学家孟德斯鸠（Mon‐tesquieu）在《论法的精神》一书中，将亚里士多德的论证扩展到不同气候的特殊性对各民族生理、心理、气质、宗教信仰、政治制度的决定性作用，认为"气候王国才是一切王国的第一位"，热带地方通常为专制主义笼罩，温带形成强盛与自由之民族。

真理向前一步就是谬误。亚里士多德、博丹、孟德斯鸠等就是因为向前多走了一步，所以得出了政治形式由自然环境决定的错误观点。这种偏激、片面的观点就是环境决定论。与此相反的另一个极端是文化决定论。

德国探险家和科学家亚历山大·洪堡（Humboldt Alexander 1769 – 1859，洪堡大学创办者威廉·冯·洪堡的弟弟）曾经说过："我要努力证明自然条件对道德和人类命运的经常的、无所不在的影响。"

辩证的、科学的观点是马克思主义的观点。马克思主义的自然环境观与文化观是统一而非对立的关系。

马克思、恩格斯认为，在人类文明初期，某一地理环境对成长于其中的那个人类共同体的物质生产活动情况具有决定性的影响，并进而决定那个人类文明的类型及其发展进程。马克思指出，在人类历史初期，"不同的共同体在各自的自然环境中，找到不同的生产资料和不同的生活资料。因此，它们的生产方式、生活方式和产品，也就各不相同"。

恩格斯在对古代欧洲大陆与美洲大陆的自然条件和社会历史发展情况进行比较时指出，欧洲大陆与美洲大陆在可供人类利用的动物、植物资源方面存在着很大的差异，欧洲大陆"差不多有着一切适于驯养的动物和除一种以外一切适于种植的谷物"；而在美洲大陆，在适于驯养的哺乳动物中，只有羊驼一种，并且只是在南部某些地方才有，在可种植的谷物中，也只有玉蜀黍。自然条件的这些差异，使这两个大陆形成了不同类型的物质生产活动，"两个半球上的居民，从此以后，便各自循着自己独特的道路发展，而表示各个阶段的界标在两个半球也就各不相同了"。

在孟德斯鸠那里，地理环境与人类社会的关系是这样的：地理环境决定人的气质性格，人的气质和性格决定法律及政治制度。马克思、恩格斯的认识则是这样的：地理环境决定人的物质生产活动方式，人的物质生产活动方式决定社会、政治及精神生活。

当人们在从事某种具体的物质生产活动，"作用于他身外的自然并改造自然时，也就同时改变他自身的自然"，"通过生产而发展和改造着自身，造成新的力量和新的观念，造成新的交往方式、新的需要和新的语言"；"物质生活的生产方式制约着整个社会生活、政治生活和精神生活的过程"。

马克思、恩格斯关于地理环境与人类社会关系的学说，可以说也是一种"地理环境决定论"，但这是唯物史观的"地理环境决定论"，与以孟德斯鸠为代表的"地理环境决定论"存在着重大区别。①

三、社会环境对个体道德发展的影响

社会环境不是一个单一的因素，而是多因素的总和。从社会环境的构成要素看，社会环境包括物质生产活动及其方式（经济）、政治、文化、日常生活与交往等。从对个体作用的方式看，社会环境包括社会大环境（时间上包括从过去到现在，空间上包括个体直接接触的环境之外的省、国、世界等）、社会小环境（家庭）和社会中环境（除了家庭之外的个体直接参与其中的环境，如学校、居住区）。从存在方式看，社会环境包括真实的社会环境与二次社会环境（图书、电视、广播、网络、手机）等。

社会环境对个体道德发展的影响是非常巨大的。法国唯物主义哲学家爱尔维修曾经说过："人是环境的产物。"马克思则明确指出："人创造环境。同样，环境也创造人。"（《德意志意识形态》）

马克思辩证唯物主义认为，物质第一，精神第二，物质决定意识。

---

① 李学智：《"地理环境决定论"的谬误与正确——从孟德斯鸠、黑格尔到马克思》，《中国社会科学院报》2008年11月13日第8版。

马克思历史唯物主义认为，社会存在决定社会意识。个体的道德是意识的一部分，当然就是由个体的物质决定的，即由个体的一切社会关系的总和决定的。马克思深刻指出："个人怎样表现自己的生活，他们自己也就怎样。因此，他们是什么样的，这同他们的生产是一致的——既与他们生产什么一致，又与他们怎样生产一致。因而，个人是什么样的，这取决于他们进行生产的物质条件。"① 马克思高度总结性指出："人的本质并不是单个人所固有的抽象物。在其现实性上，它是一切社会关系的总和。"②

从进化论的角度看，"人是环境的产物"是正确的。例如，在流动、开放、市场经济、信息社会时代，以前所谓老实巴交、淳朴善良的人，现在也发生了很大的变化，懂得如何保护自己、如何在复杂的社会中获取自己的生存资源。

人是环境的产物，人是社会的产物，人是文化的产物……真理如果继续向前走，就会步入片面、极端、谬误。但是，专家的工作性质决定了他们必然会步入片面、极端，否则就不深刻。不深刻就显得没有深度和创造性。所以，文化学与人类学者们必然会提出："我们应当把人定义为符号的动物。"③

我们在学习班杜拉的社会学习理论时，就发现：儿童的许多道德或不道德行为是从社会上通过观察、榜样、暗示等途径不自觉地学会的。反过来说，社会环境对人的道德发展会产生重要的影响。

著名的"羊群效应"以及从众心理就反映了社会环境对个体的重要影响。

---

① 人民教育出版社教育室编：《马克思恩格斯列宁论教育》，人民教育出版社 1993年版，第 66 页。
② 人民教育出版社教育室编：《马克思恩格斯列宁论教育》，人民教育出版社 1993年版，第 65 页。
③ ［德］恩斯特·卡西尔：《人论》，甘阳译，上海译文出版社 2004 年版，第 37 页。

羊群效应

羊群效应是指人们经常受到多数人影响，而跟从大众的思想或行为，也被称为"从众效应"。人们会追随大众所同意的，自己并不会思考事件的意义。羊群效应是诉诸群众谬误的基础。经济学里经常用"羊群效应"来描述经济个体的从众跟风心理。羊群是一种很散乱的组织，平时在一起也是盲目地左冲右撞，但一旦有一只头羊动起来，其他的羊也会不假思索地一哄而上，全然不顾前面可能有狼或者不远处有更好的草。因此，"羊群效应"就是比喻人都有一种从众心理，从众心理很容易导致盲从，而盲从往往会陷入骗局或遭到失败。

从众心理

从众心理即指个人受到外界人群行为的影响，而在自己的知觉、判断、认识上表现出符合于公众舆论或多数人的行为方式，而实验表明只有很少的人保持了独立性，没有被从众，所以从众心理是大部分个体普遍所有的心理现象。造成人产生从众心理的原因是多方面的。从众心理源于个体对群体的归属感、接纳感、认同感。很多时候我们不得不放弃自己的个性去"随大流"。追求时尚、潮流、追星，都是从众心理的一些表现。

巴奴越的绵羊

拉伯雷《巨人传》中的故事：巴奴越受羊贩邓特诺诟辱，乃购其一羊驱之入海，群羊见之均起而效尤，纷纷投海，卒至羊贩邓特诺于抢救时亦溺死海中。今以巴奴越绵羊喻盲从之众。

松毛虫实验

法国科学家让·亨利·法布尔曾经做过一个松毛虫实验。他把若干松毛虫放在一只花盆的边缘，使其首尾相接成一圈，在花盆的不远处，又撒了一些松毛虫喜欢吃的松叶，松毛虫开始一个跟一个绕着花盆一圈又一圈地走。这一走就是七天七夜，饥饿劳累的松毛虫尽数死去。而可悲的是，只要其中任何一只稍微改变路线就能吃到嘴边的松叶。

四、家庭和学校对个体道德发展的影响

家庭是人的第一所学校，父母是人的首任教师。家庭的环境与教育对个人的个性、人格的形成影响巨大。家庭中，首先是父母的关系、感情，对孩子个性发展影响非常大。父母感情深、关系融洽、恩爱，从不或很少当着孩子的面而红脸、吵架，对孩子养成健康的人格是很大的促进。家里所有成员之间的关系、感情，对孩子的发展都有重要的影响。家庭成员的娱乐爱好、谈话主题、言行举止、生活习惯与生活方式等等，无不对孩子的个性产生深刻影响。

我们发现，凡是缺乏父母关爱的家庭（由爷爷奶奶、外公外婆等人带大）、单亲家庭，孩子往往会不同程度地存在心理与人格问题。一般而言，父亲对男孩成长的影响相对母亲而言更大，母亲对女孩成长的影响相对父亲而言更大。大凡父亲酗酒、打架、赌博，儿子多半也会酗酒、打架、赌博。真是"有其父，必有其子"！因为男孩长大之后是要做男人，所以他们往往以接触最多、关系最密切的父亲为榜样。

成长到一定年龄（3—7岁左右），孩子走出家庭、进入时间最长的地方，就是学校（包括幼儿园）。因此，学校是孩子成长的第二摇篮。

关于学校、家庭在个人身心发展中的重要影响、作用，不仅教育与心理界的人们还包括许多领域的人们已经研究和谈论了太多、太多（诸如《＊＊家书》等）。这里不再赘述，仅强调一点：一定要让学生在学校有主人翁的感觉，要让学生能够感觉到平等、被关心、被尊重。此外，我国的教育学教科书多指出：在影响个体身心发展的各种因素中，

学校教育起着主导乃至决定作用。这是不太正确的。所谓"主导或决定作用"，不完全是事实，而是教育学者们的一种期望、愿望，希望学校教育发挥主导或决定作用。事实上，许多人在接受了三五年乃至八九年的学校教育之后，学校教育并没有对他们的人生发挥主导乃至决定作用。因为这些人在学校被忽视、不被重视，处于边沿。因此，个体在学校教育中究竟受到多大影响，绝对不能一概而论，而是要具体个人具体分析。不同的个人，学校教育对其影响作用肯定不完全相同。即便两人是在同一个学校、同一个班级，他们受到的影响也不完全相同；即便相同的教育教学与班级影响，对他们个人发生作用的效果也不完全相同。因为内因对外因的转化是因人而异的。同样的外因，有的人是同化，有的人是顺应，有的人是抗拒、抵制，等等。不仅有量的大小差异，还有正或负、积极或消极的差异。

环境影响人的道德发展的特点

（1）人越小，受环境影响越大。人越大，受环境影响越小。人的文化水平越高，受环境影响相对越小；文化水平越低，受环境影响越大。

（2）环境对人的影响的个体差异大。即：在同样的环境里，不同人受环境影响的大小不一样。有两种人：

场依存性：这样的人受环境影响大，独立自主性较差，容易追时髦，人云亦云。

场独立性：这类人喜欢个人钻研、独立思考和学习，不易受到暗示，自信、自尊心强。但是场独立性的人社会敏感度和社交技能往往偏低，与人交往时也很少能体察入微。

（3）环境影响是自发的、客观的、潜移默化的。

五、个体的主观能动性与实践活动对道德发展的影响

影响个体道德发展的内因有遗传、本能、人性（需要、欲望、情绪

情感、归属感、交往性、对话性等)、个体的意志、个体的主观能动性和个体的实践活动等等。其中,遗传、本能、人性是自发地起作用的。个体能够把握、主导、调节、控制的是自己的理性、意志、主观能动性和实践活动。介于自发性与可把握性之间的内因是个体的态度、思想、观念、追求、兴趣等非理性因素。

所谓外因通过内因而发挥作用,具体到个体的道德发展而言,就是环境因素作用于个体的感觉、知觉、认识、需要、欲望等,形成相应的思想观念、态度、情感、信念、兴趣等。个体的这些思想观念、态度、情感、信念等再指导个体的行为、实践;长期而反复的行为、实践又形成了个体相应的道德之知、情、意、信、行为习惯等。

按照马克思主义的基本原理,个体的主观能动性和实践活动在自己的道德发展中起主导作用甚至是决定性的作用。因为主观能动性和实践活动是内因中最活跃的因素,内因中的遗传、人性、需要与情欲等不是活跃性因素。但是,无数的经验和事例又让我们感觉到,许多道德品质低下的人,在他们的道德发展过程中,起决定作用的不是他们的主观能动性和实践活动,而是他们从小到大的生活与成长环境。他们终其一生,似乎都是在被动适应环境。他们的道德发展几乎就是由他们的生活与成长环境决定了的。他们个体几乎就没有机会改变他们自己的道德命运。这是怎么回事呢?他们的主观能动性与实践活动的决定性作用在哪里呢?

用进化论是能够很好地解释这种现象的。因为他们就是环境的产物。他们从小的家庭环境、他们在学校所接受的教育与学校环境的影响、他们的同伴与社区、他们的几乎一切交往活动等,共同形成了一种合力,强力地限制影响着他们的道德发展,他们几乎不可能完全凭借自己的主观能动性与实践活动去超越于他们的环境。

这个问题,类似于马克思、恩格斯、列宁曾经论述过的问题:在没有他人帮助的情况下,工人、农民等无产阶级能否自发地产生社会主义革命意识？这个问题我们早已比较详细地探讨过了，[①] 在此不赘述。

首先，前面提到的那些人，他们在日常生活与交往中，肯定会遇到许多道德困惑、矛盾、冲突，如对他人是否该诚实？是否该大方？面对他人的困难是否该出手？拣到的东西是否该交还失主？是否该顺手牵羊拿办公室上的东西？……面临这些困惑，他们肯定经常会思考，进而思考为人处事的原则性问题。极少数人凭着自己的聪明智慧、凭着比较丰富的人生经验以及对人生的思考，可能自发地领会、理解道德的规律，从而自觉地追求道德。这就是道德与人生领域的先知先觉者。多数人做不到这一点，因而只能被动地接受、适应环境。这个时候，就需要他人的启发教育与良好环境的积极影响。如果缺乏这些外因，虽然个体内部已经产生了道德困惑，也难以走上道德之路。因为内因虽然是根本，但也不能缺乏外因的条件作用。"外因是条件"，是指外因起着东风（"万事俱备，只欠东风"）、点火、引发、扳机的作用。先知先觉者，就应当承担起这样的道德责任，在道德方面去启发、开导、帮助后知后觉者。

这就提醒我们，道德教育不能限于培养道德上独善其身的人。真正有道德的人应该在道德领域"己欲立而立人"，在道德方面去帮助他人，引导、教育他人主动追求道德。真正有道德的人，不只是在他人出现了钱财方面的困难时，在钱财方面帮助他人，慷慨相助，或者当他人有生命危险（落水、限于火灾中、被歹徒欺凌等）时，帮助他人。

六、个体道德发展的过程与规律

我国德育与心理学者经过几十年的研究、总结，提出了以下一些个体道德发展的规律性认识：

（一）个体道德发展的动力

事物是在矛盾斗争中发展的。个体内部的道德需要、道德矛盾是推

① 张正江：《思想政治教育"灌输论"小议》，《复旦教育论坛》2016年第3期。

动个体道德发展的动力。

那么，个体有道德需要吗？道德需要是如何产生的？人的本性是追求自己的快乐、幸福、自我实现。要实现这些根本目标，最为基础性的东西，就是追求自己的生存资源。人在追求自己的生存资源与自我实现等过程中，往往会与他人、群体发生矛盾、冲突、竞争。长期的竞争，结果往往是两败俱伤。这时候人就很可能产生道德性矛盾：如何与他人相处？如何与群体、社会相处？如何对待人生？在这些矛盾、困惑与思考中，两条道路、两个途径自然而然会产生：是积极面对世界与人生，还是消极面对？是通过合理、合法、道德、正当的途径去追求自己的生存资源、幸福、自我实现，还是通过不正当的途径，如暴力、坑、蒙、拐、骗、偷等去追求和实现自己的幸福？此时，道德教育的起点出现了：道德教育要从学生的道德矛盾开始。如果学生还没有产生道德矛盾，那么老师就应创设情境，引发学生产生道德矛盾。道德矛盾产生后，就应通过大量的事实（别人的、学生自己的事情等）、讨论，促使学生认识到，要实现自己的各种愿望、理想、幸福、人生价值，最好的途径是道德的途径。这样，学生就很可能产生道德需要。

（二）个体的道德发展是长期积累和发展的结果

道德认识的提高、道德情感的丰富、道德意志的形成、道德信念的坚定、道德行为习惯的养成，一句话，道德水平和道德境界的提高，绝非一朝一夕的事情。人要达到道德的最高境界（形成了坚定的道德信仰，深刻洞悉人生的价值与意义，理解自己的责任与使命，懂得如何为人处世等），一般需要到 40 岁左右（"四十而不惑"）。即便是道德天才，至少也要到二十几岁吧！要结婚、生子，才可能深刻体会人生的基本责任（对配偶的忠诚、对子女的不可推卸的责任，可能是人的最基本的责任）。

学校教育并不能直接把学生带到道德的最高境界。学校教育只能为此做好准备，打好基础。学生离开学校、进入社会之后好几年，有了相当的社会体验与认识、体会了工作的意义，经历了结婚、生子乃至赡养父母等，才可能逐步达到道德最高境界。

（三）个体道德发展具有反复性和倒退性

人的道德需要不是人的基本需要（根据马斯洛理论，生存与安全需要才是最基本的需要），所以人并非像需要饮食、睡眠一样天天需要道德。人对道德规律的深刻理解与把握、道德上的成熟，不是一天两天就能够实现的，需要从对具体道德诸如诚实、仁爱、尊重他人、遵守规则、正义等的体验与理解开始。人在追求生存资源和快乐幸福的过程中，或者因为太过于艰难，或者因为偶尔有意或无意地以不正当途径得了意外的收获，或者因为遭受人生挫折、遭受他人或群体的不公平对待，或者因为遵守规则而没有带来暂时的好处甚至遭受损失，等等，就可能压抑道德需要，产生了对道德的不正确认识，甚至在行为上出现不道德现象。这些时候，个体的道德发展往往就表现出现停滞甚至倒退。所以，个体的道德发展过程不是直线上升的、一帆风顺的，而是在曲折中或螺旋式上升的。道德发展过程中往往会出现反复性或倒退性。这种倒退性有时候是暂时的，也有可能是永久性的。

（四）个体的道德发展是主客体相互作用的产物，是主体在活动和交往的基础上自我建构的结果

个体道德的发展，不是个体被动接受、灌输、训练等的结果，也不是个体自己完全依靠个人内在的因素追求与努力的结果。个体道德的发展不是单一方向作用的结果，既不是完全的顺应，也非完全的同化，而是外因、内因共同作用、交互影响下个体建构的结果。这种建构，有时候是不自觉的、无意识中进行的，有时候是积极主动建构的。总之，不是一次两次完成的，而是无数次的建构而完成的。这种共同作用、相互影响，不只是作用于个体的认识或情感。个体的道德发展，根本上是在内外因作用下，个体通过自己的实践活动与交往的基础上实现的。

认识上、情感上的东西，如果没有付诸实践、行动，那么在神经系

统里的印象、印痕是肤浅的，随着时间的推移也就淡化了。认识、情感、思想观念、态度等，只有经过了多次反复的实践、活动的强化，才能够在神经系统里留下深刻的印痕，形成比较长久的神经联络。由此，思想观念、信念、行为习惯等才能够真正形成。

（五）个体的道德发展是品德各要素（知、情、意、行等）协调统一的发展

个体的道德发展，不是单一道德要素诸如道德认识或道德情感等的发展，而是道德全部要素的协调、共同发展。否则，就是道德上的片面乃至畸形发展。

那么，人身上的道德品质究竟是由哪些要素构成的？一般认为，品德是多层次、多维度、多要素的综合。但是究竟有哪些层次、哪些维度、哪些要素，至今也是一个未确定的问题。在20世纪末期进行的我国基础教育新课程改革中，专家们在学生思想品德发展方面提出的目标结构是"情感、态度、价值观"。

最近几年，"核心素养论"在我国成为流行教育思潮。2016年2月22日，中国教育学会受教育部基础教育二司委托，发布了《中国学生发展核心素养（征求意见稿）》，面向各省市学会和相关分支机构征求意见。该《征求意见稿》把学生发展的核心素养确定为9个素养、25个基本要点、75个关键表现。这个分析框架已经突破了原来从德、智、体、美等方面来确定个体的各方面素养的视角，准确把握时代特征，面向世界、面向未来，根据我们党和国家对学生发展的希望与要求，来设计学生发展的核心素养体系，是非常正确的。这个体系比较完整、准确、具体、详细地反映了当今我国社会对学生发展的要求。

如果我们按照原来的德、智、体、美等的分析框架来看品德的结构与要素，那么就难以确定个体思想道德方面的具体构成要素。这个体系的科学性在于：人的思想意识、观念、精神等，本来就是复杂的，没有确定的结构，是开放的，是有待建构的。个体的总的思想与精神品质、素养，无论是在结构上，还是在具体的维度与要素方面，都不是确定的，而是有待建构的。因此，根据社会的要求来设计，就是正确的了。

但是，人的神经系统（包括大脑），是有基本的结构与功能的。完全可能而且应当从人的身心系统与结构、功能角度出发（尤其是从神经系统的结构与功能、特性等内在角度出发），再结合社会与时代对个人的要求，去研究和确定个体身心发展的核心素养。不能这样忽视或抛弃个体内在的身心结构、功能、特性，完全从外在的角度，根据社会的要求而设计个体发展的核心素养。因为这非常类似园丁的工作：不考虑草木内在的特性与生长规律，完全根据园丁自己的喜好去裁剪草木。

这样做的结果，就是缺乏内在的依据与逻辑性，因而可能出现重合与交叉，更可能具有随意性：今天提出 9 个核心素养、25 个基本要点、75 个关键表现，明天又提出 10 个核心素养、30 个基本要点、80 个关键表现，后天再提出第三个框架……还美其名曰认识在深化，越来越科学，这就是学术研究……！但是，既然是科学研究的成果，那为什么要"建议各单位通过调研或召开不同类别的座谈会等方式，征求各级各类教育工作者以及学生、家长等社会各界的意见"呢？教育实践工作者、学生、家长等社会各界，并非教育研究专家，他们怎么知道这个教育科研成果的真假呢？多数人的意见，只反映多数人的愿望、要求、认识等。多数人的意见不等于就是真理，少数人的意见不等于谬误！科学真理只在于相关领域的科学研究者那里吧！科研成果的真伪，应由科研同行评议，由重复实验来检验，而不是由大众来评议呀！

实际上，还是原来的品德结构观比较接近真实情况。也就是把个体的品德划分为知、情、意、信、行这样几个方面。因为这个分类基本上符合人的心理结构与功能。但是需要注意，并非每一种品德都具有知、情、意、信、行等要素。一些品德可能只有其中一种或两种、三种要素。例如："同情（怜悯）"就只是一个要素"情感"所构成。"正义"可能是由道德认识与道德情感（正义感）两要素所构成。"勇敢"可能是由道德意志（胆量、勇气、胆子）与道德认识（善恶标准）所构成。

（六）个体道德发展具有阶段性和连续性

人的身体的各部分结构与功能、人的不同的心理能力（如语言、数学、艺术、智力等）等的发展，不是平均速度发展的，各方面的发展也不是同步发展的。如语言能力的发展就在数学能力之前，语言发展最快的时期在两三岁；抽象思维能力要到十几岁才能够快速发展；人的大脑的发育比躯体、四肢的发育要早，等等。同样，人的道德发展，从总体上看，不是平均发展的，0—20 岁是发展最快的时期。品德的不同要素在不同时期，其发展的速度也是不一样的。如 6—7 岁之前是道德行为习惯发展的最好时期。小时候没有养成良好的行为习惯，到了 18 岁之后就很难养成了。

但是，这种阶段性不是绝对的，而是相对的。也就是说，某一要素在某一时期发展得快一样，在另一时期发展得慢一些，但是并没有停止发展，而是连续地发展的。如大家经常笑话这样的事情：老外来到中国若干年之后，也学会闯红灯了！他们本来在他们自己的国内，在小时候早已养成不闯红灯的习惯了（即便是在红灯亮时没有车辆行驶）。可见，行为习惯也是可以慢慢地改变的。所以，道德教育与道德追求，一定要活到老，进行到老！道德修养和道德追求如逆水行舟，不进则退。

（七）个体道德发展是从不自觉到自觉的过程

由于认识能力的缘故，尤其是由于个人利害关系的缘故，个体对于道德规则的遵守，开始往往是迫于外界力量的强制，由于奖惩。这是不自觉的过程。长期的遵守、坚持，就慢慢养成了习惯，就自觉遵守了。这也就是从他律到自律的过程。

但是，自律不是终点。自律没有终点。道德发展具有倒退性。如老外原来已经具有自觉遵守交通规则的意识和习惯，但是来中国几年后，就可能不自觉遵守交通规则了。

（八）个体道德发展动机与需要的微弱性与发展的缓慢性

前面已经提到个体道德发展的长期性、反复性、连续性、倒退性，其中就包含有个体道德发展的缓慢性。之所以缓慢，不仅是品德的形成需要一个长期的过程，还在于个体道德需要与动机的微弱性，导致追求道德的动力微弱，所以缓慢。这种缓慢性的结果，表现在相当多的人到了十几、二十几、三十几岁，乃至直到老死，都还没有从他律发展进入自律。相当一部分人终其一生，其道德发展水平依然停留于柯尔伯格三水平六阶段理论中的第一阶段或第二阶段。也就是说，这些人基本上就没有道德，几乎就只是服从于外在的力量、权威、利益。他们虽然知道坑、蒙、拐、骗、偷、抢、行贿、受贿等是违法犯罪的事情，但是只要他们认为被发现、被抓获的机会比较小，他们就敢于去做。与其他人之间的交往、合作，也只是相互利用，各取所需，把他人当工具对待。

这些人之所以这样，不是因为遗传，也不是因为他们有什么身心缺陷。他们都是普通人、正常人。第一个原因是他们的家庭环境，父母等人很少教育他们做人的道理，父母很可能就是势利、只知道追名逐利的人。父母就是处于第一或第二阶段的人。第二，他们在学校没有受到良好的或合格的道德教育，只知道学习语文、数学等课程，追求考试分数；或者在学校就没有好好学习任何课程，只是混日子、混毕业、长大。第三，社会不良环境与风气又加深了他们相应的人生观、价值观等思想观念、意识。于是，他们的自私、唯我、势利、名利观念等日益固化，到六七十岁也不改变。

这就从反面告诉我们，家庭德育、学校德育、社会环境是多么的重要！其中的任何一个方面没有做好，都可能严重地阻碍个体的道德发展。所以，家庭、学校、社会都是个体道德发展的决定因素。决定因素不是唯一的，而是多要素的。即便家庭、学校、社会环境因素都是积极的，如果一个人交了一个品质很坏、很恶劣的朋友，也有可能被带坏。所以，并非只有家庭、学校、社会这三因素是决定的。任何因素都可能发生决定性影响作用。

第四篇

德育效应论

第七章　德育功能与价值论

　　德育是教育中必不可少的部分吗？德育对社会、对学生，都有些什么样的作用、意义？德育只是教育学生遵纪守法、做一个好公民，德育只是为了维护社会的稳定吗？德育还能够做什么？德育还应当做什么？德育不能做什么？

一、德育功能与德育价值概述

（一）德育功能与德育价值的含义

　　功能（Function）：某一事物或某一活动由于其内在结构、性质等而具有的作用、效应、能力。

　　价值（Value）：客体某方面的属性对主体的某种需要性。某种事物或现象具有价值，就是该事物或现象对个人、阶级或社会具有积极意义，能满足人们的某种需要，成为人们的兴趣、目的和所追求的对象。

　　马克思：价值"是从人们对待满足他们需要的外界物的关系中产生的"，价值表示"物的对人的有用或使人愉快等属性"。

　　功能与价值是两个关系密切的概念。功能是针对事物或活动本身而言，不涉及对象、他者，是事物自身所具有的，客观的。功能是中性词。功能可能带来积极的作用，也可能带来消极、负面的影响。例如：药具有治病的功能，但是对于没有病的人就可能产生负面、消极的作用。而价值总是针对某主体而言，是客体某方面的属性能否满足主体的某种需要来说的。因此价值既具有客观性，又具有主观性。价值总是大于或等于 0。我们很少说某样东西的价值是负的。

例如：水具有解渴的功能。当我们说这句话的时候没有针对某一个人。如果你口渴，水就对你有解渴价值。如果你不渴，水这个时候就对你没有解渴价值。但是，它的解渴功能依然存在。

德育的功能与德育的价值，二者的关系是：

德育事实上能够做什么？德育已经做了什么？——这就是德育的作用、功能。

德育应当做什么？我们希望德育做什么？——这就是德育的价值和价值观。

德育功能：德育对社会、对学生、对家长、对教育者、对政治、经济等所能够发生的实际的、客观的影响、作用。客观性。

德育的价值：是德育功能的一部分，是个体或社会对德育功能的选择。你需要德育功能的哪一方面，你所选择的那部分就成为你所追求的德育价值。主观与客观之间。

（二）德育功能有哪些

德育的功能是多方面的。可以从不同角度进行不同的分类。

1. 按照功能作用的对象划分

（1）德育对社会的功能

德育的社会功能一般指德育在维护社会和平、稳定、和谐等方面的作用。具体包括德育的政治功能、德育的经济功能、德育的文化功能等。

（2）德育对个体的功能

德育对个体的作用也是多方面的，包括对个体思想道德发展的功能、对个体掌握文化科学知识发展智力等方面的作用、对个体身体素养发展的作用、对个体审美发展的作用、对个体社会生活与技能发展的作用等。

2．按照功能的大小划分

不同时代、不同社会的德育，其功能的大小是不相同的。甚至在同一社会里的不同学校、不同班级，德育的各种功能在大小上也是不同的。因为不同的教育者所进行的德育活动，其效果是不同的。由于实际情况非常复杂，差异巨大，所以不同的人所认识到的德育功能的大小就有很大的差别。主要有：

（1）德育对社会或对个人的万能作用。这主要是"教育万能论"在德育领域的反映。持这种观点的只是少数思想家。

（2）德育对社会或对个人起主要作用。我国历来基本上是这样的观念。强调思想道德教育和宣传的作用，不太重视法制、规则的约束、限制。

（3）德育对社会或对个人起次要作用。这在某些人身上、在某些社会或某些时代确实存在。或者是由于不重视德育，或者德育进行得不够科学，或者是环境因素的极大影响，德育确实没有发生比较显著的影响作用。

（4）德育对社会、对个人没有作用。对极少数人、在极少数社会或时代，德育确实没有发生什么作用。

3．按照功能的性质划分

德育对社会或个人的作用并非都是积极的、正面的，还可能是消极的、压制性的、负面性的。在专制独裁社会，例如我国封建社会的许多时期，德育助长了专制、独裁，造成了万马齐喑的局面。西方中世纪时期，基督教德育乌云笼罩，导致社会的黑暗、愚昧、专制等。对个人，德育可能培养了奴性，压抑人的主体性。

所以，从德育功能的性质、正负角度来认识德育功能，是非常重要的。

在德育的各种功能中，德育的政治功能和德育的个体思想道德发展功能是非常重要的两个方面。下面重点探讨德育的政治功能。

二、德育的政治功能

（一）德育维护政治统治的功能

德育往往通过传播统治阶级的政治思想、意识形态、价值观念、道德规范、政治文化等，而统一人心，维护统治。所以，我国古代的教育，基本上就是德育，基本上就是儒家教育。考试、取材，都是以儒家思想和统治阶级的政治思想为中心。

例如，唐代科举制创立之初，唐太宗李世民见新科进士自端门鱼贯而出，高兴地说："天下英杰，尽都入吾彀中矣。"

1. 我国封建社会时期德育的政治功能

西汉建立初期，由于我国经历了漫长的战乱（春秋战国的战乱和秦汉时期的战争），经济衰弱，民生凋敝，因此西汉初期的统治者遵奉黄老之术，实行休养生息。经过几十年的恢复、发展，到汉武帝时期，国力开始强盛。统治阶级开始想有所作为了。于是，汉武帝面向全国征集治国策略。董仲舒积极响应，提出了"罢黜百家、独尊儒术"和建立太学等建议，多得到采纳。董仲舒提出的"三纲五常"，更是得到历代统治者的大力宣扬，成为我国封建社会的基本道德纲领之一。

三纲：君为臣纲，父为子纲，夫为妻纲。

五常：仁、义、礼、智、信。

此外，还专门针对女子提出了"三从四德"的道德标准。

三从：未嫁从父、既嫁从夫、夫死从子。

四德：妇德、妇言、妇容、妇功。

这些道德纲纪，有力地维护了父权制封建社会的政治统治。

当然，制度是死的，人是活的。如果女子真正遵守这些道德标准，那么就不会出现武则天篡权、慈禧太后垂帘听政这样的事情了。

2. 社会主义中国德育的政治功能

（1）德育为无产阶级专政服务

新中国成立之后，在相当长的一段时期里，人们信奉"教育是阶级斗争的工具"、"学校是无产阶级专政的工具"。学校、教育政治化。

图10　德育政治功能宣传图

在"文化大革命"期间，阶级斗争就被扩大化，无产阶级和资产阶级之间的矛盾被当作我国社会的主要矛盾，党和国家的基本路线就是"以阶级斗争为纲"。在这种形式下，学校教育就被看作是阶级斗争的工具。教育成为政治的一部分，完全为政治服务，甚至成为政治斗争的工具。

在这种形式下，教育被政治化，许多教师、知识分子身心遭到沉重打击，一大批知识分子被迫害致死。

（2）德育为社会主义现代化建设服务，为经济建设服务，保护社会主义制度，保证中国共产党的领导执政地位，维护社会的稳定和谐。

党的十一届三中全会以后，在解放思想，实事求是的思想路线指引下，教育理论界开始反思"教育是阶级斗争的工具"。大家认为教育并不仅仅是阶级斗争的工具。那么，教育究竟是什么呢？许多专家提出了"教育是生产力"的观点。到20世纪90年代，更激进到提出"教育产业化"的论调。

但是，无论是"教育是生产力"还是"教育产业论"，都没有动摇德育为我国社会主义政治服务的根本作用。我国的德育一贯非常强调"大德"，即思想政治和意识形态领域的教育：马克思列宁主义、毛泽东思想、邓小平理论、中国特色社会主义理论、"三个代表"重要思想、科学发展观、社会主义荣辱观教育、公民道德建设二十字方针、社会主义核心价值体系，等等。

需要指出的是：2012 年党的十八大报告对社会主义核心价值体系做了比较全面与科学的表述，包括三个层面：

个人层面：爱国、敬业、诚信、友善

国家层面：富强、民主、文明、和谐

社会方面：自由、平等、公正、法治

我们真诚地希望：民主、法治、平等、公正、和谐、诚信、友善等核心价值在我国早日实现、最大程度地实现！

3. 当代世界资本主义国家德育的政治功能

一种说法认为：资本主义国家提倡自由、民主、平等、人权、人道，因此不重视资本主义思想政治教育。这种说法是不正确的。资本主义国家的思想政治就是自由、民主、平等、人权等。因此，他们非常重视自由、民主、平等、人权等方面的教育，重视资本主义国家的宪法教育、公民教育，特别反对在学校里进行其他阶级的思想政治教育。

（二）德育在人格独立与思想政治等方面的解放功能

学校德育一方面主要是统治阶级进行思想政治统治的工具，但是另一方面，学校德育又由于具有一定程度的独立性、科学性，而时常成为师生揭露统治阶级的剥削、压迫、腐朽、黑暗的场所，成为人们追求思想政治解放、民主、自由、平等、正义的战场。即便是在专制黑暗时代，德育的这种功能也依稀可见。下面以我国封建社会为例来看看。

我国古代的德育，一方面为统治阶级服务，灌输统治阶级的三纲五常等思想道德体系，培养愚忠的臣民；另一方面又具有一定的超越性，注重培养学生的道德之"智"，引导学生追求道、义、仁爱、平天下。因此，有相当一部分知识分子并非无条件地忠于统治阶级，而是具有一定的独立人格，强调君、臣之间的权利与义务。

1. 《论语》、《孟子》中的人格独立意识

《论语》、《孟子》是我国古代学校德育的必修教材。这些德育教材里包含着一定的人格独立意识，不主张个人对国君、朝廷的无条件服从。

《论语·八佾》提出："君使臣以礼，臣事君以忠。"国君不能随心所欲地对待臣民，而应遵守相关的规章制度。《论语·先进》："所谓大臣者，以道事君，不可则止。"大臣侍奉国君，并非无条件地为国君服务，而不过是在追求"道"而已。

《孟子·尽心下》说："民为贵，社稷次之，君为轻。"孟子的人格独立意识似乎比孔子强多了。他对达官贵人乃至国王，在心里是不看重的。他之所以游说国王，无非是希望借此而去实现自己的理想抱负而已。所以，《孟子·尽心下》理直气壮地说："说大人，则藐之，勿视其巍巍然。堂高数仞，榱题数尺，我得志，弗为也。食前方丈，侍妾数百人，我得志，弗为也。般乐饮酒，驱骋田猎，后车千乘，我得志，弗为也。在彼者，皆我所不为也；在我者，皆古之制也。吾何畏彼哉？"即便是当着国王的面，孟子依然如此。在《孟子·离娄下》里孟子就当面告齐宣王曰："君之视臣如手足，则臣视君如腹心；君之视臣如犬马，则臣视君如国人；君之视臣如土芥，则臣视君如寇仇。"

在诸如此类思想的影响下，我国古代不乏"为民请命"、"秉笔直书"、"抗颜犯上"、"直言极谏"的人，也不乏"替天行道"的人。这些人往往被称赞为"铁肩担道义"。反之，如果理想抱负难以追求，则"不为五斗米折腰"，"穷则独善其身"，不同流合污，而去畅游山水之间，过田园隐居生活，或者著书立说，或者从事教育事业。

2. 汉朝太学生的罢课游行活动

太学是中国古代的大学。太学之名始于西周。汉代始设于京师。汉武帝时，董仲舒上"天人三策"，提出"愿陛下兴太学，置明师，以养天下之士"的建议。武帝建元六年（公元前 135 年）在长安设太学，由博士任教授，初设五经博士专门讲授儒家经典《诗》、《书》、《礼》、

图 11　替天行道旗

《易》、《春秋》。

西汉的太学在繁盛期学生达 3000 人，东汉时甚至达 3 万人。

太学生虽然大部分是官二代，但是他们年轻，充满朝气，受官场和社会不良风气影响不多。在学校受到老师和教材中的一些正义、正气、道义等的影响下，具有相当的正义感，对于不公正的社会现象比较义愤。因此，在汉朝不时会发生学潮。

班固《汉书·鲍宣传》记述：汉哀帝建平四年（公元 3 年），丞相孔光负责四时巡视先帝园陵，可能由于职任特殊的缘故，属下官吏获准通行于驰道中道。鲍宣以京师地方最高行政长官的身份，缉查违禁行驰道中的行为，指令吏员制止丞相掾吏通行，并没收其车马。鲍宣以行为冒犯宰相受到追究，由御史大夫处理。有关官员到鲍宣府上逮捕其随从吏人，鲍宣紧闭大门，拒绝放行。于是因阻止皇帝使者、不遵守臣下礼节、大不敬、不道的罪名，鲍宣被投入主管司法的廷尉部门的监狱。随即发生了太学生支持鲍宣的请愿。"博士弟子济南王咸举幡太学下，曰："欲救鲍司隶者会此下。"诸生会者千余人。朝日，遮丞相孔光自言，丞相车不得行，又守阙上书。上遂抵宣罪减死一等，髡钳。"他们在上朝的日子拦截丞相孔光的乘车，同时在皇宫门口集会上书。汉哀帝不得不从宽处置鲍宣。

图 12　太学大门

　　《后汉书·儒林列传上·欧阳歙》记载：汉光武帝建武年间，名儒欧阳歙下狱。"诸生守阙为歙求哀者千余人，至有自髡剔者"。

　　东汉后期，士大夫中形成了以品评人物为基本形式的政治批评的风气，当时称为"清议"。太学成为清议的中心。太学清议是中国古代社会舆论影响政治生活的比较早的史例。所谓"豪俊之夫，屈于鄙生之议"（《后汉书·儒林列传下》），"自公卿以下，莫不畏其贬议"（《后汉书·党锢列传》）的情形，体现出黑暗政治势力因太学生的议政运动，被迫有所收敛。当时郡国学的诸生，也与太学清议相呼应，形成了更广泛的舆论力量。

汉桓帝永兴元年（公元 153 年），冀州刺史朱穆因打击横行州郡的宦官势力被治罪，罚往左校服劳役。"太学书生刘陶等数千人诣阙上书"，指责宦官集团的罪恶，赞扬朱穆出以忧国之心，志在肃清奸恶的立场，表示愿意代替朱穆服刑劳作。汉桓帝于是不得不赦免朱穆（《后汉书·朱穆传》）。

汉桓帝延熹五年（公元 162 年），一向"恶绝宦官，不与交通"的议郎皇甫规在论功当封时拒绝贿赂当权宦官，受到诬陷，也以严刑治罪，"太学生张凤等三百余人"又发起集会，"诣阙讼之"，使皇甫规得到赦免（《后汉书·皇甫规传》）。皇甫规是东汉名将，世代武官家庭出身，有见识，熟习兵法，为官廉洁，不畏强暴，蔑视权贵，不与宦官合污，曾多次举劾朝廷的贪官污吏，并能荐贤举能，委位让贤。

汉灵帝建宁元年（公元 168 年），知识界的代表太傅陈蕃与大将军窦武起用李膺和其他被禁锢的名士，密谋诛杀宦官。宦官集团抢先动作，利用以往对禁军的控制，迅速瓦解了窦武率领的军队，窦武终被杀害。《后汉书·陈蕃传》记载："（陈蕃）闻难作，将官属诸生八十余人，并拔刃突入承明门。"《后汉纪》卷二三说，这支临时组成的武装队伍入承明门后，又直抵尚书门："到承明门，使者不内，曰：'未被诏召，何得勒兵入宫？'蕃曰：'赵鞅专兵向宫，以逐君侧之恶，《春秋》义之。'有使者出开门，蕃到尚书门。"最终"剑士收蕃"，"遂送蕃北寺狱"。这八十余名"拔刃""入宫"的勇敢的"诸生"们最终陷于悲剧结局。吕思勉《秦汉史》就此分析说："则汉世儒生，不徒主持清议，并有能奋身以赴国难者矣。"

太学生以其活动的正义性受到黑暗势力的敌视。汉灵帝熹平元年（公元 172 年），因朱雀阙出现匿名书，指斥宦官专权，主持清查的官员四出逐捕，收系太学生竟多至千余人。永兴元年和延熙五年的太学生运动，翦伯赞称之为"两次大规模的政治请愿"。他在《秦汉史》一书中指出："由此看来，当时的太学生是以何等英勇的姿态，出现于东汉末年的历史。""当时的太学，便变成了小所有者政治活动的中心。"翦伯赞还写道："知识青年，往往出现为革命的先锋，这在中国史上，也是屡见不鲜的。而中国的知识青年第一次出现于政治斗争的前线的，便是东汉末的太学生。"

太学生为嵇康请愿失败

嵇康（223—263），字叔夜，"竹林七贤"的领袖人物。三国时魏末著名的思想家、诗人、音乐家，是当时玄学家的代表人物之一，性格刚肠疾恶，轻肆直言，遇事便发，愤世嫉俗，桀骜不驯。他娶曹操曾孙女（曹林之女）为妻，在曹氏当权的时候，做过中散大夫的官职。

司马氏篡夺曹氏政权后，嵇康辞官隐居。大将军司马昭欲礼聘他为幕府属官，他跑到河东郡躲避征辟。家道清贫，他常与向秀在树荫下打铁谋生。富贵子弟、司隶校尉钟会，写了一本《四本论》，拿去希望得到嵇康的赞扬。但嵇康瞧不起他的为人，没理睬他，只是低头干活。钟会呆了良久，怏怏欲离，这时嵇康发话了："何所闻而来？何所见而去？"钟会没好气地答道："闻所闻而来，见所见而去"，说完就拂袖而去。

有两兄弟吕安、吕巽，嵇康均有交往。吕安之妻貌美，被吕安的兄长吕巽迷奸，吕安愤恨之下欲状告吕巽。嵇康劝吕安不要揭发家丑，以全门第清誉。但吕巽害怕报复，遂先发制人，反诬告吕安不孝，吕安遂被官府收捕。嵇康义愤，遂出面为吕安作证，触怒大将军司马昭。

此时，钟会趁机劝说司马昭将吕安、嵇康都处死。司马昭就让钟会审理嵇康。钟会把嵇康判了死刑，理由是："嵇康上不臣天子，下不事王侯，轻时傲物，不为物用。无益于今，有败于俗……负才乱群惑众也。今不诛康，无以清洁王道。"

嵇康临刑前，三千名太学生联名上书，求司马昭赦免嵇康，并让其到太学讲学，但并未获准。在刑场上，嵇康顾视日影，神色自若，从容弹奏《广陵散》，曲罢叹道"广陵散于今绝矣"，随后慷慨赴死，时年四十岁。

三、德育对个体道德发展的功能

德育对于个体道德的发展，既有积极的、正向的促进作用，也有负面的、消极的、奴化性的作用。

（一）德育促进个体道德积极发展的功能

德育就是为培养学生的道德品质而存在的。因此，德育者会通过各种途径、方法去发展学生的道德素养，提高学生的道德水平，体现德育对于个体道德发展的功能。

（1）德育能够传授一定的道德知识，提高个体的道德认识，培养个体的道德智慧、道德思维与判断能力。德育把各种做人原则、相应的道德规范等教给学生，能够使人在一定程度上明白做人的道理，从而把学生的道德认知发展提高到"好孩子、好公民"的水平。

（2）德育能够培养个体的世界观、人生观、价值观等理想、信念。例如：古代德育教材《礼记》之《大学》篇，提出了人生的根本目标"在明明德，在亲民，在止于至善"，并把这一目标作为大学的宗旨。为实现这样远大的理想，《大学》由近及远地提出了八个阶段："格物、致知、诚意、正心、修身、齐家、治国、平天下"。许多学生接受了这样的人生理想，作为人生奋斗的指针。《左传》提出的"立德、立功、立言"之"三不朽"，也激励了无数追求上进的学生。北宋理学家张载著名的"横渠四句"（为天地立心、为生民立命、为往圣继绝学、为万世开太平）更是激励了大批知识分子去追求自己的社会理想。

（3）德育能够发展个人的道德理性，一定程度上约束个人欲望的膨胀。在亚里士多德看来，"一个无知无识的人，对快乐的欲望是永不会满足的，而且无所不及……因此，对快乐的追求应是适度的、少量的，并且绝不能与理性相背驰。如能这样，我们就说受到了良好的教养和有约束能力。"那些物欲横流、贪得无厌的人，往往就是因为缺乏良好的教养。

所以，我国古代的理学家们提出了"存天理、灭人欲"的主张。朱熹说："圣贤千言万语，只是教人明天理、灭人欲"，"学者须是革尽人欲，复尽天理，方始是学。"一直到今天，还有许多人认为这是禁欲主义，是封建糟粕，应当批判。这样的认识是肤浅的、武断的。作为一代哲学大师，怎么会弱智到提出这种明显是不合常理、不近人情的主张呢？我们继续去看看朱熹是如何定义天理、人欲的，就会还他一个公道。朱熹的学生问老师："饮食之间，孰为天理，孰为人欲？"朱熹回答："饮食者，天理也。要求美味，人欲也。"朱熹明确地指出：饮食，天理也；山珍海味，人欲也。夫妻，天理也；三妻四妾，人欲也。

至此，你还会认为"存天理、灭人欲"是封建糟粕吗？看看那些贪官，动辄贪污上千万，家藏黄金40公斤，情妇几十上百人，拿着纳税人的血汗钱几百万到国外去赌博。"存天理、灭人欲"不是亟待提倡和发扬吗？

此外，德育还能够在一定程度上培养个体的道德情感、道德意志，尤其是能够培养个体的道德行为习惯。总之，接受过学校德育的个体与没有接受的个体相比，在道德素养上还是存在比较明显的差异。

家庭教育缺位导致 5 + 2 = 0[①]

"经过对全市 11 所中小学校的调研发现，对不少孩子而言，5天学校的德育成果还来不及巩固，就可能在周末的两天中因受外来不良影响而消失殆尽。"日前，长春市政协就未成年人思想道德教

① 《中国青年报》2005 年 9 月 19 日。

育召开专题议政会。会上，5＋2＝0现象成为委员们的热议话题。

长春市教育局副局长朱彤顺介绍，长春地区现有中小学生74万余人，由于德育工作有很强的脆弱性，存在5＋2＝0现象的孩子占相当比例，"不得不重视"。

"调研中我们发现，5＋2＝0现象在成绩差的学生中有，在成绩优异的同学中也同样存在"，长春市政协委员、市第九十中学西校校长张翠兰认为，产生5＋2＝0现象的共性因素之一是"情感失衡"，即在教学过程中只注重学生的教育成果，而不从学生的情感需要出发，致使学生心理失衡，引发孩子的极大抵触，一旦脱离比较严密的教育环境，孩子即可能出现对教育的逆反行为，这是"由于学校和家庭教育的不足造成的"。

虽然学校教育还有待完善，但大多数委员都认为，造成5＋2＝0的更重要原因，是家庭教育的严重缺位和社会文化环境的缺陷。

"5＋2＝0"现象往往成为一些人批判学校德育没有功能的理由，认为学校德育无效。因为结果为零嘛！但是，这正好反映了学校德育是有效的。我们需要注意的是，"0"在这里是指学生道德发展为零，不是学校德育效果为"0"。学校德育效果在这里应当是"＋2"！因为里面的"2"是指社会、家庭等校外环境的负面影响，应当是"—2"。如果学校德育无效，结果为0，那么学生的道德发展就应当是"—2"了。正因为有了学校五天的德育积极功能，才保证了学生的道德发展没有变成"—2"。

（二）德育奴化人、限制个体道德发展的功能

在剥削社会，统治阶级或其代言人往往通过道德灌输、道德说教、道德训练等，传授统治阶级的阶级意识、思想政治、道德命令，把人驯化成忠顺的奴仆，成为道德文盲、忠臣顺民。例如我国的明朝、清朝的

一段时期，实行严酷的思想专制，大兴文字狱，压抑、禁锢人民的思想发展，使社会出现了"万马齐喑"的黑暗局面。西方的中世纪也如此。袁世凯当总统之后，倒行逆施，在学校德育方面实行复古方针，主张"尊孔读经"、"忠君尚勇"等；蒋介石国民党政府在学校德育方面曾经实行党化教育。这些都在不同程度上奴役和奴化人民、愚昧人民，阻碍人民的觉醒和独立自觉人格的发展。

德国法西斯政府、日本军国主义政府实行的军国主义教育，把人民驯化成国家机器，扭曲人性，压抑独立人格的发展，都体现出德育的负面功能。

四、德育价值与德育价值观

（一）德育价值与德育价值观的含义

德育价值：德育满足人们的某种需要，就具有相应的价值。

由于不同的人对德育的需要是不同的，因此德育对不同的人或群体就具有不同的价值、意义，这就构成了不同的德育价值观。

（二）社会本位的德育价值观

强调德育为社会服务，为群体服务，为政治服务，认为国家、社会、集体的利益高于一切，高于个人；个人的利益无足轻重。因此就要求忠诚、付出、奉献、燃烧、牺牲，要求培养"服从"、"听话"、规矩的好人。社会本位的德育价值观在我国古代历史上具有悠久的历史。在德育内容上，就重视思想教育、政治教育、意识形态的教育。

这种德育由于"高、大、上"的特色，结果往往是"假、大、空"，所培养的人易于成为道貌岸然的、一本正经的伪君子，就像"岳不群"。

社会本位论走向极端，就是国家主义。

（三）个人本位的德育价值观

强调以人为本，以学生为本，德育要为个人的发展和幸福服务，尊重人的独立人格、个人尊严，个人的追求、价值，注重培养个人良好的个性品质。如我国兴起的生活德育、生命德育等。

个人本位论走向极端，就是个人主义、个人自由主义。可见，社会本位论和个人本位论是两个极端。因为个人并不是自然人，而是一定社会历史、文化中的人。人不只有自然生命，还有社会生命、文化生命。

（四）启蒙与解放的德育价值观

古今中外，大凡先进的教育家，都主张德育应追求民主、自由、平等、博爱的社会理想。培养学生去为实现美好的社会而奋斗，把教育作为解放人，使人摆脱受压迫、受剥削、受统治的工具，把教育作为使人类获得民主、自由、平等的途径、方法、手段。

我国古代的儒家思想，尤其是先秦的儒学创始人，如孔子、孟子等，对德育的启蒙意义就有所认识。他们的价值观是立足社会、面向社会的、具有历史文化意识与社会责任意识的个人价值观，而非社会本位的价值观。

在当代西方，许多知识分子秉承批判的传统，部分吸取马克思主义思想理论，提出了启蒙与解放取向的德育价值观。如批判教育学、改造主义教育学、解放教育学等。在他们看来，教育即批判，教育即启蒙，教育即解放，教育即自由。

下面我们看看马克思主义创始人的德育解放主义价值观。

马克思主义创始人的思想精华、思想核心，就是解放受剥削、受压迫、受奴役的工人、农民，追求平等、自由、解放、民主，最后解放全人类。解放，不仅是从身体束缚、政治束缚、经济束缚中解放出来，更是从文化与思想、精神束缚中解放出来，成为政治上、经济上、文化上、思想意识上、精神上的独立者，从必然王国进入自由王国。

解放的过程是从批判与揭露开始的。即让人民群众认识到自己所遭受的各种剥削、压迫、束缚。这种批判与揭露当然是批判和揭露资产阶级对人民群众的剥削与压迫。

在《共产党宣言》中，马克思、恩格斯批判道：

> 资产阶级在它已经取得了统治的地方把一切封建的、宗法的和田园诗般的关系都破坏了。它无情地斩断了把人们束缚于天然尊长的形形色色的封建羁绊，它使人和人之间除了赤裸裸的利害关系，除了冷酷无情的"现金交易"，就再也没有任何别的联系了。它把宗教虔诚、骑士热忱、小市民伤感这些情感的神圣发作，淹没在利己主义打算的冰水之中。它把人的尊严变成了交换价值，用一种没有良心的贸易自由代替了无数特许的和自力争得的自由。总而言之，它用公开的、无耻的、直接的、露骨的剥削代替了由宗教幻想和政治幻想掩盖着的剥削。资产阶级抹去了一切向来受人尊崇和令人敬畏的职业的神圣光环。它把医生、律师、教士、诗人和学者变成了它出钱招雇的雇佣劳动者。资产阶级撕下了罩在家庭关系上的温情脉脉的面纱，把这种关系变成了纯粹的金钱关系。

资本家往往欺骗工人说，是他们创办的工厂、公司给工人以工作的机会，养活着工人，否则工人哪里去谋生呢？马克思、恩格斯一针见血地指出：是工人在养活资本家，不是资本家在养活工人。《1844 年经济学哲学手稿》批判道：[1]

> 工人生产的财富越多，他的产品的力量和数量越大，他就越贫穷。工人创造的商品越多，他就越变成廉价的商品。物的世界的增值同人的世界的贬值成正比。
>
> 工人在劳动中耗费的力量越多，他亲手创造出来反对自身的、异己的对象世界的力量就越强大，他自身、他的内部世界就越贫

---

[1] 《1844 年经济学哲学手稿》，人民出版社 2000 年版，第 51－54 页。

乏，归他所有的东西就越少。

工人生产得越多，他能够消费的越少；他创造价值越多，他自己越没有价值、越低贱；工人的产品越完美，工人自己越畸形；工人创造的对象越文明，工人自己越野蛮；劳动越有力量，工人越无力；劳动越机巧，工人越愚笨，越成为自然界的奴隶。

劳动为富人生产了奇迹般的东西，但是为工人生产了赤贫。劳动生产了宫殿，但是为工人生产了棚舍。劳动生产了美，但是使工人变成畸形。劳动用机器代替了手工劳动，但是使一部分工人回到野蛮的劳动，并使另一部分工人变成机器。劳动生产了智慧，但是给工人生产了愚钝和痴呆。

资本主义制度把社会变成了金钱社会，造成了"金钱万能"的现象，使拜金主义盛行。《1844年经济学哲学手稿》多次大篇幅引用莎士比亚《雅典的泰门》里的话来深刻揭露资本主义社会的金钱万能现象:[1]

金子！黄黄的、发光的、宝贵的金子！不，天神啊，我不是无聊的拜金客……这东西，只这一点点儿，就可以使黑的变成白的，丑的变成美的；错的变成对的，卑贱变成尊贵，老人变成少年，懦夫变成勇士……啊，你可爱的凶手，帝王逃不过你的掌握，亲生的父子会被你离间！你灿烂的奸夫，淫污了纯洁的婚床！你勇敢的玛尔斯！你永远年轻韶秀、永远被人爱恋的娇美的情郎，你的羞颜可以融化了黛安娜女神膝上的冰雪！你有形的神明，你会使冰炭化为胶漆，仇敌互相亲吻！

……货币的力量多大，我的力量就多大。货币的特性就是我的

---

① 《1844年经济学哲学手稿》，人民出版社2000年版，第141－145页。

特性和本质力量。因此，我是什么和我能够做什么，决不是由我的个人特征决定的。我是丑的，但我能给我买到最美的女人……我……是个跛子，可是货币使我获得二十四只脚……我是一个邪恶的、不诚实的、没有良心的、没有头脑的人，可是货币是受尊敬的，因此，它的占有者也受尊敬。货币是最高的善，因此，它的占有者也是善的。此外，货币使我不用费力就成为不诚实的人，因此，我事先就被认定是诚实的。

……如果我有进行研究的本领，而没有进行研究的货币，那么我也就没有进行研究的本领，即没有进行研究的有效的、真正的本领。相反，如果我实际上没有进行研究的本领，但我有愿望和货币，那么我也就有进行研究的有效的本领……货币就已是个性的普遍颠倒：它把个性变成它们的对立物，赋予个性以与它们的特性相矛盾的特性。

……货币也是作为这种颠倒黑白的力量出现的。它把坚贞变成背叛，把爱变成恨，把恨变成爱，把德行变成恶行，把恶行变成德行，把奴隶变成主人，把主人变成奴隶，把愚蠢变成明智，把明智变成愚蠢。

……它是一切事物的普遍的混淆和替换，从而是颠倒的世界，是一切自然的品质和人的品质的混淆和替换……谁能买到勇气，谁就是勇敢的，即使它是个胆小鬼。

在当代各种具有启蒙与解放倾向的教育思想理论中，巴西教育家弗莱雷的《被压迫者教育学》里面的思想理论，对我们或许更具有启示意义。

保罗·弗莱雷（1921—1997），出生于巴西累西腓市的一个军官家庭。1961 年，在累西腓市长的邀请下，弗莱雷开始参与该城市的扫盲工作。1964 年巴西发生了军事政变，巴西军队推翻了民主选举的联邦

图 13 《被压迫者教育学》封面

政府，所有的进步运动都受到镇压。弗莱雷因其"颠覆性"活动而被捕入狱，开始了长达 16 年的流亡生活。1969 年，弗莱雷应美国哈佛大学的邀请，离开拉丁美洲，赴哈佛大学任"发展和教育研究中心"的教授，并成为"发展和社会变革研究中心"的会员。在这一时期，弗莱雷写下了他著名的代表作《被压迫者教育学》。

弗莱雷敏锐地注意到：在阶级社会，在无产阶级的解放运动中，许多昔日的被压迫者、革命领袖，在革命成功之后，并不会平等地对待人民，尊重人民，而是摇身一变，很快就变成了新的压迫者，去压迫人民。

弗莱雷不是心理学家，却从心理学的角度进行了深刻而科学地探索，发现了原因，提出了对策。弗莱雷发现：

许多革命领袖在参加革命之前，他们是被压迫者，他们具有双重人格：一方面他们是被压迫者，具有被压迫者人格。另一方面，由于人的本性决定了人并不甘心被剥削、被压迫，总是梦想着或努力着翻身。翻身之后做什么样的人呢？做与他人平等相处的人吗？从来没有这样的做人榜样提供给我们。我们所看见的做人榜样、理想，就是"人上人"，也就是压迫我们的人。压迫者就是我们做人的榜样。"暴力和压迫的情况一旦形成，它便给生活其中的人带来一整套生活方式和行为模式——压迫者和被压迫者概莫能外。双方都置身其中，均带着压迫的烙印。"他们从小的经历，早已把这种做人榜样融化在他们的血液中。一旦翻身，就是做人上人，享受身处他人之上、令人仰望的美妙感觉。"就被压迫者自身的现实经历的某个方面来说，压迫者及其生活方式对被压迫者有不可抗拒的吸引力。分享这样的生活方式成了他们孜孜以求的目标。在这一狂热中，被压迫者不惜一切代价以求酷似压迫者，去模仿他们，追随他们。"最后，干脆就把全部人民当作剥削与压迫的对象。由此，革命领袖就完全地、彻底地变成新的压迫者了。

那么，如何避免被压迫人民的子女将来可能成为新的压迫者呢？这就需要被压迫者教育学。被压迫者教育学有两个显著的阶段：

在第一阶段，被压迫者揭露压迫世界，并通过实践投身于改造压迫世界。

在第二阶段，压迫现实已被改造，这种教育学不再属于被压迫者，而成为永久的解放过程中所有人的教育学。

第一阶段的教育学必须解决被压迫者的意识与压迫者的意识问题。一个特别的问题是被压迫者的二重性：他们是内心矛盾、人格分裂的存在，由充满压迫和暴力的具体环境所造就并生存于其中。被压迫者身上具有二重性。他们同时既是自身又是将压迫者形象内化了的压迫者。由于被压迫者被淹没在现实之中，因此他们不能清楚地洞察这种"秩序"……这种秩序的种种限制烦扰着他们，他们常常会对同一阶级的人施以暴力，因一点点小事而对自己的同志大打出手。

殖民者或警察有权整天拷打本地人，侮辱他，让他在地上爬向他们。这时你会发现，只要另一个本地人以稍稍带有敌意或挑斗性的眼光看他，那他就会伸手去拿他的刀，因为他的最后一招就是要在同胞面前维护自己的尊严。

所以，打工要到外地去打，受外地人欺负、压迫，是可以接受的。如果在本地打工，本来你与别人是平起平坐的，这时却要受别人管理、指挥，觉得人格尊严受到侮辱，就受不了了。类似地，一个小孩被大人打了，他决不会还手。但是，如果是同样大小的孩子打了他，他就会还手。因为受大人欺负很正常，但受同伴欺负，就是丧尊严、丢人格的。

弗莱雷直接提出了"教育即政治"的口号，目的是希望通过教育让人们认识自己与社会，首先从政治上来解放自己，通过教育唤起人民（被压迫者）的觉醒，使他们认识到自己在历史创造与发展过程中的主体性，并最终获得人的解放。

弗莱雷通过研究发现：压迫者正是通过现实的教育把压迫与被压迫的关系具体化，并通过以下种种态度和做法贯彻执行压迫意识，维系强化统治结构：（1）教师教，学生被教；（2）教师无所不知，学生一无所知；（3）教师思考，学生被考虑；（4）教师讲，学生听——温顺地听；（5）教师制订纪律，学生遵守纪律；（6）教师做出选择并将选择强加于学生，学生唯命是从；（7）教师做出行动，学生则幻想通过教师的行动而行动；（8）教师选择学习内容，学生（没人征求其意见）适应学习内容；（9）教师把自己作为学生自由的对立面而建立起来的专业权威与知识权威混为一谈；（10）教师是学习过程的主体，而学生只纯粹是客体。

这样的教育，弗莱雷称之为灌输式教育。解放主义教育是提问式的教育，是对话教育，师生互为师生，平等、相互尊重，通过对话、交流、理解而进行教育。

第八章 德育人权论

德育人权论是研究德育领域的人权问题，包含两大方面的研究：一是研究人权教育问题，二是研究在德育活动中如何保障相关人的基本人权问题。"相关人"，主要是指德育活动中的学生和教师。之所以要探讨这个问题，是因为在德育活动中，学生与教师的基本人权时常可能遭到侵犯。德育人权论是教育人权论的一部分。德育人权论不等于人权德育论或人权教育论。教育人权论也不等于人权教育论。教育人权论主要研究三大问题：学生人权论、教师人权论、人权教育论。

一、人权概述

人权！人权！人权是当代社会中一个最受关注又最引起争议的问题。李步云先生在其大作《人权法学》中指出："二十一世纪将是人权受到空前尊重的世纪。"① 那么，人权是什么？我国的人权情况怎样？

（一）人权的含义

1. 人权的定义

人权的概念就像一张"普洛透斯的脸"，似乎谁都可以把它拿来按自己的理解修饰打扮一番。"根据有关学者的统计，各种关于人权的定

---

① 马各：《李步云：愿把一生献给中国的人权研究和教育培训事业》，《中国社会科学报》2011 年 6 月 28 日第 16 版。

义多达近三百种，但没有任何一个人权的定义能够为各个国家所普遍接受。"① 下面在我所见范围内随机罗列几个定义，仅供参考：

（1）李步云："人权是人作为人依其本性（包括自然属性和社会属性）所应当享有的权利，而不是任何外界的恩赐。人的自然属性是人权存在与发展的内在依据与目的，它包括人的天性（福利、自由、安全）、人的德性（平等、博爱、正义）和人的理性（理论、理念、理智）。人的社会属性是人权存在与发展的外在条件。"②

（2）王广辉："人为了满足其生存的需要而应当享有的权利。"③

（3）《中国人权百科全书》："人权是使人依其自然属性和社会本质所享有和应当享有的权利。"④

（4）Jack Donnelly："人权是一个人仅仅因为是人就拥有的权利。"⑤

（5）徐显明："人权是人的价值的社会承认，是人区别于动物的观念上的、道德上的、政治上的、法律上的标准。它包含着'是人的权利'、'是人作为人的权利'、'是使人成其为人的权利'和'是使人成为有尊严的人的权利'等多个层次。"⑥

（6）《伦理学大辞典》："在一定社会历史条件下，受到法律认可的、公民享有的政治、经济、社会文化等方面的人身自由权利和民主权利。人权是当前国际社会普遍关注的重大问题之一。享有充分的人权，是长期以来人类追求的理想。"⑦

（7）国际社会公认的人权概念：人们通常把联合国主持制定的

① 王广辉主编：《人权法学》，清华大学出版社 2015 年版，第 23 页。

② 马各：《李步云：愿把一生献给中国的人权研究和教育培训事业》，《中国社会科学报》2011 年 6 月 28 日第 16 版。

③ 王广辉主编：《人权法学》，清华大学出版社 2015 年版，第 4 页。

④ 刘海年、王家福主编：《中国人权百科全书》，中国大百科全书出版社 1998 年版，第 481 页。

⑤ 转引自王广辉主编：《人权法学》，清华大学出版社 2015 年版，第 24 页。

⑥ 徐显明主编：《人权法原理》，中国政法大学出版社 2008 年版，第 79 页。

⑦ 朱贻庭主编：《伦理学大辞典》（修订本），上海辞书出版社 2011 年版，第 57 页。

《世界人权宣言》、《经济、社会和文化权利国际公约》和《公民权利和政治权利国际公约》及其两项附加任择议定书合称为"国际人权宪章"。国际社会的人权概念，一般是指"国际人权宪章"及其他国际人权文书所确立的人权概念。国际社会的人权概念从内容上可以分为集体人权和个人人权两大部分。集体人权，是指国家和民族等集体在国际社会中应享有的各种权利，如民族自决权、发展权、各国对其自然资源享有的充分主权、和平权、环境权等。集体人权是第二次世界大战后在广大发展中国家登上国际政治舞台并积极推动下逐步确立起来的。个人人权不仅包括公民权利和政治权利，还包括经济、社会和文化权利。①

2. 人权的属性

人权，主要包括资本主义人权和社会主义人权。根据马克思主义基本原理，社会主义人权与资本主义人权之间，是既有共性，又存在特殊性、差异性。人权是普遍性与特殊性的统一。之所以存在特殊性、差异性，显然是由于不同社会的社会制度、历史文化传统、经济发展水平等具体的社会差异造成的。要消除这种差异性，追求普遍的、共同的人权，那就只有在社会差异缩小到一定范围之后的共产主义社会，才可能实现了。

3. 人权的内容

人权的具体内容，不同的社会也是不同的。国际社会公认的（个人）人权，已如上述，主要包括：公民权利、政治权利、经济权利、社会权利、文化权利。

公民权利和政治权利的主要内容为：不受酷刑和其他残忍、不人道的或有辱人格的待遇或处罚的权利，不受奴役和强迫劳动的权利，不受任意逮捕或拘禁的权利，迁徙和选择住所的自由，法律面前一律平等的权利，私生活、家庭、通信和住宅不受侵犯的权利，思想、良心和宗教

---

① 中国人权网：《国际社会的人权概念包括哪些内容?》

信仰自由的权利，和平集会、结社、游行示威的权利，持有和发表见解的自由，选举权和被选举权，宗教、语言、民族或种族上属于少数者的平等权利等。经济、社会和文化权利主要包括：工作和闲暇的权利，公正和良好的工作条件的权利，组织和加入工会的权利，社会保障的权利，家庭、母亲、儿童和少年受特殊保护的权利，相当生活水准的权利，身心健康的权利，受教育的权利及参加文化生活的权利等。[①]

我国人权专家把我国的人权内容大体划分为：生存权、平等权、自由权、参政权、社会权、文化权、财产权、发展权。

4. 人权不是什么[②]

人权不同于一般所谓"人的权利"。人权固然是人的权利，但人的权利不一定是人权，因为特权也是一种人的权利，而特权恰恰是与人权相对立的。人权是指人们对利益和权力占有的自由、平等关系，而特权则是指人们在利益和权力占有上存在的支配与被支配关系。

人权也不同于"公民权"，二者既有区别，又有联系。所谓公民，一般是指具有一国国籍，并根据该国宪法和法律的规定享有权利、承担义务的自然人。所谓公民权，是指国家宪法和法律对公民在社会生活中可以行使某种权利和行为自由的确认。在我国，通常所说的人权和公民权基本上是一回事。它们之间的区别表现在：第一，人权的主体更广泛，如在中国的外国人并不是中国公民，但他们也是人权的主体；第二，人权有个人人权和集体人权之分，而公民权就是公民个人的权利；第三，人权的实现不仅靠国内法保障，还靠国际法保障，尤其是集体人权的实现更需要国际保护，而公民权的实现只需依靠一国的宪法和法律来保障。

(二) 西方人权的发展简况

人权概念或人权思想不是突然出现的，而是有一个孕育、产生、发

---

① 中国人权网：《国际社会的人权概念包括哪些内容?》
② 中国人权网：《什么是人权?》

展的历史。西方人权思想萌芽于古希腊、古罗马时代，在中世纪的自然法学说中得到一定的发展，在文艺复兴中开始兴起，在启蒙运动中大放异彩，在资产阶级革命成功后被写入宪法，成为现代文明国家与社会的基石。

人权思想的理论基础是自然法和自然权利、天赋权利等思想理论。代表思想家如霍布斯、格劳秀斯、洛克、卢梭、孟德斯鸠等。在资产阶级革命成功之后，人权开始从观念走向实践，被法制化。如英国1679年的《人身保护法》和1689年的《权利法案》，美国1776年的《独立宣言》和1787年宪法及之后的宪法修正案，法国1789年的《人权与公民权利宣言》（也简称《人权宣言》）等。下面看看美国《独立宣言》和美国宪法、法国《人权宣言》的主要内容：

1776年美国《独立宣言》

1776年7月4日，此宣言由第二次大陆会议在费城批准。7月4日从此以后成为美国独立纪念日。其字里行间闪耀着批判性和创造性的光辉，因而被马克思称为人类历史上"第一个人权宣言"。[①]《独立宣言》不仅鼓舞和推动了美国乃至欧洲各国的资产阶级革命，而且为日后诞生的美国宪法奠定了政治基础。

> 我们认为下面这些真理是不言而喻的：人人生而平等，造物者赋予他们若干不可剥夺的权利，其中包括生命权、自由权和追求幸福的权利。
> 为了保障这些权利，人类才在他们之间建立政府，而政府之正当权力，是经被治理者的同意而产生的。

---

① 《马克思恩格斯全集》第16卷，人民出版社1964年版，第20页，转引自孙岳：《历史文本的翻译问题——以〈独立宣言〉的汉译过程为例》，《首都外语论坛》（年刊）2007年，中央编译出版社。

当任何形式的政府对这些目标具破坏作用时，人民便有权力改变或废除它，以建立一个新的政府……当追逐同一目标的一连串滥用职权和强取豪夺发生，证明政府企图把人民置于专制统治之下时，那么人民就有权利，也有义务推翻这个政府，并为他们未来的安全建立新的保障。

生命权、自由权、追求幸福的权利，等等，这些我们并不陌生，没有什么了不起的。问题在于：这些权利是谁给你的？如果是宪法给你的，那么宪法可以修改，就可能失去这些权利。例如：日本国内有一股势力，一直在试图修改"和平宪法"。又如：袁世凯上台之后，立马就废除了南京临时政府的《临时约法》，实行个人专制，剥夺了人民的许多权利。

但是，《独立宣言》宣称，这些权利是"造物者赋予的"。那也就是生来就有的，是任何人、任何政权、任何组织群体都不能侵犯的。政府、立法机关、宪法也不能剥夺这些权利。宪法、政府都只能保护这些权利。

如果哪个政府非但不保护人民的这些权利，反而侵犯人民的这些权利，实行独裁、专制，对人民强取豪夺，那么人民就可以起来造反。造反是人民的权利，是合法的。如果有些人甘愿当奴才，甘愿受奴役，怎么办呢？不行，造反是你的义务！你必须参与造反！否则，你就不是一个合格的公民！

一个政权，敢于公开让人民起来造自己的反——如果自己不为人民服务、实行专制，这需要多大的勇气、胸怀！当然，这是资产阶级革命时期才会有的正气。

宪法不是用来管理人民的，宪法是用来管理和规范政府的。少部分行政管理人员之所以不依法行政，就是因为他们认为，法律是用来管理被管理者的，而他们是管理者，是法律的执行者，所以法律不是管他们的。建立法治社会，管理人员必须改变这一错误的观念！

美利坚合众国宪法

通称美国联邦宪法或美国宪法，是世界上第一部成文宪法。1787
年 5 月，美国各州（当时为 13 个）代表在费城召开制宪会议，同年 9
月 15 日制宪会议通过《美利坚合众国宪法》。1789 年 3 月 4 日，该宪
法正式生效。后又附加了 27 条宪法修正案。

序　言

我们合众国人民，为了建立一个更完善的联邦，树立正义，确
保国内安宁，提供共同防御，增进公共福利，并保证我们自身和子
孙后代永享自由的幸福，特制定美利坚合众国宪法。

第一条

第一款　本宪法所授予的全部立法权均属于由参议院和众议院
组成的合众国国会。

资本主义国家的议会（国会）为什么多是由两院（或者叫上院、
下院等）组成？这两个院有什么不同？二者之间是什么关系？我们先看
众议院的议员规定：

第二款　众议员的数目，不得超过每三万人口有众议员一人，
但每州至少应有众议员一人。

众议员是各州按照人口数量以 1：3 万的比例选举出的。显然，人口
大州，其在众议院里的众议员人数也多。这具有民主性。那么，几个人口

大州的众议员，人数众多，如果他们联合起来，提出一个撤销夏威夷州的议案，每个众议员再去动员、游说一两个其他州的众议员，那么在投票的时候就很可能通过了。因为夏威夷州人口少，因此在众议院里的众议员人数也很少，所以那少数几个众议院阻止不了。这样做合理吗？这样的事情是民主的，符合少数服从多数的民主原则。但是这样的事情科学吗？具有科学性吗？这可能是多数人在侵犯少数人的正当利益呀！

执政党也阻止不了这种事情的发生。如何避免这种事情的发生？这就要靠参议院（或许还需要总统）了。

第三款　合众国的参议院由每州的州议会选举两名参议员组成之。

可见，不管是人口大州还是小州，在参议院里都只有 2 名参议员。以上事情就不可能在参议院发生。如果是众议院通过了那样的提案，那么参议院应该是可以否决的。首先，众议院通过的法案，应同时交由参议院投票表决。如果众议院是以 2/3 的人数通过的，但参议院是以 4/5 的人数反对，那么反对就有效，驳回众议院修改，再表决。如果众议院是 4/5 的人数通过的，而参议院只有 2/3 的人数反对，怎么办呢？这时候或许就只有依靠总统了。总统虽然没有立法权，但国会通过的法案需要总统宣布，才能够生效。如果总统一直不宣布，那么，或者是总统辞职、被弹劾，或者是总统解散国会，重新组织国会。

总之，权力不能集中在一方，以防专制。权力的行使，既要具有民主性，又要具有科学性。民主的东西，不一定科学。因为多数人的意见，只反映多数人的态度、愿望、利益等。多数人的意见不等于就是真理。另一方面，科学的东西，不一定民主。例如：如果通过科学的方法来分配恋爱对象，可以吗？一切都科学化，人生就没有兴味了！

第六款　参议员或众议员不得在其当选任期内担任合众国政府

任何新添设的职位，或在其任期内支取因新职位而增添的俸给；在合众国政府供职的人，不得在其任职期间担任国会议员。

这一条规定，是什么意思呢？意思就是：一个人不能把好处占完。自己又当裁判，又当运动员，那么你的判决就有可能不公正，而是偏向自己。

美国宪法修正案

随着时间的推移，法律法规被修改的情况是非常正常的。美国宪法也一样，一直在不断地修正。其中，美国宪法修正案第一至十条于1791年批准生效，也称为"权利法案"。

宪法修正案第一条　国会不得制定关于下列事项的法律：确立国教或禁止宗教活动自由；剥夺言论或出版自由；剥夺人民和平集会和向政府诉冤请愿的权利。

国会拥有立法权，但不是任何事情国会都可以立法的。例如前面所提到的"造物者赋予人的权利"，就不能立法进行剥夺。

宪法修正案第二条　管理良好的民兵是保障自由州的安全所必需，人民持有和携带武器的权利不得侵犯。

"人民持有和携带武器的权利不得侵犯"，如果让我们来起草这一法案，我们会怎样表述呢？我们很可能这样表述："人民有权持有和携带武器。"这样表述多简洁、清楚！但是，这样的表述与原表述存在一个根本性的差别："人民有权……"，人民的这一权利是哪里来的？这样的表述就表明：人民的这一权利是宪法赋予的。而宪法赋予的权利是可以收回的。原表述则表明：人民的该权利可能是造物者赋予的，宪法这里是在保护这一权利。宪法也不能侵犯人民的这一权利。

允许私人持有和携带武器，会不会导致社会上枪杀事件很多呢？确实，我们经常从媒体上看到美国枪杀事件的报道。在美国，几乎每天都会有枪击事件发生。据不完全统计，美国平均每天发生枪杀事件大约为1起，每天平均死于枪杀的人大约为1名（用枪自杀而死的人与死于他人枪杀的人现在基本上持平）。考虑到美国是一个大国，这些数字其实不算多高。

论者指出："社会上枪支多寡与犯罪率的关系并不想当然地明确，华盛顿曾经实行了32年之久的禁枪令，谋杀率非但未减反而明显增加。2007年哈佛法律与公共政策杂志研究报告发现，世界上人均枪支最多的七个国家，年谋杀率是十万分之一点二，而人均枪支最少的九个国家中，年谋杀率却是十万分之四点四。"[①]

人若要依靠暴力去干坏事，有没有枪并不是主要原因。主要原因往往是有了非分之想。人若想违法犯罪，即便没有枪，也很可能去干。例如可以用匕首、菜刀、砖头等工具去违法犯罪，甚至就凭自己的体力、拳头，也可以做出暴力行为。反之，即便禁枪，结果是大部分平民百姓没有枪，而想干坏事的人总有办法通过黑市等途径弄到枪。

美国允许私人持有和携带武器，主要有两个原因：第一，是预防政府实行专制、暴政、镇压人民，对人民横征暴敛、强取豪夺。《独立宣言》指出了，当这种情况发生，人民就有权利也有义务起来造反。美国军事那么发达，人民如果没有枪，凭什么与政府、军队对抗？所以必须有枪。第二，为了自卫。一个或少数几个人走在人少的地方，如果遇到几个歹徒劫财、劫色乃至害命，怎么保护自己呢？呼叫？打电话叫警察？……呼叫的话，自己可能死得更快！报警也没有用，等警察到来之

---

① Yoyo：《美国枪击案频发为何仍不禁枪》，《青年与社会》2012年第9期。

时，歹徒早已扬长而去，而你可能早就死在地上了。

除了美国，还有法国、瑞士等国是允许个人合法持有枪支的。"在法国乡间，很难找到一个家庭没有在床头藏着一把以备'不时之需'的手枪；在法国市区，在抽屉里藏把左轮枪的居民也有上百万"；"有句话说'瑞士家家有杆枪'，听起来很恐怖，但却是实情。由于全民防务政策，瑞士人家中有几个现役成年男子，就拥有几支枪。对于瑞士这样一个 200 年无战争，拥有 700 多万人口而言，它的枪支弹药人均拥有量远高于美国，是世界上最为军事化的国家。"论者指出：虽然美国的犯罪率在降低，但仍然高于中国，不过"在美国生活过的绝大多数中国人都觉得美国社会治安良好，大多数时间有安全感，警惕性放松到最低，在美经常忘记锁车门，回到车时都发现车内物品纹丝不动，有人干脆不锁房门就出去，也从来没有发生过被盗。总体来讲，美国社会治安还是很安全的。"①

宪法修正案第 18 条（1919 年）

从本条批准起一年以后，禁止在合众国及其管辖下的一切领土内酿造、出售或运送致醉酒类，并且不准此种酒类输入或输出合众国及其管辖下的一切领土。

啊！把致醉酒类当毒品了？啤酒也是可醉人的，难道啤酒也在禁止之列？喝酒的人为什么不起来反对呢？要是咱们中国有这样的法律，可能会有不少酒者起来闹事了！侵犯某些人的政治权利、某些基本人权，那些人不会闹事；倘若是要禁止喝酒，就很可能有某些人真要起来闹事的！

不准生产或运送致醉酒类，确实侵犯了人的饮食方面的某些基本自

---

① Yoyo：《美国枪击案频发为何仍不禁枪》，《青年与社会》2012 年第 9 期。

由。这样的法律迟早是要被修正的。

宪法修正案第 21 条（1933 年）

第一款　合众国宪法修正案第十八条现予废止。

第二款　在合众国各州、各领地或属地内为交付或使用致醉酒类而进行的运送或输入，如违反有关法律，应予禁止。

第三款　本条除非在国会送达各州之日起 7 年内经 3/4 之州议会批准为宪法修正案，不发生效力。

1789 年《法国人权宣言》

1789 年 8 月 26 日，法国资产阶级大革命在革命成功的前夜，召开了一次法国国民议会，制定了《人权和公民权宣言》，简称《人权宣言》。

法国国旗旗面由三个平行且相等的竖长方形组成，从左至右分别为蓝、白、红三色。据说这三色旗是法国大革命的象征，三色分别代表自由、平等、博爱。

组成国民议会的法国人民的代表们认为，不知人权、忽视人权或轻蔑人权是公众不幸和政府腐败的唯一原因，所以决定把自然的、不可剥夺的和神圣的人权阐明于庄严的宣言之中，以便本宣言可以经常呈现在社会各个成员之前，使他们不断地想到他们的权利和义务；以便立法权的决议和行政权的决定因能随时和整个政治机构的目标两相比较，从而就更加受到他们的尊重；以便公民们今后以简单而无可争辩的原则为根据的那些要求能经常针对着宪法与全体幸福之维护。

因此，国民议会在主宰面前并在他的庇护之下确认并宣布下述的人与公民的权利：

第一条 在权利方面，人们生来是而且始终是自由平等的。只有在公共利用上面才显出社会上的差别。

第二条 任何政治结合的目的都在于保存人的自然的和不可动摇的权利。这些权利就是自由、财产、安全和反抗压迫。

……

第十七条 财产是神圣不可侵犯的权利，除非当合法认定的公共需要所显然必需时，且在公平而预先赔偿的条件下，任何人的财产不得受到剥夺。

私有财产神圣不可侵犯之案例一

第二次世界大战时期，英国本土遭到了德国的轰炸，存在被亡国的危险。于是，英国的军方打算征用一块地，以修建军事基地。但是，被征用的地方有一户人家不同意。于是全国人民都对那一户人家给予了极大的谴责，并要求军方强制拆迁那一户。军方犹豫不决，最后报道给首相丘吉尔。丘吉尔说："我们打仗的目的就是保护人民的合法权益及财产不受伤害。如果我们拆了他的房子，我们打仗还做什么？"就这样，首相丘吉尔否决了"强拆"的意见。

私有财产神圣不可侵犯之案例二
英国穷老汉告败大富豪①

72 岁的老哈里是个流浪汉，却在英国伦敦北部著名的汉普斯特西斯富人区拥有了一块面积约 9 平方米的土地。这一带以豪宅和保护良好

---

① 温玉顺、张迪：《国外拆迁故事是真的还是假的》，《文苑》（内蒙古新华报业中心主办）2011 年第 3 期。

的森林闻名，影片《诺丁山》也曾在这里拍摄过优美的镜头。老哈里的"家"原来是一个疗养院的旧址，该疗养院搬到新建筑后，他就住了进来。他白天拾荒卖废品，无事时坐在捡来的木椅上晒太阳。可是在2005年，疗养院的地产被卖给了一个名叫乔治·维斯的富人。维斯计划投资8000万英镑，建设一座全英国最豪华的公寓。他要把老哈里和他的破烂儿一起清除出去。一位照顾过哈里的医生得知此事，帮助他向社会福利处申请了一名免费律师，律师帮助老哈里战败了富商，赢得了他的房子。

按照英国的《占住者权利法》，只要一个人在一地居住12年以上而无人提出异议，就可以拥有土地所有权。2007年3月，法庭将一份由伦敦地政局颁发的编号为"NGL870156"的地契送到哈里的手中。现在老哈里与豪宅间只有几层树木相隔。哈里说，他坚信一句老话：穷人的房子，风可以进，雨可以进，可国王不能进！

私有财产神圣不可侵犯之案例三
巨型停车场夹着个气球屋①

在电影《飞屋环游记》中，主角卡尔和挚爱的妻子共度了几十年。在妻子去世后，卡尔一直守在他们的老屋，拒绝对开发商让出房子，开发商还不敢断水断电，连邮件和报纸都按时送到。如果说这是一个电影情节的话，那么在美国的西雅图，就有一位这样的老奶奶"顽固"地住在自己的房子里，任凭小院子的外面建成了巨型多层停车场。无奈的开发商只好让步，修改了停车场的设计，硬生生地凹进去一部分，让出了老奶奶的房子。老奶奶每天照常出门买菜，直到2008年因患癌症去世。

经过调查，这位老奶奶名叫艾迪丝·梅斯菲尔德，通晓包括德语和

① 温玉顺、张迪：《国外拆迁故事是真的还是假的》，《文苑》2011年第3期。

法语等多种语言。在"二战"期间，她曾受国家委派赴欧洲收集情报。战后，她在英国照顾战争孤儿，直到她母亲病重，才回到美国照顾母亲到她去世。艾迪丝在牙科医生的诊所工作到退休。

感人的是，虽然老人没有留下后人，可是至今那个停车场的主人不仅没有打算拔掉这个"钉子"，反而像影片《飞屋环游记》那样，给老房子系上了彩色气球，老人收集的玻璃小动物也整齐地摆在窗格上。现在，艾迪丝的房子成了当地受游客欢迎的纪念地。

私有财产神圣不可侵犯之案例四
成田机场斗争了几十年①

这是一个真实的故事，有纪录片《三里冢》供参考。

20世纪60年代，日本政府着手在东京近郊修建新的国际机场，候选地的四成面积为国有地，其余为当地农民的耕地。"私有土地很容易买到手"，这样想着，政府就单方面拍板决定将三里冢的住民蒙在鼓里。虽然政府凭借《土地征用法》两次以强制手段征得土地，但1978年3月，4000余名反对者闯入成田机场，占领管制塔。

事件发生后，时任日本首相的福田赳夫公开表示："做了对不起全世界的事。"此后，政府主动向三里冢住民道歉，以怀柔政策让农民们坐回谈判桌。

2009年10月，B滑行道投入使用，1974年的设计规划终于在35年后实现。而计划中的第三条C滑行道，因另几家"钉子户"的存在，至今未修完。为不影响"钉子户"的正常生活，成田机场不允许在晚11点至早晨6点间起降飞机。投在防噪音和电波辐射的资金超过600亿日元。

---

① 温玉顺、张迪：《国外拆迁故事是真的还是假的》，《文苑》2011年第3期。

用谷歌地图俯瞰日本成田国际机场，不难发现几处横亘在平滑跑道中央的醒目"绿洲"——钉子户。"三里冢运动"震惊了国际，当事人和专家都出版了各类专著和回忆录。日本导演小川绅介的系列纪实片《三里冢》把"钉子户"送上了大银幕，该片获得多项日本和国际大奖。

（三）联合国人权事业发展简况

1. 联合国的成立和《联合国宪章》

1945 年 4 月 25 日，"联合国国际组织会议"在美国旧金山开幕，包括中国在内的 50 个国家的 280 多名代表出席大会。6 月 25 日，与会代表一致通过了《联合国宪章》，26 日举行签字仪式。按照四个邀请国英文字母的顺序，中国是第一个在宪章上签字的国家。中国代表第一个在《宪章》的中、法、俄、英、西 5 种联合国正式语言文件上签字。随后是法、苏、英、美 4 国代表依次签字，然后才是与会的其他 45 个国家，后又有波兰补签。1945 年 10 月 24 日，经安理会五个常任理事国和大多数签署国的批准，《联合国宪章》正式生效，联合国正式成立。1947 年 10 月 24 日，联大正式设立"联合国日"。

《联合国宪章》中有关人权问题的规定

（1）在"序言"部分，指出："重申基本人权，人格尊严与价值，以及男女与大小各国平等权利之信念。"

（2）在第一章"宗旨及原则"之第一条，规定："发展国际以尊重人民平等权利及自决原则为根据之友好关系，并采取其他适当办法，以增强普遍和平"，"促成国际合作，以解决国际属于经济、社会、文化及人类福利性质之国际问题，且不分种族、性别、语言或宗教，增进并激励对于全体人类之人权及基本自由之尊重。"

（3）第十三条规定："以促进经济、社会、文化、教育及卫生各部门之国际合作，且不分种族、性别、语言或宗教，助成全体人类之人权及基本自由之实现。"

（4）第五十五条规定：联合国应促进"全体人类之人权及基本自由之普遍尊重与遵守，不分种族、性别、语言或宗教。"

（5）第六十二条规定：经济及社会理事会"为增进全体人类之人权及基本自由之尊重及维护起见，得作成建议案。"

（6）第六十八条规定："经济及社会理事会应设立经济与社会部门及以提倡人权为目的之各种委员会，并得设立于行使职务所必需之其他委员会。"

2. 联合国人权委员会（人权理事会）

1946 年 6 月，在联合国经济与社会理事会第二次会议上，依据《宪章》第 68 条的规定，设立了联合国人权委员会，这是联合国内处理一切有关人权事项的主要机构。人权委员会的成员是国家的代表，而不是以个人身份当选。它是联合国经济与社会理事会的职司委员会，它也帮助联合国人权事务高级专员办事处开展工作。

人权委员会初建时只有 18 个成员国，1979 年扩大为 43 国。1992 年第 48 届会议起，成员国增至 53 个，从联合国经济社会理事会的成员国中选出。每年（通常是 5 月）改选大约三分之一的成员国席位，任期三年。成员国席位按地域分配。

中华人民共和国自 1971 年恢复在联合国的合法席位后，就开始参与联合国大会和经社理事会关于人权问题的讨论，并自 1979 年起连续 3 年作为观察员出席人权委员会会议。1981 年，中国在经社理事会第一届常会上当选为人权委员会成员国，并连选连任至今。

2006 年 3 月 15 日，第 60 届联合国大会以 170 票赞成、4 票反对、3 票弃权的表决结果通过一项决议，决定设立共有 47 个席位的人权理事会，以取代总部设在瑞士日内瓦的人权委员会。美国、以色列、马绍尔群岛和帕劳投了反对票，委内瑞拉、伊朗和白俄罗斯在表决中弃权。联大共有 191 个成员国，但 7 个成员国因拖欠联合国会费被取消了表决权，另有几个成员国未参加投票。

人权理事会是联合国大会的下属机构，比原来的人权委员会升高了一个级别。原来的人权委员会则归联合国经济和社会理事会管辖。可见，成立人权理事会是为了加强联合国的人权事业。新的联合国人权理事会拥有 47 个席位：亚洲 13 席、非洲 13 席、东欧 6 席、拉丁美洲和加勒比海地区 8 席、西欧及其他国家集团 7 席。

在选举理事会成员时，必须考虑候选国在促进和保护人权方面所作的贡献。理事会成员国每届任期 3 年，最多可连任一次。经三分之二成员国同意，联合国大会可中止严重违反人权的国家的人权理事会成员资格。

图 14　张彭春与罗斯福夫人庆祝
《世界人权宣言》顺利完成

3．1948 年《世界人权宣言》

《世界人权宣言》由 1946 年成立的联合国人权委员会负责起草。加拿大籍法学专家约翰·汉弗莱是主要起草人。参与者包括美国总统罗斯福的遗孀埃莉诺·罗斯福（起草委员会主席）、中华民国籍的张彭春（起草委员会唯一副主席）与吴德耀、黎巴嫩籍的马利克、和法国的卡森等人。该文件于 1948 年 12 月 10 日提交联合国大会表决。在出席的 56 个成员国中，48 票赞成，0 票反对，8 票弃权，另有 2 国代表缺席。1950 年，联合国大会规定，每年 12 月 10 日为"世界人权日"。

张彭春先生以儒家的知识和智慧，为成功起草《世界人权宣言》作出了杰出的贡献。自 1947 年 1 月 27 日联合国人权委员会第一次全体会议的召开，到 1948 年 12 月 10 日宣言在联合国大会表决通过，张彭春先生全程参与了宣言的起草订立过程。在宣言中，我们依稀可以看到儒家的精神。

《世界人权宣言》由一个序言和30 条构成。

《世界人权宣言》主要内容
序言

　　鉴于对人类家庭所有成员的固有尊严及其平等的和不移的权利的承认，乃是世界自由、正义与和平的基础，鉴于对人权的无视和侮蔑已发展为野蛮暴行，这些暴行玷污了人类的良心，而一个人人享有言论和信仰自由并免予恐惧和匮乏的世界的来临，已被宣布为普通人民的最高愿望，鉴于为使人类不致迫不得已铤而走险对暴政和压迫进行反叛，有必要使人权受法治的保护，鉴于有必要促进各国间友好关系的发展，鉴于各联合国国家的人民已在联合国宪章中重申他们对基本人权、人格尊严和价值以及男女平等权利的信念，并决心促成较大自由中的社会进步和生活水平的改善，鉴于各会员国业已誓愿同联合国合作以促进对人权和基本自由的普遍尊重和遵行，鉴于对这些权利和自由的普遍了解对于这个誓愿的充分实现具有很大的重要性，因此现在，大会发布这一世界人权宣言，作为所有人民和所有国家努力实现的共同标准，以期每一个人和社会机构经常铭念本宣言，努力通过教诲和教育促进对权利和自由的尊重，并通过国家的和国际的渐进措施，使这些权利和自由在各会员国本身人民及在其管辖下领土的人民中得到普遍和有效的承认和遵行。

30 条内容可以概括为 5 个部分：

第1—3 条为"人权的原则"：

第一条　人人生而自由，在尊严和权利上一律平等。他们赋有理性和良心，并应以兄弟关系的精神相对待。

第二条　人人有资格享受本宣言所载的一切权利和自由。

第三条　人人有权享有生命、自由和人身安全。

第4－12条规定的是"政治与公民权利"。

第四条　任何人不得使为奴隶或奴役……

第五条　任何人不得加以酷刑……

第六条　人人在任何地方有权被承认在法律前的人格。

第七条　法律之前人人平等，并有权享受法律的平等保护，不受任何歧视。……

第十二条　任何人的私生活、家庭、住宅和通信不得任意干涉，他的荣誉和名誉不得加以攻击。人人有权享受法律保护，以免受这种干涉或攻击。

第13—21条规定的是"人身权利和自由"：

第十三条　(一)人人在各国境内有权自由迁徙和居住。(二)人人有权离开任何国家，包括其本国在内，并有权返回他的国家。

第十四条　(一)人人有权在其他国家寻求和享受庇护以避免迫害。(二)在真正由于非政治性的罪行或违背联合国的宗旨和原则的行为而被起诉的情况下，不得援用此种权利。

第十五条　(一)人人有权享有国籍。(二)任何人的国籍不得任意剥夺，亦不得否认其改变国籍的权利。

第十六条　(一)成年男女，不受种族、国籍或宗教的任何限制有权婚嫁和成立家庭。……(二)只有经男女双方的自由和完全的同意，才能缔婚。㈢家庭是天然的和基本的社会单元，并应受社会和国家的保护。

第十七条　㈠人人得有单独的财产所有权以及同他人合有的所有权。㈡任何人的财产不得任意剥夺。

第十八条　人人有思想、良心和宗教自由的权利；此项权利包括改变他的宗教或信仰的自由，以及单独或集体、公开或秘密地以教义、实践、礼拜和戒律表示他的宗教或信仰的自由。

第十九条　人人有权享有主张和发表意见的自由；此项权利包括持有主张而不受干涉的自由，和通过任何媒介和不论国界寻求、接受和传递消息和思想的自由。

第二十条　㈠人人有权享有和平集会和结社的自由。㈡任何人不得迫使隶属于某一团体。

第二十一条　㈠人人有直接或通过自由选择的代表参与治理本国的权利。㈡人人有平等机会参加本国公务的权利。㈢人民的意志是政府权力的基础；这一意志应以定期的和真正的选举予以表现，而选举应依据普遍和平等的投票权，并以不记名投票或相当的自由投票程序进行。

第22—27 条规定的是"社会、经济和文化权利"：

第二十二条　每个人，作为社会的一员，有权享受社会保障，并有权享受他的个人尊严和人格的自由发展所必需的经济、社会和文化方面各种权利的实现，这种实现是通过国家努力和国际合作并依照各国的组织和资源情况。

第二十三条　㈠人人有权工作、自由选择职业、享受公正和合适的工作条件并享受免于失业的保障。㈡人人有同工同酬的权利，不受任何歧视。㈢每一个工作的人，有权享受公正和合适的报酬，保证使他本人和家属有一个符合人的生活条件，必要时并辅以其他方式的社会保障。(四)人人有为维护其利益而组织和参加工会的权利。

第二十四条　人人有享有休息和闲暇的权利，包括工作时间有合理限制和定期给薪休假的权利。

第二十五条　(一)人人有权享受为维持他本人和家属的健康和福利所需的生活水准，包括食物、衣着、住房、医疗和必要的社会服务；在遭到失业、疾病、残废、守寡、衰老或在其他不能控制的情况下丧失谋生能力时，有权享受保障。(二)母亲和儿童有权享受特别照顾和协助。一切儿童，无论婚生或非婚生，都应享受同样的社会保护。

第二十六条　(一)人人都有受教育的权利，教育应当免费，至少在初级和基本阶段应如此。初级教育应属义务性质。技术和职业教育应普遍设立。高等教育应根据成绩而对一切人平等开放。(二)教育的目的在于充分发展人的个性并加强对人权和基本自由的尊重。教育应促进各国、各种族或各宗教集团间的了解、容忍和友谊，并应促进联合国维护和平的各项活动。(三)父母对其子女所应受的教育的种类，有优先选择的权利。

第二十七条　(一)人人有权自由参加社会的文化生活，享受艺术，并分享科学进步及其产生的福利。(二)人人对由于他所创作的任何科学、文学或美术作品而产生的精神的和物质的利益，有享受保护的权利。

第28—30条规定了"权利的限制"：

第二十八条　人人有权要求一种社会的和国际的秩序，在这种秩序中，本宣言所载的权利和自由能获得充分实现。

第二十九条　(一)人人对社会负有义务，因为只有在社会中他的个性才可能得到自由和充分的发展。㈡人人在行使他的权利和自由时，只受法律所确定的限制，确定此种限制的唯一目的在于保证对旁人的权利和自由给予应有的承认和尊重，并在一个民主的社会中适应道德、公共秩序和普遍福利的正当需要。㈢这些权利和自由的行使，无论在任何情形下均不得违背联合国的宗旨和原则。

　　第三十条　本宣言的任何条文，不得解释为默许任何国家、集团或个人有权进行任何旨在破坏本宣言所载的任何权利和自由的活动或行为。

4. 联合国人权公约（国际人权公约）

　　"宣言"只具有宣传、鼓励、教育和提高人们的认识的作用，没有法律效力。因此，《世界人权宣言》颁布之后，联合国人权委员会就开始着手制订具有法律效力的人权公约和监督履行机制。1952 年，联合国大会第375次全体会议要求人权委员会"起草两个人权公约……一个包含公民权利和政治权利，另一个包含经济、社会和文化权利"。1966年 12 月 16 日，两个人权公约以及《公民权利和政治权利国际公约第一任择议定书》在联合国大会通过。根据公约的规定，两个公约都需要经过 35 个国家的批准才能够生效。直到 1976 年 1 月 3 日，《经济、社会和文化权利国际公约》才先后有 35 个国家批准或加入文书被交存，该公约于当年 3 月 23 日开始执行。到 2009 年，已经有 164 个缔约国。《公民权利和政治权利国际公约》以同样的方式于 1976 年 3 月 23 日正式生效。

　　国际人权公约为什么要分成两个呢？因为世界各国的政治与社会制度、历史与民族文化传统、公民素养等的差异巨大，情况异常复杂，一个国家要完全接受联合国的人权公约，可能非常困难。所以人权委员会把人权的内容区分为两大领域——"公民权利和政治权利"与"经济、社会和文化权利"，分别形成两个公约。两大领域中，"经济、社会和文化权利"与一个人的生存与发展更密切，是人的最迫切和最必需的权利，而且相比"公民权利和政治权利"而言，其政治性、意识形态性略弱一些，所以相对而言要容易实现。因此，该公约被称为"A 公约"，而《公民权利和政治权利国际公约》被称为"B 公约"。

但是，人权内容的两大领域各自内部的不同内容之间，在实现过程中还是有难易之分，所以还需要继续细分，并制订相关监督履行机制。因此，《公民权利和政治权利国际公约》还有两个任择议定书。第一任择议定书与《公民权利和政治权利国际公约》是同时通过并生效的，由此构建了一个独立的上诉机制，使成员国内的个人在其人权遭到侵犯而得不到保障之后，个人可以直接向联合国人权委员会提交申述。联合国人权委员会的处理可能被认为是侵犯了该国的主权，所以这一机制需要从《公民权利和政治权利国际公约》中独立出来，单独成为一个公约。一个国家可以批准和遵守《公民权利和政治权利国际公约》，但不必批准和遵守该第一任择议定书。这样就给各国提供了选择机会，保证人权有差别、有步骤地实现。《公民权利和政治权利国际公约》的第二个任择议定书于 1989 年 12 月通过，1991 年 7 月 11 日生效。其主要内容是废除死刑的相关规定。

《经济、社会和文化权利国际公约》也有一个任择议定书，于 2008 年 12 月 10 日联合国大会通过。该任择议定书规定：缔约国内的个人在其经济、社会或文化之权利受到侵犯时，个人可以自行或联名提交或以其名义向联合国经济、社会与文化权利委员会提交申述，由该委员会直接处理。但是，受理的前提是："除非委员会已确定一切可用的国内补救办法均已用尽，否则委员会不得审议来文。如果补救办法的应用被不合理地拖延，本规则不予适用。"

我国加入两公约的情况：1997 年 10 月 27 日，我国驻联合国代表在《经济、社会和文化权利国际公约》上签字，2001 年 2 月 28 日，全国人大常委会批准了该公约，当年 3 月 27 日提交了批准书，当年 6 月 27

日该公约开始对我国生效。1998 年 10 月 5 日，我国代表在联合国总部代表中国政府签署了《公民权利和政治权利国际公约》。考虑到国内法律的差距，至今我国的全国人大都还没有批准。

（四）中国人权的发展简况

我国古代就孕育着人权思想，如孟子的"民为贵，社稷次之，君为轻"等。18 世纪后期，随着留学欧美以及后来留学日本的知识分子的大量回归，资产阶级的民主、人权思想逐渐传入。[①]

留学英国、后来在香港任律师的何启与胡礼垣，在他们于 1887 至 1889 年间所著的《新政真诠》书中提出："权者乃天之所为，非人之所立也。天既赋人以性命，则必畀以顾性命之权；天既备人以百物，则必与以保其身家之权。"他们还说："各行其是，是谓自主。自主之权，赋之于天……人若非作恶犯科，则此权必无可夺之理。"该书还提出"人人有权，其国必兴；人人无权，其国必废"的观点。

郑观应在 1892 年所著《盛世危言·原君》文后曾附日本学者深山虎太郎所写《民权共治君权三篇》一文。该附文篇头曰："民受生于天，天赋之能力，使之博硕丰大，以遂厥生，于是有民权矣。"

1891 年，康有为在《实理公法全书》中曾经说过："人有自主之权。"11 年后，康有为于 1902 年最后完成的《大同书》中才详细地阐述了他的人权思想："欲去家乎，但使大明天赋人权之义，男女平等皆独立，故全世界人，欲去家界之累乎，在明男女平等，各有独立之权始矣，此天予人之权矣……"

梁启超关于民权的诸多精辟之论直接来源于日本。他在《三十自述》一文中："天生人而赋之以权利，且赋之以扩充此权利之智识，保护此权利之能力，故听民之自由焉，自治焉，则群治必蒸蒸日上。"他直接使用人权概念的判断是："中国……今所以幸得此习俗之自由者，

---

① 徐显明主编：《人权法原理》，中国政法大学出版社 2008 年版，第 36－55 页。

悖官吏之不禁耳；一旦有禁之者，则其自由可以忽消灭而无复踪影。而官吏所以不禁者，亦非尊重人权而不敢禁也，不过其政术拙劣，其事务废弛，无暇及此云耳。"

1903 年，柳亚子因"读卢梭《民约论》，倡天赋人权之说，雅慕其人，更名曰人权，字亚卢"。

1915 年，陈独秀在《敬告青年》中指出："近代欧洲之所以优越他族者，科学之兴，其功不在人权说下，若舟车之有两轮焉"，因此"国人而欲脱蒙昧时代，羞为浅化之民也，则急起直追，当以科学与人权并重。"陈独秀还对人权进行了比较详细的定义。

1929 年 3 月，国民党三全大会决议结束军政，实行训政，追认《训政纲领》，实行"党治"，国民党强化了独裁的专制政治。这引起了全国舆论的哗然。于是，1930 年 4 月 20 日，国民党下达了一道《人权保障令》。但这不过是欲盖弥彰。全国人民异常愤怒。胡适首先发难，在《新月》第 2 卷第 2 号至第 9 号上发表了一系列文章进行尖锐批判。如《人权与约法》、《我们什么时候才可有宪法》、《人权与约法的讨论》等。紧随其后，罗隆基发表《论人权》、《告压迫言论自由者》、《专家政治》等；梁实秋发表《论思想统一》、《孙中山先生论自由》等；刚归国的政治学博士王造时发表《由"真命天子"到"流氓皇帝"》等……这些文章在全国产生了轰动，读者声援信像雪片一样飞到《新月》编辑部。连蔡元培也致信胡适说"振聋发聩，不胜佩服"。后来，胡适把其中一些文章集成《人权论集》。国民党政府非常害怕，通过教育部警告胡适，胡适不为所动。于是国民党又组织了一些反驳、批判胡适等的文章。收效甚微之后，国民党中央宣传部密令查禁（不是查封）《新月》杂志和《人权论集》。在国民党的打压下，胡适被迫北上北京，罗隆基被捕入狱，《新月》最后也不得不停刊。

1949 年 10 月 1 日，中华人民共和国宣告成立。中国的人权事业进入了一个崭新的时代。但是，"人权"理论方面的发展却陷入停滞。因为这被当作资本主义的东西。不过，"人权"概念偶尔也会被正面地使用。如《中国金融》半月刊1953年就发表过好几篇有关"人权"问题的文章：4月1日发表《湖南安乡支行行长朱冠军严重违法乱纪侵犯人权，酷刑拷打干部》，4月16日发表《云南建水支行侵犯人权造成冤狱事件的处理经过》，8月14日发表《已严肃外理朱冠军侵犯人权事件中共湖南省委纪律检查委员会》，8月14日发表《切实记取朱冠军侵犯人权的教训》；《黑龙江政报》1953年1月31日发表《黑龙江省人民政府发出关于对明水县公安局长李圃、副局长王德阳等侵犯人权、殴打运输公司经理、股长的错误处理的命令》，等等。

但是，学术界基本上是把"人权"当作资本主义的东西而列为禁区，或者就是批判资本主义的人权。直到1978年党的十一届三中全会以后，学术界才开始正面人权问题，进行探讨。《社会科学》1979年第3期还发表了《国内报刊关于"人权"问题的讨论综述》。

1980年，中国派出观察员代表团参加联合国人权委员会的会议。1981年4月，中国在联合国理事会会议上以高票当选为联合国人权委员会成员。

1991年11月1日，国务院新闻办公室发表《中国的人权状况》白皮书。这是我国政府发表的第一个人权白皮书，也是我国第一个关于人权问题的官方文件。

1992年10月10日，新华社报道：《马克思、恩格斯、列宁、斯大林、毛泽东论人权》一书最近出版。

1993年1月，中国人权研究会成立，3月在国家民政部登记。该组织是由北京9所高等院校、7个研究所和中华全国总工会、中华全国妇女联合会等群众团体中研究和关心人权问题的专家、学者发起的全国性民间学术团体。

1995年12月27日，国务院新闻办公室发表第二个人权事业报告《中国人权事业的进展》白皮书。白皮书全面阐述了1991年至1995年我国人权状况的重大进展和良好发展态势。

1997年9月，党的"十五大"报告指出："共产党执政就是领导和支持人民掌握管理国家的权力，实行民主选举、民主决策、民主管理和民主监督，保证人民依法享有广泛的权利和自由，尊重和保障人权。"这大概是党的全国性重要会议第一次提到人权问题，表明中国共产党开始高度重视在中国的人权问题。

2000年2月17日，国务院新闻办公室发表《中国人权发展五十年》白皮书，对新中国成立后50年人权发展状况进行了全面的回顾和总结。

2002年1月22日，中国规模最大、最权威的综合性人权网站——"中国人权网"在经过一系列的改版、扩版后，全新推出。同年2月10日，中国人权领域第一份专业杂志——《人权》正式创刊。

2004年3月14日，第十届全国人民代表大会第二次会议通过了《中华人民共和国宪法修正案》，"国家尊重和保障人权"写入宪法第三十三条第二款。"人权入宪"是中国人权发展的重要里程碑。

2009年4月13日，国务院授权国务院新闻办公室发布《国家人权行动计划（2009—2010年）》。这是中国政府制定的第一份以人权为主题的国家规划，是全面推进中国人权事业发展的阶段性政策文件，是中国政府落实尊重和保障人权这一宪法原则，积极推动科学发展，促进社会和谐的一项重大举措，是中国政府在人权领域做出的庄严承诺。

2012年6月11日，经国务院授权，国务院新闻办公室发布了《国家人权行动计划（2012—2015年）》。

二、道德领域中侵犯人权的现象

道德本来是利他的行为。但是在我国，道德有时候会成为干涉和侵犯他人人权的工具。一些人会借助道德的名义，要求甚至强求他人在公交车上给有特殊需要的乘客让座，如果被要求让座者拒绝，要求者就可能辱骂对方，甚至进行暴力攻击。一些人会公开要求明星、富豪或中了彩票大奖的人给有特殊需要者进行捐款，如果被要求者拒绝，要求者就会批评他们为富不仁、缺乏爱心等等。

这种现象被称为道德绑架。道德绑架有许多具体的表现形式。有一种道德绑架，往往声称"我们都是为你好"、"我们不会害你的"、"我们做这些都是为了你"……在这种"为你好"的善意外衣之下，其实暗含着说话者的"必须按我说的做"的心理，一种强迫和控制他人的欲望。

不仅一些个人会干道德绑架的事情，偶尔还有行政机关也会如此。例如：

> 2008 年 7 月 2 日，郑州市十二届人大常委会第三十八次会议上，审议了《郑州市城市公共交通条例（草案）》。其中规定，乘客应主动让位给老人、孕妇等特殊乘客。不履行义务，驾驶员、售票员可以拒绝其乘坐，城市公共交通行政主管部门还可以对乘客处以 50 元罚款。[①]

一些义务性的活动（此"义务"不是指与"权利"相对的"义务"，而是指"不要报酬的"），往往成为摊派。有时候单位或党委要求党员或领导干部必须去做。

道德依靠的是自觉，依靠人们自觉自愿地做出利他行为。我们也可以号召、宣传他人去做利他行为。我们的宣传、号召应晓之以理、动之以情。我们不能以自己的势力、权力、钱财、权威等方式对他人施加压力，强迫他人去做道德行为。强迫他人去做道德行为，这种做法本身就

---

① 李琳：《强迫让座：用法律绑架道德》，《中国社会导刊》2008 年第 16 期。

是不道德的，因为这种做法没有尊重他人的独立人格和个人尊严，没有尊重他人的自由意志。

对于道德绑架现象，古人早有察觉。《道德经》第 38 章就指出："上礼为之而莫之应，则攘臂而扔之。"这种追求"礼"的行为，在《道德经》看来，结果只能是"夫礼者，忠信之薄而乱之首"。

在普通人看来，道德就是做好事，就是帮助他人或群体。这样的理解是不完整的。道德有高低不同的层次、要求。其中最低的层次、要求，应当是尊重人、把人当人看。这虽然是最低层次，最低要求，但似乎却是最难做到的。既然最难做到，那怎么会是最低层次、最低要求呢？为什么不是较高层次、较高要求呢？我们是这样来理解的：第一，道德往往被当作做出利他行为、付出、奉献，或者是钱财上的付出，或者是精力上的付出，或者是时间上的付出，等等。但是，尊重人、把人当人看，并不要求我们付出什么，只是对我们态度上、观念上等的要求。所以这种付出是最少、最低的。第二，如果不尊重人，不把人当人看，那么对他人的一切帮助、付出，都是次要的，是工具性的，是在前提错误（即没有尊重对方）的基础上的付出。所以从整个过程上看，是不道德中的道德。"不道德中的道德"，还是不道德的。因为这种道德，是在"不道德"的大范围之中。就如同"坏人中的好人"，这种"好人"还是坏人。就如同"矮子中的高子"，这种"高子"拿出去与真正的高子相比，还是矮子。可见，尊重人、把人当人看，可以说是"道德场"、"道德背景"、"道德范围"、"道德境界"。只有在这个范围、场合、背景、境界之中做出的道德行为，才是真正的道德行为。在这个范围、场合、背景、境界之外做出的道德行为，终究不是道德行为，不过是沾了一点道德的光而已。

不道德中的道德，就是通过不道德的方式去做道德，在不道德的动机下做道德，为了不道德的目的而做道德，等等。所以，尊重人、把人当人看，又可以说是第一道德，是道德的起步（第一步）。从这一步走上去，就进入道德场了。

　　人们经常在谈论道德的底线。那么，道德的底线究竟是什么？它与这里我们所说的第一道德、道德的起步之间是什么关系呢？

　　在我们看来，道德的底线应该是不做坏事，不做不道德的事，是遵纪守法，不违法犯罪。如果用数字、分数等量化方式来表示道德水平，那么各种道德水平可能是这样的：

图15　道德的底线

　　如上：道德底线为0分，既不做坏事，也不做好事。是道德和不道德的分界点。我们认为遵纪守法就在这一点上。可能有人会说，能够做到遵纪守法已经不是0分，而是有一定的道德水平了。其实，遵纪守法有两方面的含义：一是积极意义上的，是指个人自觉、主动地遵纪守法。二是消极意义上的，是指个人畏惧法纪、害怕遭到惩罚等而被动地遵纪守法。我们说的0分，是从消极、被动的角度来说的。

　　第一道德、道德的第一步，即1分（假定分数都是整数，没有半分、零点几分的情况），是尊重人、把人当人看。第二步是有同情心、怜悯心。与之相反的 −2 分就是冷漠，没有同情心。

　　我们把道德上的及格（60分）暂定为具有"公正"这样的道德品质。"60分为公正"具有两方面含义：第一，一个人即便具有同情心、爱心、怜悯之心、诚实、节俭等等，并不表明在道德水平上已经合格。那么，会不会有这样的情况呢：一个人具有公正品质，但缺乏爱心、节俭、勤奋等品质？当然有这样的情况。那么，一个缺乏爱心、节俭等品质、而只具有公正品质的人，在道德水平上就可以算是60分，合理吗？

须知,很少有这样的人:他(她)只具有公正品质而没有其他品质。在重要性上,有一些道德品质是同等并列的、价值是同样大小的,另有一些要重要一些、价值大一些。此外,不同的道德品质之间,存在着各种复杂的关系,不同道德品质之间不是机械的、简单堆积在人身上的。这是非常复杂的问题,这里不专门探讨。

我们把犯罪暂定为道德水平上的 – 60 分,把罪大恶极、恶贯满盈暂定为 – 100 分,那就是说这样的人或行为已经是最恶劣、最坏的了。那么,违法算是多少分呢?或许可以暂定为 – 45 分吧!或者在 – 40 分 — – 50 分之间。

以上这些都只是初步的思考,是大体上的、方向性的,不是确定的,其价值与其说在于给出答案,倒不如说在于提出了问题和思路。

三、侵犯学生基本人权的现象

在德育活动中存在着一些不尊重学生的人权、干涉或侵犯学生基本人权的现象。

(一)德育目的与内容方面

根据马克思主义基本原理可以推论出:德育的根本目的应当是在思想、政治、意识形态、道德等方面,引导和教育学生掌握这些领域的基本规律,摆脱客观必然性的盲目制约,获得自由。以道德教育为例,其根本目的应当是引导和教育学生掌握道德规律,摆脱道德客观必然性的盲目制约,从道德必然王国进入道德自由王国,实现道德解放。道德解放的基本含义,是指成为道德上自律的人,而非他律的人;成为道德主人,而非道德奴仆;达到孔子所说的"随心所欲不逾矩"境界。但是,我们的道德教育在目的上主要在于使学生形成各种美德和养成良好的道德行为习惯,学生虽然知道做人要诚实、要有爱心,要感恩,要廉洁,要有集体主义精神……但是,学生并不真正懂得做人为什么要诚实、为什么要有爱心、为什么要感恩……也就是说，我们在道德教育上只是教育他们"知其然"，没有教育他们"知其所以然"。

（1）信仰领域：《世界人权宣言》第十八条指出："人人有思想、良心和宗教自由的权利；此项权利包括改变他的宗教或信仰的自由……"因此，在思想教育、信仰教育问题上，就不能把某种确定的思想体系、信仰灌输给学生，而应教给学生正确选择、确定自己的信仰的方法。

（2）人生领域：《世界人权宣言》第26条规定："教育的目的在于充分发展人的个性并加强对人权和基本自由的尊重。"第22条规定："每个人，作为社会的一员，有权享受社会保障，并有权享受他的个人尊严和人格的自由发展所必需的经济、社会和文化方面各种权利的实现。"这就表明，个人拥有自己的人生发展权。

人生发展权是个人对自己的人生目标、人生价值、人生道路、人生态度、做人原则等进行自由、自主地决定的权利。"我的生命我做主"！我的人生要走什么道路、我想做一个什么样的人、我想如何度过我的一生……应当由个人自由、自主地决定。这就是个人人生发展的自由。父母、学校、教师等只能是帮助学生进行理性地选择，但决不能够代替学生进行包办，不能代替学生设计他们个人的人生道路、人生目标等。

（3）"私德"领域："私德"包括勇敢、节约、勤奋、骄傲、谦虚、大方……我是要做一个勇敢的人还是做一个胆小的人；我是做一个简朴、节约的人，还是做一个出手阔绰的人，应由我自己决定。节约教育只能教育学生节约的道理，不能把节约、节俭这样的教条灌输给学生。

我丢了两个馒头，招惹了谁？

高三学生王某在学校食堂买了一个馒头，吃了一半，觉得不好吃，就扔了，又去买了两个包子来吃。政治老师刘某看到了这一幕，就走了过来。

刘老师严正地说："你为什么把馒头扔了？"

王某："难以下咽。"

老师："其他同学都吃得下去，为什么就你吃不下去呢？你这是浪费！"

王某："我真的感到吃不下去。馒头一点味道都没有。"

老师："你不知道现在正在提倡光盘行动吗？"

王某："光盘行动应该针对公款消费。"

老师："全国人民都要践行光盘行动。"

王某："为什么？"

老师："节约是中华民族的传统美德。"

王某："馒头是我用自己的钱买的。"

老师："粮食是农民伯伯辛苦种出来的。"

王某："我用属于我自己的钱买的馒头，馒头就属于我，不属于农民伯伯了。我怎么浪费农民的粮食了？再说了，现在种粮食不辛苦了，每年粮食都是大丰收，卖又不赚钱，大米都在喂猪了。许多阿姨养的宠物都不吃馒头啊！"

老师："我们昨天才学习了我国的粮食安全问题，你忘记了吗？"

王某："现在是小康社会，不存在粮食安全问题。粮食安全问题存在于温饱社会。"

老师："你忘了课堂上讲的？我国有多少耕地面积？我国人均粮食占有量多少？"

王某："大米每斤才两三块钱，价格那么低，比许多蔬菜、水果还便宜，哪有什么粮食安全问题？"

老师："万一遇到天灾呢？"

王某："那就涨价呗！市场调节啊！"

老师（生气地）："你胡扯！"

王某："我觉得当前的粮食安全问题主要是质量安全问题，不是数量安全问题。"

老师："什么意思？"

王某："你没有发现许多粮食作物的品种越来越少、产量越来越高、味道越来越不好吗？像转基因粮食，究竟有没有安全问题，专家的意见都不一致，就已经开始卖了。"

老师："这个问题我们国家早已有政策了。相信党，相信政府！……产量越来越高，正是科技进步的标志。"

王某："等到水稻亩产 1000 公斤，农民伯伯就都失业了。"

老师："怎么会？"

王某："那时候的大米恐怕就一块钱一斤了，赚什么啊？就现在两三块钱一斤，也没有赚头。"

老师：……

在这个案例中，老师对浪费问题并没有真正的"知"。老师只是表面上看到学生仍馒头就认为是浪费，但是对市场经济时代商品的所有权及其买卖问题、消费经济（以消费促生产）、消费观念、粮食安全问题等并没有多少认识，所以只能对学生生气、发火、缺乏条理与逻辑地争吵。按照这种落后的消费观念推论开去，那么全国人民都只吃馒头和窝窝头，都住蜗居，都看黑白电视，出门都挤公交车，那么我国的饮食业、房地产业、轿车产业等岂不是要倒闭了？

（二）德育过程与方法方面

在德育过程与方法中，可能存在"不择手段"的现象。只要能够有助于实现德育目标，获得德育实效，方法的人道性、民主性、人权性等问题可能是不被考虑的。可能存在用不道德的方法进行道德教育的现象。学生还没有理性地想清楚究竟要做一个什么样的人、要遵循什么样的做人原则、要发展和形成哪些品质、人格，我们就已经把他们"教育"和"培养"成我们所希望他们成为的人了。这种存在不道德性、不人道性嫌疑的过程与方法，往往是靠诉诸学生的非理性心理来进行的，如环境熏陶、榜样示范、观察模仿、艺术感染、心理暗示、行为训练……尊重学生人权的方法，应当是诉诸学生理性的方法，让学生明白为什么，然后自觉地去追求、发展。德育过程与方法应是向学生公开的而非而悄悄地去进行，不应让学生被动地、消极地（不情愿地）得到发展。

四、人权教育论

既然尊重人、把人当人看是第一道德，是道德的第一步，那么相应地，人权教育就是第一德育，是德育的第一步。

从世界范围来看，自觉的、正式的人权教育在20世纪中后期已经兴起，必将在21世纪成为价值教育的热点。

大力提倡和推动人权教育的，当属联合国教科文组织。20世纪70年代以来，联合国教科文组织制订了许多人权教育的相关文件，在全世界推动人权教育活动。如：1974年制订了《关于国际理解、国际协作及国际和平的教育和关于人权及基本自由的教育建议》；1993年，联合国教科文组织在蒙特利尔召开了"关于人权和民主主义教育国际会议"，并发表了《关于人权和民主主义教育的"世界行动计划"》。

1994年，第49届联合国大会通过了决议"联合国人权教育十年（1995—2004年）行动计划"，并颁发了报告书《联合国人权教育十年行动计划：人权教育——终身学习》，指出："人权是联合国宪章规定的基本权利，人权教育应是一个终身过程，人们借此学习尊重他人的尊严。"联合国大会吁请各国政府将人权教育的目标指向充分发展人的个性及加强对人权和基本自由的尊重。其第二条指出："所谓人权教育，是指借助传递人权知识和技能以及形成人权态度以构筑人权这一普遍性文化为目的而开展的培训、普及和宣传活动。其内容包括：进一步强化对人权和基本自由的尊重；充分发展人格及人格尊严之观念；促进各国人民、土著人以及不同人种、民族、种族、宗教、语言之间的相互理解、宽容、性别平等和友好关系；推进所有个体有效地参与自由社会；促进联合国维护和平的活动。"

相应地，联合国教科文组织也于 1994 年发表了《和平、人权、民主主义教育宣言》，并于 1995 年发布《关于和平、人权、民主主义教育的综合行动纲要》。

1998 年，为纪念《世界人权宣言》发表 50 周年，联合国人权中心编发了《人权教育入门——初中等学校的实践活动》（1998 年）。该"入门"指出："一般地，人权可定义为人性中本来所具有的、没有它则人就无法生存的一种权利。我们既可借助人权和基本自由来充分发展人的特性、智慧、才能和良心，也可凭借它满足人的精神需求及其他要求。人权和基本自由是以尊重每个人应有的尊严与价值和保障他们不断提高生活需要为基础的。否定人权和基本自由不仅是个人的悲剧，而且还会在社会及国家之间埋下暴力和纷争的种子，导致社会与政治环境的不安定。"

在联合国大会及相关组织的倡导下，人权教育迅速兴起。例如：1978 年，在纪念《世界人权宣言》发表 30 周年的会议上，欧洲评议会建议要重视人权教育："所有个人应在尽早的机会里自觉地意识到人权和责任，为此，旨在建设民主主义社会的人权和基本自由的教育是极其重要的"，"为确保人权和基本自由的教育在学校教育、教师培训以及教师在职教育的各种课程中拥有适当位置，欧洲评议会所属的各国政府应根据本国教育制度而采取万全之策。"1985 年，欧洲评议会第 385 届内阁委员会提出了"关于学校人权教学和学习的建议"和"学校人权教育和学习提案"。该建议指出："在多元化民主主义社会中，作为人生准备之一环，所有青年应在学习与生活中接受人权教育"，"学校人权学习的目的在于使学生理解和接受正义、平等、自由、和平、尊严、权利和民主主义的观念。"

随着世界范围内的人权教育的兴起，我国的人权教育与研究也在20世纪末期发展起来。

首先是人权研究机构的建立。中国社会科学院在原人权理论研究课题组（20世纪80年代末成立）的基础上成立了中国社会科学院人权研究中心。该中心是中国社会科学院院属研究机构。据说这是中国大陆成立最早的人权研究和倡导机构。1990年，山东大学就成立了"人权研究室"，并于1994年升格为山东大学人权研究中心。1991年10月8日，中国人民大学人权研究中心成立。1997年4月25日，北京大学法学院"人权研究中心"成立，后改名"人权与人道法研究中心"。

21世纪前后，国内许多高校纷纷成立了这样的机构，如：2000年10月，湖南大学法治与人权研究中心成立；2002年4月21日，复旦大学人权研究中心成立；2002年6月，中国政法大学成立人权与人道主义法研究所；2000年前后，西南政法大学陆续成立了司法与人权研究中心；2004年，四川大学成立人权法律研究中心；2004年7月，广州大学成立人权研究中心；2005年4月8日，南开大学人权研究中心成立……

2011年10月13日，教育部在北京举行国家人权教育与培训基地授牌仪式。南开大学人权研究中心、中国政法大学人权研究院和广州大学人权研究与教育中心成为首批三家国家级人权教育与培训基地。2014年7月22日，教育部、国新办在京向中国人民大学人权研究中心、复旦大学人权研究中心、武汉大学人权研究院、山东大学人权研究中心和西南政法大学人权教育与研究中心共5所第二批国家人权教育与培训基地授牌。

2009 年 4 月 13 日，国务院授权国务院新闻办公室发布了《国家人权行动计划（2009—2010 年）》。这是中国政府制定的第一份以人权为主题的国家规划。第四部分为"人权教育"，规定："国家将结合普法活动，积极依托现有的义务教育、中等教育、高等教育、职业教育体系和国家机关内的培训机构以及广播、电视、报刊、网络等多种媒体，有计划地开展形式多样的人权教育，普及和传播法律知识和人权知识。"并对中小学人权教育、高校人权教育、公职人员的人权教育培训、大众的人权教育活动、人权知识普及教育以及人权教育方面的国际交流与合作等做出了详细的规划。

2012 年 6 月 11 日，经国务院授权，中华人民共和国国务院新闻办公室发布了《国家人权行动计划（2012—2015 年）》。第四部分又是专门规划"人权教育"的内容，指出："广泛开展各种形式的人权教育和培训，在全社会传播人权理念，普及人权知识。"规定："将人权教育纳入公务员培训计划"、"加强中小学人权教育"、"鼓励高等院校开设人权公选课程和专业课程"、"鼓励并推动企事业单位普及人权知识"、"鼓励新闻媒体传播人权知识"、"发挥国家人权教育与培训基地的作用"。

相比我国法学界对人权教育的重视，我国教育学界关于人权的研究成果还不够多。人权教育的目的，不只在于让学生掌握人权的相关知识、理论，更在于培养学生的人权意识，树立人权精神，具有人权思想观念，能够自觉地维护自己和他人的人权、追求人权。

第五篇

德育目的与培养目标论

第九章　德育目的论

德育作为人类社会中的一种有意识的实践活动，它的目的是什么？它要追求什么、希望实现什么？这就是德育的目的。德育的目的不只是指德育活动所培养的人在思想政治道德等方面的总体要求、质量规格，它还体现了一种对未来社会的追求，对美好社会的展望、希望，这种希望主要寄托在一代一代的学生身上。

一、德育目的概论

当今我国德育学界在德育目的方面，已经做了许多研究，如研究了德育目的的内涵、德育目的与教育目的的关系、德育目的的基本特征，德育目的确立的依据、德育目的的基本作用与功能，德育目的的形态与结构，以及我国中小学德育目的的沿革，等等。

在我们看来，德育目的包括两个方面或两个层次：

第一个方面（层次）是学术界研究得最多的，那就是指德育活动所要培养的人应当具有怎样的思想政治道德品质。这个方面是针对学生而言的，是希望学生在接受德育之后应达到怎样的品质规格。我们把德育的这个方面的目的称为德育的个体目的。

第二个方面是：为什么要培养具有这些品质的学生？学生达到这样的品质要求之后，我们希望他们去做什么？希望他们不犯上作乱、遵纪守法、维护现实社会的稳定吗？希望他们去建设一个新的社会、实现某种社会理想吗？这就是德育的社会目的。

德育的个人目的与德育的社会目的是两个概念，两个范畴，不应混淆起来。但是，这两个概念之间存在密切的关系。一般而言，有什么样的理想社会，就会提出什么样的个人目的。个人目的往往受到社会目的的制约。

我国德育学界往往会研究"确立德育目的的依据"这样的问题，并提出了生产力和科技发展水平、政治制度、经济制度、社会文化传统、个体心理发展水平等是确立德育目的的主要依据。这些结论当然是正确的。另一方面，我们必须看到，德育目的是人来确定的。因此，不同的人（或组织、群体）往往会提出不同的德育目的。例如：政府或执政党，往往会从维护社会稳定、使学生适应现实社会的角度提出德育的个人目的。教育家、思想家等人则往往会从他们心目中理想的社会角度提出德育的个人目的。

二、德育的社会目的

教育研究者不能就教育论教育。因为教育与社会其他因素具有复杂的联系，与人有复杂的联系。所以教育研究者必须熟悉人类社会发展的历史，熟悉个体发展的毕生历程，因此就必须花费时间去学习研究哲学、人类学、心理学、社会学、历史学、文化学……教育研究者必须深刻了解现实社会，必须预测未来社会的发展方向，形成自己的社会理想，作为教育人、培养人的客观依据。

所以，一个教育思想理论或德育思想理论，如果没有在对现实社会进行理性审视或批判的基础上展望未来美好社会，没有对理想社会的向往、描绘、设计，只是埋头设计教育或德育的个体目的，那样的教育思想理论或德育思想理论是缺乏深度或高度的，是缺乏远大目光和宽广视野的。正唯如此，古今中外大凡伟大的教育家，都有自己的理想社会，作为其教育追求的根本方向与指针。

古代那些伟大的教育家，往往并非纯粹的教育家，他们首先是哲学家、政治思想家。他们的教育思想理论只是他们的政治思想或社会理想的一部分。无论是中国古代的孔子、孟子、荀子，还是古希腊的苏格拉底、柏拉图、亚里士多德；无论是近代中国的蔡元培、陶行知，还是外国的杜威、苏霍姆林斯基，等等，无不如此。

孔子的理想社会

孔子在不同场合，对他的理想社会有过多方面的描绘，如："天下有道"、"天下归仁"、"天下大同"、"天下为公"，"老者安之，朋友信之，少者怀之"，等等。孔子理想的社会是一个和谐、秩序井然、充满温馨和爱的社会，是"君君、臣臣、父父、子子"的社会。国君像个国君，有仁德，言行端正，为全国人民的表率，而非肆意妄为的人。国君"敬事而信，节用而爱人，使民以时"。在人才方面，"举直错诸枉"，选贤任能，而不任人唯亲。国君是贤德之人，像尧、舜那样实行禅让制。在君臣关系上，是"君使臣以礼，臣事君以忠"。普通国事而召集大臣开会，不能按照个人生活习惯而随意地在晚上、凌晨、周末等进行。国君能够"博施于民，而能济众"，能够"己欲立而立人，己欲达而达人"。臣民像臣民，安分守己，勇于承担自己的职责和义务，没有非分之想。臣侍奉国君有原则，那就是"以道事君"、"直道而事人"。大臣能够"修己以敬、修己以安人、修己以安百姓"。父亲像父亲，慈爱子女，在家能够做好表率；子女像子女，尊敬长辈。邻里和睦，相互关心；朋友之间有真挚的友谊，是志同道合的人，事业与人生上能够相互帮助、促进。

一般认为，孔子在《礼记·礼运》中提出了"大同社会"这一影响深远的社会理想：

大道之行也，与三代之英，丘未之逮也，而有志焉。大道之行也，天下为公。选贤与能，讲信修睦。故人不独亲其亲，不独子其子。使老有所终，壮有所用，幼有所长，矜寡孤独废疾者皆有所养。男有分，女有归。货恶其弃于地也，不必藏于己；力恶其不出于身也，不必为己。是故谋闭而不兴，盗窃乱贼而不作，故外户而不闭，是谓大同。

《礼记·礼运》对小康社会的描述是这样的：

今大道既隐，天下为家，各亲其亲，各子其子，货力为己。大人世及以为礼，城郭沟池以为固，礼义以为纪，以正君臣，以笃父子，以睦兄弟，以和夫妇，以设制度，以立田里，以贤勇知，以功为己。故谋用是作，而兵由此起。禹、汤、文、武、成王、周公，由此其选也。此六君子者，未有不谨于礼者也。以著其义，以考其信，著有过，刑仁讲让，示民有常。如有不由此者，在势者去，众以为殃，是谓小康。

我们需要注意的是：孔子一直把禹、汤、文、武、周公等人称为"圣人"。奇怪的是，这些圣人治理下的社会却还只是小康社会而非大同社会！而且，这里把孔子心目中的"圣人"改称为"君子"了！

孔子为了追求和实现自己的理想社会，孜孜不倦地奋斗了一生。他在55岁左右的时候，出走鲁国，从此周游列国14年之久，颠沛流离14个诸侯国，希望得到各国统治者的任用，去实施自己的政治抱负。其间的酸楚，非常人能够承受。例如：

在离开卫国而去陈国的路上，经过匡地，孔子被匡人误以为是阳货（名虎，字货，曾掠杀匡人），而被匡人拘禁五天。

刚离开匡、经过蒲地时，又遭到蒲人阻截。学生们愤怒不已，一番冲杀，打得难分难解，最后才讲和而放孔子一行离开。

在宋国，险遭司马桓魋加害。孔子一行只得分散化装出逃，约定到郑国相聚。

到了郑国，孔子一个人站在城东门附近，等待学生们到来。学生们到处打听寻找孔子，郑人或谓子贡曰："东门有人，其颡似尧，其项类皋陶，其肩类子产，然自要以下不及禹三寸，累累若丧家之狗。"

在郑国不被待见，孔子一行就往陈国去，在陈国待了3年。楚国注意到孔子的活动，打算聘请孔子。孔子就去向陈国辞行。陈、蔡当权的大夫们害怕孔子被楚国重用，会对自己不利，就共同派遣一些服劳役的人把孔子和他的弟子包围起来。孔子一行陷入了一片方圆八百余里的荒无人烟的地区，在此绝粮7日，生命垂危。孔子几近绝望，拿出琴弦，弹唱起《诗经·小雅》里的一首诗来：

> 何草不黄？何日不行？何人不将？经营四方。
> 何草不玄？何人不矜？哀我征夫，独为匪民。
> 匪兕匪虎，率彼旷野？哀我征夫，朝夕不暇。

弹唱别人的曲子还难以表达心中的无奈、无助，孔子干脆自己即兴创作了一首《倚兰操》弹唱起来：

> 习习谷风，以阴以雨。子之于归，远送于野。
> 何彼苍天，不得其所！逍遥九州，无所定处。
> 世人暗蔽，不识贤者。年纪逝迈，一身将老！
> 伤不逢时，倚兰作操。

孔子那时已经是63岁的老人了，为了理想，带着一群学子，竟沦落到这个地步，不令人感慨唏嘘吗？但是，尽管生存环境如此险恶，孔子的志向依然坚定。学生子路愤懑地大声责问："君子亦有穷乎？"孔子回答说："君子固穷，小人穷斯滥矣！"

孔子知弟子有愠心，乃召子路而问曰："吾道非邪？吾何为于此？"子路曰："意者吾未仁邪？人之不我信也。意者吾未知邪？人之不我行也。"子路认为是自己的德才修养还不够，所以才流落至此。孔子对于这样的回答当然不满意。

子路出，子贡入见。孔子曰："吾道非邪？吾何为于此？"子贡曰："夫子之道至大也，故天下莫能容夫子。夫子盖少贬焉？"子贡认为是老师的理想太高远了，一般人接受不了，所以建议老师降低目标。孔子当然不愿意，回答道："赐，良农能稼而不能为穑，良工能巧而不能为顺。君子能修其道，纲而纪之，统而理之，而不能为容。今尔不修尔道而求为容。赐，而志不远矣！"

子贡出，颜回入见。孔子曰："吾道非邪？吾何为于此？"颜回曰："夫子之道至大，故天下莫能容。虽然，夫子推而行之，不容何病，不容然后见君子！夫道之不修也，是吾丑也。夫道既已大修而不用，是有国者之丑也。不容何病，不容然后见君子！"这样的回答师生才满意，于是大家重振精神，克服困难，最后终于走出了困境。

柏拉图的"理想国"

柏拉图在其著作《理想国》中也设计了一个理想的社会。

首先，柏拉图为什么要写《理想国》？当时的雅典可是一个民主国家呀！国家一切事务皆由 500 人组成的议会讨论投票决定，多么民主呀！这样的社会有什么不好吗？

其实，民主制国家并不是最好的国家。民主有两种类型：一是选举制。通过人民选举把德才兼备的人选拔出来治理社会、国家。但是，选举制并非完美的制度。且不说那些品德和学识不够但口才和演讲能力突出的人容易被选拔出来，导致不公正。即便把那些真才实学的人选拔出来，让他们来治理社会、国家，是不是很完美呢？看起来是的。但是，德才兼备、真才实学的精英人物也是人，他们开始当政的时候，或许还能够全心全意为人民服务。随着时间的推移，各种复杂的利益、权力等交织冲突，他们会慢慢地发生一些看不见的变化。例如：开始时，他们还能够严格遵守制度，严禁用公车接送亲人。但是，假设他们的子女或父母生了急病，一时没有别的办法赶快送到医院，这时候旁边的人建议用他们的用公车接送，他们或许就默认了。慢慢地，即便不是急病等紧急情况，他们也习惯用公车接送自己的亲人了。又如：机关单位食堂，开始时是以为职工服务为宗旨，不盈利的。慢慢地，饭菜价格一降再降，工作餐就变成福利性质的了。医疗等也一样。于是，这些精英人物主持制定的许多规章制度乃至法规，就倾向于对他们那些精英阶层有利了。精英阶层就开始慢慢地变质了。

选举制政治变成了精英政治。普通人民群众终其一生也难以有从政的机会，甚至连基层政府也难以进入，连基层的政府或权力机关的代表也难以被选举上。

雅典人敏锐地看到了选举制的这些缺点，所以后来干脆实行抽签制。采用抽签制，任何有政治权利的成年人都有平等的机会从政。这是非常公正、民主的。民主、民主，就是让人民当家做主嘛！由选举制实行的民主，人民群众却几无机会。抽签制，真正地保证了普通人民群众有治理社会、国家的机会。这才是真正的民主嘛！

但就是在这样真正民主的国家，一个追求智慧和美德的哲学家苏格拉底，却被议会的民主决定判处死刑！公正何在？柏拉图陷入了沉思。原来，政治上只有民主还不够，民主不是完美的。民主不等于科学、正义。多数人的观点、意见、看法，往往不是真理。真理总是掌握在少数人的手里（问卷调查的结果，反映的只是多数人的意见，不等于真理。我们一些研究生却往往把问卷调查的结果当正确的东西，由此提出相应的教育建议、对策）。不能把民主放在科学的前面。科学第一，民主第二。科学性的决策、提案等等，如果民主讨论通不过，当然不能由权力强行通过，而是应提高代表们的科学水平，再讨论、通过。不要急于通过嘛！要把道理讲通、讲透。

基于这样的思考，柏拉图创作了《理想国》。首先，从心理学上看，正常人的心理主要有理性、意志、欲望三种成分。在一个理想的国家，主要有三个阶层的人：

一是国家的最高统治者，领导和治理全国，他是全国的哲学王，心理成分以理性为主，最有智慧的品质。他是神用金子造的。

二是军人，职责是保卫国家，心理成分以意志为主，最有勇敢的品质。军人是神用银子造的。

三是劳动者，职责是为社会提供生活资料，心理成分以欲望为主，所以最需要的品质是节制，他们是神用铜或铁造的。

三个阶层的人们各自安分守己、各守其职时，这个国家就是一个正义的国家，一个美好、理想的国家。军人不要妄想发动军人政变去当国王！要认清你的本分、你自己有几斤几两！你的理性、智慧和德才够当一个国王吗？劳动者也不要想吃天鹅肉，梦想当军人乃至国王！要认清自己的德才、水平。每个人都应当老老实实，规规矩矩，本本分分，努力做好自己的本职工作，顺从客观条件和客观规律，不要有非分之想！违背客观性，妄图发动自己十二分的主观能动性，改变自己不可能改变的命运，往往给他人和自己带来损失，最后可能是得不偿失。

对于每一个人，如果你的三种心理成分（理性、意志、欲望）处于和谐、稳定状态，那么你就是一个正义的人。柏拉图这里把心理健康与道德正义联系起来了。

因此，无论是个人还是国家，最重要的美德就是：智慧、勇敢、节制、正义。

说劳动者是神用铜或铁造的，这是不是很反动？是不是不科学呢？是不是宿命论、生物遗传决定论？且慢。我们先问一下：劳动者的儿女一定是神用铜或铁造的吗？军人的儿女一定是神用银子造的吗？国王的儿女一定是神用金子造的吗？答案是否。那么如何判断他们的儿女是神用什么材料造的呢？答：通过心理测量，通过考试。这就进入柏拉图的教育理论了。

在理想国里，实行公有制，过集体生活。教育是国家的事业，由国家负责管理教育工作。人从出生下来那一刻，就属于国家的人，国家派人检查婴儿的身体发育情况。不健康的，丢了（继承了斯巴达的做法）；健康的，由国家统一养护。

教育划分为五个阶段：

第一阶段：0—6岁，普及幼儿教育。在出生之后，经检查为健康的婴儿，统一由国家进行养护、教育，以游戏为主。

第二阶段：6—16岁，情感教育、道德教育为主，控制欲望，主要培养节制的美德。16岁时举行全国统一考试，考试成绩不够理想的，证明你是神用铜或铁造的，就不继续接受教育了，应去当劳动者。成绩比较理想的，升学。

第三阶段：17—20岁，以体育为主，还有算术、几何、音乐、天文等，培养意志和勇敢品质。在20岁时举行第二次全国统一考试，一般成绩者，证明是神用银子造的，该去当军人了。优秀者继续学习。

第四阶段：20—30岁。在30岁举行全国第三内次统一考试，一般学生毕业后，担任国家的高级官吏。优秀者继续接受教育。

第五阶段：30—50岁，这是极少数特别优秀的研究阶段，从事哲学研究（哲学是广义的，包括自然科学。所以实际上是从事科学研究）。到50岁，哲学成就或水平最高者，成为哲学王，担任最高统治者。

此时我们再看，所谓"神用铜或铁造的"、"用金子造的"等等，不过是对人的遗传禀赋加上后天学习成就的一种不正确的表述而已。即便你是劳动者的儿子，如果你三次考试都取得优异成绩，那就说明你是神用金子造的。可见这不是宿命论或决定论。

柏拉图这个理想的国家，是一个科学性的国家，而非民主性的国家。

三、德育的个体目的

德育的个体目的，就是要培养怎样的一种理想的道德人格。理想的道德人格，可以从两个方面来探讨或认识：一是名称，二是内涵。

在名称上，古今中外那些德育思想家、理论家提出了各种各样的理想道德人格，如：孔子提出了"士"、"君子"、"仁者"、"圣人"，孟子提出了"大丈夫"人格、"大人"人格，亚里士多德提出了"大度"人格，洛克提出了"绅士"，第斯多惠提出了培养"完人"的理想目标，王国维和陶行知提出了培养"真善美的人"，马克思、恩格斯提出了"全面自由发展的人"的共产主义理想人格，我国当代提出的理想人格有"四有新人"、"社会主义事业的建设者和接班人"等。

在内涵上，可以从不同的角度去认识，如可以从世界观、人生观、价值观的角度去认识，也可以从情感、态度、价值观三维角度去认识，可以从思想、政治、道德、法制、心理等角度去认识，还可以从道德方面的知、情、意、信、行角度去认识，等等。

例如我国当代的理想道德人格应具有：正确的世界观、人生观、价值观，对中国共产党领导、社会主义制度具有坚定信念和信心，具有以爱国主义为核心的民族精神和以改革创新为核心的时代精神，具有社会主义荣辱观，具有团结互助、诚实守信、遵纪守法、艰苦奋斗的良好品质，树立社会主义民主法治、自由平等、公平正义理念，具有中华民族优秀文化传统和革命传统，等等。

（一）孔子的理想道德人格

孔子理想的道德人格是有层次的，因为道德追求和个人的道德修养是有境界差别的。他理想的道德人格从低到高分别是：士、君子、仁者、圣人。"士"是理想道德人格的最低层次，或曰起点。但是，不管哪个层次的理想人格，都不过是在追求道德的道路上所达到的高度有差别而已，因此他们都有一些共性，诸如以追求和实现"道"为最高奋斗目标（"朝闻道，夕死可矣"），要"知命"，都应具有或追求"义"、"知"、"刚勇"、"礼"、"中庸"、"忠"、"信"等道德品质，要少说多做，要好学。所以，我们可以把这些在追求道德的道路上达到不同高度的人都称为"道德追求者"。

道德追求者总的精神状态是"志于道，据于德，依于仁，游于艺"。孔子以自己的人生为例，对道德追求过程那些总结说：个人应"十有五而志于学，三十而立，四十而不惑，五十而知天命，六十而耳顺，七十而从心所欲不逾矩。"

在孔子高足之一的有子看来，道德的起点是"孝悌"，因为"孝悌也者，其为仁之本与"。所以"君子务本，本立而道生"。一个人，如果连对其父母都不孝顺、对其兄长都不尊敬，那他还有何道德可言呢？

道德追求者并非不追求富贵、财富。但是他们追求财富有两大特性：第一，不能以追求财富为人生最终目的。财富只是为满足自己和相关人的生存需要，如果以追求财富为最终目的，那就是小人了。第二，要通过正当途径去追求财富、富贵。"富而可求也，虽执鞭之士，吾亦为之，如不可求，从吾所好。"当没有正当途径获得富贵而贫穷时，不要不择手段，要甘于清贫，耐得住贫穷。贫穷是区分道德追求者与小人的试金石。孔子指出："富与贵，是人之所欲也，不以其道得之，不处也。贫与贱，是人之所恶也，不以其道得之，不去也。"所以，孔子甚至向往这样的生活："饭疏食，饮水，曲肱而枕之，乐亦在其中矣。不义而富且贵，于我如浮云。"他高度评价弟子颜回的君子品质："贤哉回也！一箪食，一瓢饮，在陋巷，人不堪其忧，回也不改其乐。贤在回也！"

道德追求者不是独善其身、洁身自好的人。道德的本意在利他、付出。所以，道德追求者应积极地为他人、社会、国家、人类奉献、服务。其根本途径、最好的方式就是从政。从政之后就要热爱人民，亲近人民，全心全意为人民服务，实行德政，带头追求道德，带领人民奔向理想的大同社会。

孔子的最高道德理想人格：圣人

孔子的最高道德理想人格是"圣人"，具体如尧、舜、禹、周文王、周公等。圣人是不能靠教育培养的，因为圣人是天生的，"生而知之者上也"。孔子的这种圣人观与孟子是不同的。孟子认为"人人皆可为尧舜"。孔子的这种天赋圣人观，实际上可能是反映了他决不肯降低最高理想人格的标准，坚决维护最高理想人格的崇高性。所以，就连他自己，他也认为自己距离圣人还远着呢："若圣与仁，则吾岂敢。抑为之不厌，诲人不倦，则可谓云尔已矣。"他认为自己没有圣人天赋："我非生而知之者，好古，敏以求之者也。"咱们只能向往圣人、崇拜圣人。他甚至认为自己连仁者、君子也还不能算是，而不过是一个追求者而已："文，莫吾犹人也。躬行君子，则吾未之有得。"

什么样的人才算是圣人？那就是"内圣外王"。圣人的特征在道德高尚、伟大，形象高大、伟岸。奋不顾身跳入火海救人，算是道德高尚、伟大吗？其实，道德伟大者，应指为社会、人民、国家、人类做出了重大贡献。而要做重大贡献，在古代的主要途径就是要做国王或辅佐国王。所以孔子高度赞扬尧舜禹周公等圣人："巍巍乎，舜禹之有天下也，而不与焉"，"大哉，尧之为君也。巍巍乎，唯天为大，唯尧则之。荡荡乎，民无能名焉。巍巍乎，其有成功也。焕乎，其有文章"，"禹，吾无间然矣。菲饮食而致孝乎鬼神，恶衣服而致美乎黻冕，卑宫室而尽力乎沟洫。禹，吾无间然矣！"

圣人之伟业是要治国安民、"博施于民，而能济众"，这是需要雄才大略、亲亲仁民者殚精竭虑才可能实现的目标，所以孔子指出："修己以安百姓，尧舜其犹病诸？"

孔子的理想道德人格：仁者

咱们都不是天赋的圣人，怎么办呢？那就做仁者吧！仁者接近圣人。仁者是咱们凭后天的努力可以实现的。仁者是怎样的人呢？孔子对此进行了反反复复的阐述、讲解：

（1）刚毅木讷，近仁。

（2）巧言令色，鲜矣仁。

（3）仁者安仁，知者利仁。

（4）苟志于仁矣，无恶也。

（5）唯仁者能好人，能恶人。

（6）仁者必有勇，勇者不必有仁。

（7）知者乐水，仁者乐山；知者动，仁者静；知者乐，仁者寿。

（8）夫仁者，己欲立而立人，己欲达而达人。

（9）志士仁人，无求生以害仁，有杀身以成仁。

（10）樊迟问仁。子曰："爱人。"

（11）司马牛问仁。子曰："仁者其言也讱。"

（12）樊迟……问仁。子曰："先难而后获，可谓仁矣。"

（13）樊迟问仁。子曰："居处恭，执事敬，与人忠。"

（14）颜渊问仁。子曰："克己复礼为仁。一日克己复礼，天下归仁焉。为仁由己，而由人乎哉？"

（15）仲弓问仁。子曰："出门如见大宾，使民如承大祭，己所不欲，勿施于人，在邦无怨，在家无怨。"

（16）子夏曰："博学而笃志，切问而近思，仁在其中矣。"

由于仁者接近圣人，所以一些学生觉得这个理想还是太高了，难以实现。但是孔子指出，并不是理想高了，而是你们努力不够。你们甚至连一天的努力都没有，怎么能够实现呢！"有能一日用力于仁矣乎，我未见力不足者。盖有之矣，我未之见也。"只要肯努力，仁并不遥远：

"仁远乎哉？我欲仁，斯仁至矣。"学生冉说："非不说子之道，力不足也。"孔子回答说："力不足者，中道而废。今汝画。"孔子反复强调靠坚持、要持之以恒地追求才能够实现的道理："譬如为山，未成一篑，止，吾止也。譬如平地，虽覆一篑，进，吾往也。"不仅如此，孔子还现身说法："十室之邑，必有忠信如丘者焉，不如丘之好学也。"

孔子论君子人格

仁者接近圣人，这个目标实际上是很高的。所以孔子并不认为自己的那些即便优秀的学生也达到了这个目标。对于这些学生来说，能够成为君子也就不错啦！君子就是能够独当一面的人物，或者能够在某一地方为人民服务的人物，也就是道德高尚的省部级领导。君子的品质有：

（1）君子不器。

（2）君子不党。

（3）君子贞而不谅。

（4）君子不忧不惧。

（5）君子周急不继富。

（6）君子思不出其位。

（7）君子易事而难说也。

（8）君子耻其言而过其行。

（9）君子先行其言而后从之。

（10）君子欲讷于言而敏于行。

（11）君子疾没世而名不称焉。

（12）文质彬彬，然后君子。

（13）君子上达，小人下达。

（14）君子求诸己，小人求诸人。

（15）君子矜而不争，群而不党。

（16）君子喻于义，小人喻于利。

（17）君子坦荡荡，小人长戚戚。

（18）君子和而不同，小人同而不和。

（19）君子泰而不骄，小人骄而不泰。

（20）君子周而不比，小人比而不周。

（21）君子固穷，小人穷斯滥矣。

（22）君子不以言举人，不以人废言。

（23）君子怀德，小人怀土。君子怀刑，小人怀惠。

（24）不知命，无以为君子。

（25）君子可逝也，不可陷也，可欺也，不可罔也。

（26）君子之于天下也，无适也，无莫也，义之与比。

（27）君子无所争，必也射乎！揖让而升，下而饮，其争也君子。

（28）君子道者三：仁者不忧，知者不惑，勇者不惧。

（29）君子成人之美，不成人之恶。小人反是。

（30）君子病无能焉，不病人之不己知也。

（31）君子义以为质，礼以行之，孙以出之，信以成之。

（32）君子谋道不谋食，君子忧道不忧贫。

（33）君子惠而不费，劳而不怨，欲而不贪，泰而不骄，威而不猛。

（34）君子不可小知，而可大受也。小人不可大受，而可小知也。

（35）君子义以为上，君子有勇而无义为乱，小人有勇而无义为盗。

（36）君子去仁，恶乎成名？君子无终食之间违仁，造次必于是，颠沛必于是。

（37）君子有三戒：少之时，血气未定，戒之在色；及其壮也，血气方刚，戒之在斗；及其老也，血气既衰，戒之在得。

（38）君子有三畏：畏天命，畏大人，畏圣人之言。小人不知天命而不畏也，狎大人，侮圣人之言。

（39）君子有九思：视思明，听思聪，色思温，貌思恭，言思忠，事思敬，疑思问，忿思难，见得思义。

（40）子张曰："君子尊贤而容众，嘉善而矜不能。"

（41）子夏曰："君子有三变：望之俨然，即之也温，听其言也厉。"

（42）子贡曰："君子之过也，如日月之食焉。过也，人皆见之；更也，人皆仰之。"

孔子论"士"人格

"士"是普通学生或初入学的学生所应具有的人格，是最基本的道德人格。在古代，"士"有文士和武士两种。孔子讲的"士"当然主要指文士。我们可以当作"学生"或"知识分子"来理解。《论语》中有关"士"的论述主要有：

（1）切切、偲偲、怡怡如也，可谓士矣。

（2）士志于道，而耻恶衣恶食者，未足与议也。

（3）行己有耻，使于四方，不辱君命，可谓士矣。

（4）士而怀居，不足以为士矣。

（5）子张曰："士见危致命，见得思义，祭思敬，丧思哀，其可已矣。"

（6）曾子曰："士不可以不弘毅，任重而道远。仁以为己任，不亦重乎？死而后已，不亦远乎？"

（二）孟子的理想道德人格

孟子继承孔子的思想，以孔子的传人自居。但是，毕竟时代已经发生了变化，诸侯国之间的战争已经非常频繁了，那是一个"杀人盈野、血流成河"的时代。"春秋无义战"，战争的目的就是为了争夺土地、城池，已经没有什么道义、正义可言了。所以，孟子在全盘接受孔子的仁义思想的基础上，更强调"义"。我们知道，孔子非常重视仁，教育引导学生追求仁。当时就有一些学生认为这个目标过高，难以达到。所以，孟子把"义"当作实现仁的途径。他比喻性地说："仁，人之安宅也；义，人之正路也。旷安宅而弗居，舍正路而不由，哀哉！"又说：

"仁，人心也；义，人路也。舍其路而弗由，放其心而不知求，哀哉！"孟子还对礼与义的关系进行了阐述："夫义，路也；礼，门也。惟君子能由是路，出入是门也。"

在理想道德人格问题上，孟子与孔子的思想基本一致，但提出了"大人"、"大丈夫"这样的理想人格：

（1）居仁由义，大人之事备矣。

（2）大人者，不失其赤子之心者也。

（3）有大人者，正己而物正者也。

（4）大人者，言不必信，行不必果，惟义所在。

（5）非礼之礼，非义之义，大人弗为。

（6）从其大体为大人，从其小体为小人。

（7）耳目之官不思，而蔽于物。物交物，则引之而已矣。心之官则思，思则得之，不思则不得也。此天之所与我者。先立乎其大者，则其小者不能夺也。此为大人而已矣。

（8）体有贵贱，有小大。无以小害大，无以贱害贵。养其小者为小人，养其大者为大人。

（9）居天下之广居，立天下之正位，行天下之大道。得志，与民由之。不得志，独行其道。富贵不能淫，贫贱不能移，威武不能屈。此之谓大丈夫。

（10）（敢问何谓浩然之气）难言也。其为气也，至大至刚；以直养而无害，则塞于天地之间。其为气也，配义与道；无是，馁也。是集义所生者，非义袭而取之也。行有不慊于心，则馁矣。我故曰告子未尝知义，以其外之也。必有事焉，而勿正，心勿忘，勿助长也。

（11）广土众民，君子欲之，所乐不存焉。中天下而立，定四海之民，君子乐之，所性不存焉。君子所性，虽大行不加焉，虽穷居不损焉，分定故也。君子所性，仁义礼智根于心，其生色也睟然，见于面，盎于背，施于四体，四体不言而喻。

（12）君子之于物也，爱之而弗仁；于民也，仁之而弗亲。亲亲而仁民，仁民而爱物。

（13）说大人，则藐之，勿视其巍巍然。堂高数仞，榱题数尺，我得志，弗为也。食前方丈，侍妾数百人，我得志，弗为也。般乐饮酒，驱骋田猎，后车千乘，我得志，弗为也。在彼者，皆我所不为也。在我者，皆古之制也。吾何畏彼哉?

（三）亚里士多德的理想道德人格：大度的人

亚里士多德高度赞扬"大度"美德，认为具有这种美德的人是最有道德品质的人。在《尼各马科伦理学》第四卷第三节，他对大度的人进行了比较详细的言说：

大度顾名思义是与"重大"事物有关的品质。倘若一个人把自己看得很重要而高大，实际上也是重要而高大的，那么他就是真正大度的。大度的人就是重视荣誉，他们重视荣誉超过一切。

一个大度的人由于他具有重大的价值，所以也是最善良的人。最善良的人也是最有价值的人。一个具有重大价值的人，永远是一个善良的人。一个真正大度的人当然应该是一个善良的人。可以这样说，在任何一种德性中的大，都是大度者的大。

大度仿佛是德性中的一颗明珠，它使它们变得大，而离开诸德性它也不会生成。这样看来，做一个真正大度的人是困难的，因为他必须是美好和善良俱全。

一个大度的人与荣誉和耻辱的关系极为密切，他对那些来自贤良人士的器重适度地感到高兴，他认为这是他所固有的，因此并不过分。虽然全部德性的价值不能都归于荣誉，但他只能接受它，因为再也没有更重大的礼物可以赠送给他了。但对于那些流俗之辈和在细枝末节的赞扬则报之以轻蔑，认为这是毫无价值的。他对毁谤也不加计较，因为耻辱不会公正地加于他。正如以上所说，荣誉对大度的人至关重要。然而，他对财富、权力以及所遭遇的全部幸运和不幸，都报一种适当的态度。

幸运时不特别高兴，不幸时也不特别痛苦。尽管荣誉是最重大的东西，他的态度也不两样。荣誉对他说来也是小事，和其他事情并无区别。所以，在许多人看来，大度的人玩世不恭。

一个大度的人轻视他人是公正的，因为他们的意见总是正确的，别人则是碰运气。他并不为了点小事去冒险，也不为了点小名去冒险。他们为了重大的事不惜一切，甚至于自己的生命，因为不能以一切为代价而活着。他喜欢做好事，但羞于接受好处。因为做好事是一种超越，而接受好处则是被超越。他对所接受的好处加倍奉还，这样施惠者就变成受惠者了。

大度的人很少提出什么要求，甚至什么也不要求，但很愿服务。对高贵的人，他矜持，对中等人士则和蔼。在一般事务中他也不逞强，想着出人头地。大度的人无所动，没有光荣伟大的事业他不着手。他很少忙忙碌碌，而只做那些巨大而有名声的事情。他明显地表现自己的爱和恨（因为掩饰就是怯懦）。他注重真理多于意见。他的言论和行为都是公开的。由于持蔑视态度，他是坦诚的，永远不隐瞒自己的观点，直接说出真理。只有在群众场合，他才半含半露，用讽喻方式说话。除非是亲友，否则他难以仰仗别人而生活。（因为这要受到奴役，一切曲意逢迎者都是奴性的，屈居人下就要逢迎。）

大度的人并不好奇，对于他没有什么重大可怪的事情。他不记恨坏处，对于微末之事念念不忘就不是个心胸广阔的人。特别对坏事他宁愿忘却。他并不议论人，因为他既不奉承自己，也不贬低他人。（他不是个爱奉承的人。）除非攻击敌人，否则他不说别人的坏话。在困难之中，或者遇到了小麻烦，他从不喊叫，或乞求帮助，因为对付这类事情他已胸有成竹。

一个大度的人，举止迟缓，语调深沉，言谈稳重。一个对事情很少认真看待的人，是用不着来去匆匆的。一个不把任何事情大作大事的人，是不会因激动而喊叫奔走的。

（四）柏拉图：一个接受过教育的人是灵魂转向的人

在《理想国》第七卷一开始，柏拉图就提出要描述"受过教育的人的本质"的情形。他没有正面、直接阐述，而是通过一个洞穴式的地下室的情况来描述的。

受过教育的人是实现灵魂转向的人

苏：接下来让我们把受过教育的人与没有受过教育的人的本质比作下述情形。让我们想象一个洞穴式的地下室，它有一条长长通道通向外面，可让和洞穴一样宽的一路亮光照进来。有一些人从小就住在这洞穴里，头颈和腿脚都绑着，不能走动也不能转头，只能向前看着洞穴后壁。让我们再想象在他们背后远处高些的地方有东西燃烧着发出火光。在火炬和这些被囚禁者之间，在洞外上面有一条路。沿着路边已筑有一带矮墙。矮墙的作用象傀儡戏演员在自己和观众之间设的一道屏障，他们把木偶举到屏障上头去表演。

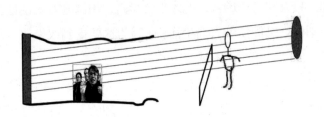

图 16　柏拉图的洞穴喻

让我们设想（与柏拉图的设想有一些不同，但是意思完全相同。例如柏拉图设想的是外面有火在燃烧，发出光亮照射进来；而我们设想是阳光从洞外射进来）：洞外矮墙旁的人影被投射在洞内石壁上，而且还在移动、变化；人在说话，声音传进来之后，一小部分声音直接进入那些人的耳朵，大部分声音经过洞壁的反射之后再传进那些人的耳朵。于是，他们显然就以为是洞壁上的人影在说话。对他们来说，洞壁这个屏幕就是真实的世界，上面的人影就是真人，这些真人还在说话。他们根本就不知道外面的世界才是真实的世界。而洞壁上的影子不过是一个虚幻的世界而已。

假设我们把其中一个人放出来，当他走到洞口时，由于外面阳光的照射，他们的眼睛会流泪、难以睁开。慢慢地才能够睁开。他出来之后，发现了外面的世界才是真实的世界，洞壁上的世界原来是一个虚幻的世界。当他又回去之后，告诉里面的人，外面的世界才是真实世界、洞壁上的世界只是一个影子世界等情况时，里面的人会相信吗？绝对不会，他们还以为这个人疯了呢！但是我们知道，这个人说的话是真话。

真正受过教育的人，就是实现了灵魂转向的人，即从虚假世界转向真实世界。柏拉图是一个客观唯心主义哲学家，他的所谓现实世界是虚幻世界、理念世界才是真实世界的思想当然是错误的。但是，我们完全可以把他这个观点进行唯物主义改变：真正受过教育的人，就是能够透过现象看到事物本质的人。

（五）关于德育个体目的的思考：怎样才是真正受过道德教育的人?

道德有层次上的差别，道德修养有境界上的差别。所以，难以用一个标准或内涵来刻画或描述德育的个体目的。应该像孔子那样分几个层次、境界来定义不同层次的理想道德人格。就最高德育目的来说，那就应当是马克思和恩格斯所设想的，是培养这样的人：摆脱了道德盲目性、道德必然性的约束，成为道德上自由的人、解放的人，从道德必然王国进入道德自由王国的人。按照康德的说法，就是一个理性的人，能够代表人类来为道德立法。仅就利他、帮助他人、做好事这个方面来说，我们认为，道德境界有以下几个层次：

（1）能够独善其身、洁身自好，遵纪守法，不做坏事。好事做得很少。这是道德合格的层次。

（2）能够帮助他人，但主要是在钱财上、体力、精力、时间上帮助他人，以及当他人有生命危险时救人。

（3）能够在心理方面帮助他人，他人有心理问题时，能够开导劝解他们。

（4）能够在事业上帮助他人，帮助他人追求他们的事业、人生梦想。目前这主要限于亲人、朋友、师生方面。

（5）能够在思想道德上帮助他人，帮助他人提高思想觉悟，帮助他人追求道德、理解人生的价值与意义。

我们可以把他人分为三类：一是有各种困难需要帮助的人，二是阶级敌人、违法犯罪的人，三是普通人民群众中的人。于是，真正有道德的人，就不只是能够帮助和关心第一类人，也不只是还能够与坏人坏事进行斗智斗勇，还要能够面对人民群众中的不道德现象进行谴责，能够维护道德、建设道德。

第十章　德育培养目标论

德育目的是小学德育、中学德育、大学德育等都需要去努力追求的根本性德育目标。这个根本性德育目标很抽象，在德育活动中缺乏操作性，因此还需要具体化为可以实施的培养目标。普通教育往往根据学生的年龄阶段等而划分为若干个教育阶段，如学前教育、小学教育、中学教育、高等教育。各个教育阶段也应有自己的德育目标，或曰培养目标。它们相互之间形成一个系列、体系，由低到高，最后实现总的目标。

一、德育培养目标的设计思路

目前国内学界的认识基本上是：不同阶段的道德教育应逐步深入、螺旋式上升。以爱国主义教育为例，大体是这样的：小学爱国主义教育应具体、细微，从身边开始，如爱家乡等；中学爱国主义教育应了解我国的历史与国情、民族团结教育等；大学爱国主义教育应进行党的基本路线教育、马克思主义原理教育、国防安全教育、毛泽东思想教育、邓小平理论教育等。

道德教育从小学到中学、到大学，除了保留那些核心道德价值的螺旋式上升之外，还应有新质的增加、有质的提升，有道德思维水平与能力以及道德境界的发展，等等。

如何探讨它们之间的关系？可能的思路有：第一，从小学教育、中学教育、大学教育各自的性质与目的、根本任务，来探讨小学道德教育、中学道德教育、大学道德教育的关系。第二，从小学生到中学生、大学生的身心发展变化规律、特征，来探讨他们的道德发展变化规律与特征，从而确定相应的道德教育。第三，从道德自身的属性、特征、结构、本质等角度，来探讨相应的道德教育。

首先应从哪个角度切入呢？我们先来看看其他教育活动是如何做的，或许具有借鉴意义。例如数学教育：小学数学教育、中学数学教育、大学数学教育，它们之间的关系是如何确定的？显然，同样可以从各阶段教育的性质、目的、任务，或各阶段学生的身心发展特征来入手。但是，最基本的，应是分析数学的内在学科体系、内容构成等。于是可以发现，小学数学教育主要是认识数字、学习加法、减法、乘法、除法、几何图形等基本内容；中学主要是学习代数、函数、立体几何等；大学主要是学习微积分、概率论等高等数学。

可见，从各阶段教育的性质、目的与任务，或从各阶段学生的身心发展特征来确定相应的道德教育、数学教育、语文教育等，是一种从外部入手的思路。要研究从小学到大学的数学教育的关系，应进入数学内部去，掌握数学的学科体系与结构、组成内容等。

那么，同样地，要确定小学道德教育、中学道德教育、大学道德教育之间的关系，最基本的工作还是要进入道德领域去，把握道德的结构、组成、体系等内容。

小学数学教育、中学数学教育、大学数学教育之间的关系之所以那么清晰、确定，不仅仅在于人们对小学教育、中学教育、大学教育的性质、目的、任务的认识清楚，也不仅仅在于人们把握了小学生、中学生、大学生的身心发展特征与规律，更重要的，也是根本的内在原因是，人们对数学的体系、结构、内容等有清楚的认识与把握。

看来，我们对小学道德教育、中学道德教育、大学道德教育之间的关系认识不清楚，主要原因不在于我们没有认识清楚小学教育、中学教育、大学教育的性质、目的、任务，也不仅仅在于我们没有认识清楚小学生、中学生、大学生的身心发展特征与规律，更内在的原因是，我们没有认识清楚道德的体系、结构、内容。

下面就试着探讨道德的内在问题。我们在研究中发现，道德存在着三个层次。

二、道德有三个层次

古今中外许多伦理学家、德育哲学家、德育教育家，往往把道德区分为两个乃至三个层次。下面仅举一些具有代表性的例子：

（1）老子《道德经》把道德区分为"道"和"德"两个层次。"道"既是宇宙的总根源，又是宇宙的根本规律，还是人生的最高信仰与追求。"德"是个人的各种品德和行为规范的总称，包括仁、义、礼、智、勇等。《道德经》认为"德"是"道之华"，反对仅仅停留于追求"德"，提倡追求"道"。在中国古代，"道"和"德"一直就是两个概念。

（2）在孔子的道德思想中，包含三个层次：最高层次是"仁"，这是信仰的层次；其次是"义"和"智"；最低层次是各种具体的道德规范和品德，如"礼"、"勇"、"信"等。

（3）宋明时期，理学家们强调"穷理尽性"，主张追求"理"、"天理"。朱熹则明确提出了小学德育和大学德育的差别："小学学其事"，"大学学其理"。

（4）苏格拉底把道德区分为三个层次：第一层是各种具体的美德，第二层是智慧，第三层是美德的理念、美德的本质。三个层次的道德论在其学生柏拉图那里得到了完善。

（5）亚里士多德把美德区分为"理智德性"和"伦理德性"。

（6）涂尔干把道德区分为"习俗道德（或规范道德）"和"理性

道德"。其中习俗道德包括"纪律精神"和"对群体的依恋"。他指出：纪律精神和对群体的依恋"它们不过是同一个东西，即社会的两个方面而已。"①

（7）在杜威看来，道德主要有两种类别：一种是习俗道德（他有时候又称为社会的美德、制度性道德等），另一种道德他称之为自由道德、反省性道德、沉思的美德等。例如他在论述古希腊的伦理学时指出："类似于'认识你自己''行事不走极端'的箴言本身已包含着有别于习俗道德的自由道德。"② 杜威注意到了苏格拉底三层次道德中的其中两种道德（一种是"习俗的道德和智者的道德"，另一种是"至善（至高无上的善）"，并分别称之为"内心领悟的善（科学领悟的善）"和"社会法律表示的善"。③ 杜威还注意到了亚里士多德的两类道德："亚里士多德把实际的、社会的美德和沉思的美德明显地区别开来，使后者更显高尚。"④ 杜威自己也谈过两种道德的区分，他说："如果原原本本地把过去的规则理解为今日的判断标准，则不啻于回复到保守落后的习惯制度的道德——放弃以反省性道德为特征的进步。"⑤

（8）康德把道德区分为"善的意志"和具体的品德两类。他强调追求"善的意志"，指出："在世界之中，甚至在世界之外，除了善的意志，没有什么能被设想为可被称作无条件的善的东西。聪慧、机智、判断力以及心灵的其他才能，不管你如何称谓它们，或者作为气质上的特质的胆识、果断以及坚韧，毫无疑问，在许多方面都是善的并且令人

---

① ［法］涂尔干：《道德教育》，陈光金等译，上海人民出版社 2006 年版，第 69 页。
② ［美］杜威：《道德教育原理》，王承绪等译，浙江教育出版社 2003 年版，第 217 页。
③ ［美］杜威：《道德教育原理》，王承绪等译，浙江教育出版社 2003 年版，第 218 - 219 页。
④ ［美］杜威：《道德教育原理》，王承绪等译，浙江教育出版社 2003 年版，第 221 页。
⑤ ［美］杜威：《道德教育原理》，王承绪等译，浙江教育出版社 2003 年版，第 272 页。

想望。然而，如果要运用这些天赋才能和这些在特有性状上被称为品质的意志，不是善的话，则这些天赋才能和品质也可能变得极其恶劣而且有害。"①

此外，皮亚杰、柯尔伯格等众多道德心理学家或道德教育哲学家也把道德区分为两大类。综合以上众多大家的思想，我们可以把道德划分为三个层次：第一层次是基础道德，主要是习俗道德；第二层次是中级道德，主要是理性道德；第三层次是高级道德，主要是道德信仰。

（一）第一层道德：基础道德

基础道德，是指习俗道德或称美德、品德、品格、道德行为习惯、道德规范等，是道德的最直接、最具体的表现。人们日常所说的农民的淳朴、善良、憨厚、老实，少数民族人民的热情、好客、大方、善良，等等，多是就基础道德而言。随着我国改革开放和商品经济与市场经济的发展、社会日益开放、人口流动加剧、多元文化观念的深化、信息化与全球化的发展，当今时代，部分工人农民不再淳朴了，部分少数民族不再热情大方好客了（在某种意义上看，所谓淳朴、善良、单纯等或许从来就是一个美丽的神话），社会道德风气出现了一些问题，于是"道德滑坡论"出现了。就基础道德而言，确实是在滑坡。当今社会，如果谁还仅仅具有基础道德而缺乏理性道德，那么在社会上恐怕是很难生存立足的，往往会成为他人的鱼肉，在社会的每一个领域都可能被边缘化。在这个社会、这个时代，基础道德的滑坡其实是一种进步，表明人们开始思考道德与生活的关系，而不再盲目固守道德主义与道德至上。因此就中级道德（理性道德）而言，应当说是在爬坡、上升。

基础道德对于个人、对于社会，其重要意义是不言而喻的。一个人没有基础道德，在社会上就难以生存、立足。一个社会没有基础道德，这个社会就会混乱、动荡。

---

① ［德］康德：《道德形而上学基础》，孙少伟译，中国社会科学出版社2009年版，第1-2页。

（二）道德的中级层：理性道德

（1）理性道德的提出与意义。基础道德不是自足的道德，不具有绝对的道德意义。如果缺乏道德理性的指导，基础道德可能带来一些后果、危害。对此，孔子早有认识。例如勇敢，他在《论语·阳货》中就指出："君子有勇而无义为乱，小人有勇而无义为盗。"又如诚信，孔子在《论语·卫灵公》中说过："君子贞而不谅。"他在《论语·子路》中还指出："言必信，行必果，硁硁然小人哉！"这里的"硁"是象声词，形容击石声。"硁硁"是"浅薄固执"的意思。孔子的意思是：不知道根据"仁"或"义"进行变通、"权"，只知道谨守道德规范与教条，这是浅薄固执的道德低层次人。所以，孟子在《孟子·离娄下》从正面解说道："大人者，言不必信，行不必果，惟义所在。"

许多德育哲学家也认识到了基础道德的局限性。例如苏格拉底早就指出：对于节制、正义、勇敢、聪明、品格高贵等美德来说，"你不认为它们既可以是有益的也可以是有害的吗？拿勇敢来说，不谨慎的自信就是鲁莽。无理性的自信对人有害，有理性的自信对人有益。"[①] 他认为："实际上，使勇敢、自制、诚实，总之一句话，使真正的善得以可能的是智慧"，"建立在相对的情感价值之上的道德体系只是一种错觉，是一种粗俗的观念，找不到任何健全的、真实的内容。真正的道德理想，无论是自制、诚实，还是勇敢，实际上是一种来自所有这些情感的涤罪，而智慧本身才是一种净化。"[②]

康德当然也会认识到基础道德的局限，他指出："若不以善的意志为原则，这些特质也可能变成极端的恶，一个恶徒的沉着冷静，比起没

---

① 柏拉图：《柏拉图全集》第一卷，王晓朝译，人民出版社 2002 年版，第 520 页。
② 柏拉图：《柏拉图全集》第一卷，王晓朝译，人民出版社 2002 年版，第 67、520 页。

有这一特质来，不但更加危险，而且在我们看来，也更为可憎。"①

马克思对基础道德的局限性的认识是非常深刻的。他指出："挥霍和节约，奢侈和困苦，富有和贫穷是画等号的。而且，如果你愿意节俭行事……那么，你不仅应当在你的直接感觉，如吃等等方面节约，而且也应当在普遍利益、同情、信任等等这一切方面节约。"②

其他如涂尔干、罗素、杜威、皮亚杰、柯尔伯格以及当今世界许多德育哲学家都论述过基础道德的局限性。

正因为基础道德不具有绝对的道德意义，所以基础道德一定要以道德理性与道德信仰来统领，否则，仅具有基础道德就可能沦为道德奴仆。"老实人吃亏"的一个道德上的原因就在于老实人只具有部分的习俗道德，缺乏理性道德。例如：《农夫与蛇》中的农夫所具有的仁爱就是盲目的仁爱，是"妇人之仁"。当日本因为钓鱼岛等问题而引起我们愤怒时，如果我们去打砸、焚烧日本人开设在我国的商店、工厂、日资汽车等，那就是盲目的爱国。理性的爱国应是进行有理、有利、有节、合法的斗争，或者化愤怒为力量，努力工作，提高我国的国力，等等。

（2）理性道德的含义。简单地说，理性道德就是经过思考与反思之后有意识地主动、自觉自愿形成的道德。理性道德与道德理性不同。道德理性是道德中的理性，与道德情感相对。而理性道德是与第一层次道德相对。第一层次的道德是在暗示、模仿、潜移默化、习染等外因作用下不自觉地、自然而然地形成的。理性道德似乎难以独立地形成或存在，而必须在基础道德（习俗道德）的基础上经由理性作用而形成。或者似乎应当这样说，理性道德其实不过是品德与理性的复合。

理性道德不仅包括道德上的认知、推理、判断、选择、智慧等理性能力，还包括理性的道德情感，如理性的同情、理性的仁爱、理性的友

---

① ［德］康德：《道德形而上学基础》，孙少伟译，中国社会科学出版社 2009 年版，第 1 - 2 页。

② 王磊选编：《马克思恩格斯论道德》，人民出版社 2011 年版，第 47 页。

谊（区别于哥们义气、江湖习气）、理性的感恩、理性的团结（区别于小团体主义、帮派等）、理性的爱国，等等。杜威曾论述过"智理的同情"，指出："智理的同情不但见人受苦心里要难过，还要设身处地，研究他受苦的原因，想出种种法子去割除病根才算真正的仁人志士，真正的表同情"，"譬如看见一个乞丐，褴褛憔悴，可怜他，给他钱，心里就好过一点。但是那些乞丐以为可以乞食终老，不去谋正业了，这不是造孽吗？所以我们一定要有智理的同情，见他人受痛苦不但要发慈悲心，为煦煦之仁，还要将所苦的祸源斩草除根才好……这就是智理的同情和盲目的同情的异点。"①

理性道德理论除了要研究理性道德的作用与意义、内涵与外延之外，还要研究两大问题：人怎样做出真正的道德行为？人为什么要做道德行为（人为什么要有道德）？现当代西方对"人怎样做出真正的道德行为"研究了很多，但其他问题的研究还比较少。

（三）道德的高级层：道德信仰

在唯物主义时代，在理性与科学崛起的时代，在崇尚独立自主、民主自由的时代，人还需要信仰吗？一个真正有道德且幸福的人，是否仅需具备基础道德和有理性道德就足够？对此问题，人们已经研究了许多。经验告诉我们，一些人不需要信仰，没有信仰，也能够生存、生活，并能够获得所谓的幸福。但是，一般认为，一个人要生活得像个真正的人，要获得完满的幸福，生命有价值、有意义，是需要信仰的。人的感情需要有寄托，心灵需要有归宿，灵魂需要有安顿，精神需要有支柱，从根本上看只有信仰能够解决这些问题。基础道德和理性道德或许能使人到达"不惑"，却不能使人达到"知天命"的境界。

---

① 袁刚等编：《杜威在华讲演集》，北京大学出版社 2004 年版，第 166－167 页。

三、基础德育、中级德育、高级德育的培养目标

相应于三个层次的道德，道德教育也就有三个层次：基础道德教育、中级道德教育、高级道德教育。这里可以分别简称基础德育、中级德育、高级德育。基础德育不等于初等德育或小学德育；中级德育不等于中等德育、中学德育；高级德育不等于高校德育、大学德育。因为初等德育、中等德育、高校德育是根据教育阶段划分的，而基础德育、中级德育、高级德育是根据道德的内在特性、道德的形态划分的。当然，它们之间存在密切的关系。

（一）基础德育的培养目标：习俗道德

基础德育之所以不等于初等教育阶段的道德教育，即不等于初等德育、小学德育，是因为从理论上看，基础德育还可以在中学实施，甚至在高校或者针对成人实施。就像成年文盲需要学习加减乘除等基础数学知识一样。只要一个人缺乏基础道德，如果他希望成为有道德的人，那么无论他年龄多大，都可以接受基础德育，而且必须首先接受基础德育，然后才能够接受中级德育和高级德育。就像要学习微积分，应先学习代数，而要学习代数，首先应学习加、减、乘、除等一样。一个人如果跨越基础德育而直接接受中级德育，那么将可能成为一个道德机会主义者。

虽然从理论上看，任何年龄的人都可以接受基础德育，但年龄越大，接受基础德育越难。因为年龄越大，人越向往独立自主，越倾向于追求自己的东西，所以越不希望受规则束缚。因此只有军事化或半军事化的管理与生活，即非常严格的工作、教育、生活制度，才能够养成基础道德。所以一般地看，基础德育也有关键期，即学前教育和小学教育阶段，是养成基础道德的关键。康德对此有深刻的认识：规训"必须及早进行"、"及早施行"，"晚了就很难再改变一个人"，"如果人在幼年

时被放任自流而不加遏阻，那他就会终生保有某种野性"，因此"耽误规训是比耽误培养更糟糕的事情，因为培养的疏忽还可以后来弥补，但野性却无法去除，规训中的过失是无法补救的。"①

基础道德难以直接地教，以间接教育为主要途径，如生活德育、制度德育、环境与文化的熏陶、艺术感染，榜样示范、暗示、观察、模仿等。在我国古代，个体基础道德的形成主要在于"学"和"习"（练习、实践）而不在"教"。教师讲美德故事或学生读美德故事，本质上是文学活动而非道德活动或道德教育活动。由于讲读美德故事具有道德意义或道德教育意义，因此人们才认为是道德教育，但实际上是间接的德育途径，而非直接的德育途径。

（二）中等德育的培养目标：理性道德

理性德育也不等于中等教育阶段的德育，不等于中学德育。实际上，人从两三岁开始就能够理解理性道德。高校德育也主要是理性德育。当然，中学阶段才是理性德育的关键期。因为从中学开始，学生对自然、社会、历史、文化、人生等的认识的广度和深度急剧扩大，理性开始大大发展。

理性德育的主要途径是设置专门的课程，进行直接的课堂教学。

理性德育的基本目的在于让学生明白道德的本质、起源、作用，理解道德与幸福的关系，理解人生与生命的价值、意义，使人从道德必然王国进入道德自由王国。

中等德育还要培养学生的道德分析、道德思维、道德判断、道德选择等理性能力，要培养道德智力、道德智慧。此外，更为重要的一个方面，是还要培养学生的道德谴责能力、道德建设能力、道德维护能力。下面专门对此进行一些探讨。

1. 道德建设能力与维护能力的含义

由于没有发现有人探讨过这些问题，这里只能做一些初步分析。假

---

① ［德］康德：《论教育学》，赵鹏等译，上海人民出版社 2005 年版，第 4 – 5 页。

设：在某个汽车站售票窗口，人们拥挤在窗口前，周围没有治安值勤人员，根本没有人排队，而你正在这里准备买票。那么，这里就是一个没有道德的社会情境。这时候，如果你能够号召人们排队，使大家明白：拥挤在窗口前，反倒很慢；反之，大家如果排队，实际上更快。你甚至还能够做出其他行为，例如连劝带拉把那拥挤到窗口的后来者拉出来，等等。那么，你此时就是在建设道德。你展现了你的道德建设能力（注意：在现实社会中不要轻易去拉不排队的人，以免别人攻击你。拉或不拉，需要智慧进行衡量各种情况）。

再假设：在某个汽车站售票窗口，没有治安值勤人员，大部分人自觉地排队等候买票。不时有一些后来的人，他们不排队，直接挤到窗口去买票。绝大多数排着队的人闭口不言。此时，这里就是一个道德正在被破坏的情境，急需得到维护。这时候，排着队的你如果能够大声劝说或呵斥插队的人到后面排队，或者你能够号召排着队的人们团结起来呵斥插队的人；如果他们不听，你再劝说售票员要给排队的人先卖票；你甚至还能够连劝带拉把他们拉出来排队（注意：不要轻易去拉人，需要智慧判断而决定是否拉人），那么此时你就是在维护道德。

需要说明的是，道德建设与道德维护有时候是难以区分的。

2. 道德建设与维护能力的构成要素

从前面的假设案例中可以看出，道德建设与维护能力应包含但不限于以下基本要素：

（1）正义感、义愤。自古以来，有一些中国人的国民性中存在这样一个特征：忍耐、忍受，逆来顺受，缺乏对坏人坏事的义愤，忍耐力超强。尤其是对日常生活中的所谓"小事"，更能够忍受，还美其名曰"宽容"。例如：有人在公共场合吸烟，绝大部分国人能够忍受，而不站出来说话；有人在绝大多数人排队等候买票的地方插队，绝大多数人能够忍受；一些司机超载装人，绝大多数乘客也能够忍受，尽管隐藏着生命安全隐患；有人使用了公共场所的手动水龙头后没有关闭就离开，绝大多数国民也熟视无睹，见怪不怪……正是国民性中的这种忍耐性、缺乏正义感、义愤，一点点地助长了歪风邪气。因此，道德建设与维护能力中的最基本要素是正义感与义愤心。爱与恨是相对的，没有对坏人坏事的恨，实际上是对人民没有真正的爱。因为坏人坏事必然带来人民的损失，所以对坏人的所谓宽容，实际上就是对人民遭受的损失的麻木、冷漠。伟大的道德教育家孔子在《论语·里仁》中指出："唯仁者能好人，能恶人。"真正有道德的人，具有正义感，不应仅仅对人民具有爱心，还应对坏人坏事有愤恨心，愤恨他们破坏了公正、破坏了道德，愤恨他们不义。不分对象、不分青红皂白，一味宽容（容忍）、一味博爱，实际上是善恶不分，是非不明。所以，甚至可以说：宽容即纵容！

（2）道德智慧。真正有道德的人，不是李逵式的莽冲莽干。在该出手时，不是简单地出手，还要能够果断、快速地思考、判断，采取合适的方式而出手。不仅能够斗勇，更要能够斗智，要做到"有理、有利（利于道德或人民）、有节"。例如：上司欲违规行事，我们不能一本正经地拿出法规与原则而简单反对，而要站在上司的立场，力陈利弊，尤其是要陈述他自己的长远、根本利益（违规行事可能追求的是眼前的、暂时的利益）。道德智慧是得心应手、灵活自如、游刃有余地把自己有关道德本质、价值、意义等的理性知识或感性知识应用于实践的能力，这种应用达到了"随心所欲不逾矩"的境界，是一种艺术化的运用。道德智慧可以区分为道德理论智慧和道德实践智慧。道德理论智慧是在面对道德难题时，在认识上知道如何去解决，而道德实践智慧是面对道德困境，在行动上能够符合道德地去做、去解决。

（3）道德号召、道德组织与合作能力。建设道德、维护道德，不能光靠自己一人之力。自己只是起一个带头作用，还要能够号召、组织和团结周围的人参加进来，共同进行。这不仅能够更有把握地战胜坏人坏事，还能带领人们走上道德建设与维护的道路，实在是一举两得啊！道德号召能力，是一种"振臂一呼，应者云集"的能力，是演讲并打动人心的能力。道德组织与合作能力，就是组织人们并与人们一起共同建设、维护道德的能力，既可以从道德组织与合作活动中锻炼起来，也可以由一般组织与合作能力迁移而来。

（4）"天下有道"的道德理想。支撑一个人进行道德建设与维护活动的，不仅仅是正义感和义愤，根本在于有一种道德精神和道德理想。这种强大的精神力量，来自于追求一个公正、平等、仁爱、合作、民主、互助的社会。这是一种追求"天下有道"的道德理想。

3. 道德建设与维护能力培养建议

最简单的做法，就是根据道德建设与维护能力的构成要素，分别设计相应的教育活动，分别培养。如果有某种方法、活动，能够同时培养多种要素，则更好。

（1）正义感的培养。正义感属于一种高级道德情感，它的基础在于同情、怜悯，对弱者的仁爱。如果能够在此基础上进一步探索弱者贫弱的社会原因，就能够发现，是坏人坏事导致了弱者的贫弱苦难。因此，培养正义感，首先在于培养对人民的爱；其次，要揭示当前社会上的不公现象，激发学生对坏人坏事产生义愤。

（2）道德智慧的培养。智慧包括理论智慧与实践智慧。实践智慧是在实践中锻炼出来的，在学校里主要是培养道德理论智慧。具体做法如：经常举出一些现实中的道德困境，让学生思考、讨论该如何做。例如：2012 年 8 月 29 日上午 9 点左右，在重庆市北碚区内一辆从后峰岩开往北碚城区的公交车上，一名年轻时尚女子坐在车内，身旁座位上坐着她的一条狗。途中上来一位老人，车上座位已坐满，还站了很多人。老人希望女子把狗抱起来，让自己坐。女子非但没有把狗抱起，反而与老人争吵起来，对老人破口大骂。让学生思考、讨论：如果你当时在这辆车上，你会怎么做？经常进行这种道德困境问题的讨论，就可能培养学生的道德理论智慧。

（3）道德号召、道德组织与合作能力的培养。道德号召能力，即道德演讲与宣传能力，需要经常在公开场合发表富有感染力的道德演讲，能够打动人。道德组织与合作能力，从属于个人的一般组织与合作能力，既可以在道德建设与维护活动中锻炼、培养，也可以由一般组织与合作能力迁移过来。

（4）"天下有道"的道德理想教育。在道德建设与道德维护活动中，肯定会经常遇到困难、挑战、危险。除了需要我们具有道德智慧去处理之外，更需要我们具有道德理想、道德精神、道德信仰，以给我们精神力量，支撑我们坚持下去。道德理想教育需要专门研究，这里简单谈谈。例如：《水浒传》中梁山英雄替天行道的事迹、《三国演义》中刘备诸葛亮坚持匡扶汉室的斗争、近现代革命党人为了建设新中国而执著追求与英勇斗争的革命英烈故事，以及《论语》《道德经》《柏拉图全集》等经典著作，都是培养学生道德理想的课程资源。

（三）高等德育的培养目标：道德信仰

从效果上看，似乎学生年龄越小，信仰教育的效果越大。因为年龄越小，人对外界的盲目性、神秘感和畏惧感越大，因此越容易形成信仰。但是，由于盲目性与神秘感而形成的信仰，易于使人丧失自我，处于被奴役状态，甚至走火入魔。所以，应当严格遵循类似于"程序公正优先于结果公正"的原则，坚持信仰教育需要在学生对自然、社会、历史、宇宙等具有基本的科学认识、具有基本的科学精神的前提下进行。信仰是安顿心灵的，而青少年时期是心灵最不安稳的时期。所以中学和大学不是信仰教育的好时期。童年时期这个信仰形成的关键期在前面已经排除，那么只有另一个时期了：大约在35—50岁，即在个人具有了一定的社会经历和人生经历之后。但是，这个时期人们已经难以回到学校接受系统的信仰教育了。于是，在中学的理性德育之后，只有在大学来进行信仰教育，为人们信仰的形成奠基。

我国古代德育非常强调道德信仰教育，重视追求"道"、"仁"、"天理"等信仰。如孔子在《论语·阳货》中就指出："礼云礼云，玉帛云乎哉? 乐云乐云，钟鼓云乎哉?"认为礼和乐都是为"仁"这个信仰服务的。

道德信仰能够派生出一些基础道德。如《论语·宪问》提出："仁者必有勇，勇者不必有仁。"具有基础道德者，未必有高级道德；而具有高级道德者，能够派生出一些基础道德。但是，中级道德和高级道德不能派生出所有基础道德。

当今我国道德信仰教育存在的问题之一，是把属于第三层次的道德信仰教育降低到第一层次的基础道德教育。因为当今我国的道德信仰教育所信奉的道德信仰，主要是公正、诚信、廉洁、责任等。而这些所谓的道德信仰，其实不过是具体的品德、美德而已。问题之二，是把信仰与信念混为一谈，把信仰对象局限于思想、学说、主义等抽象的东西，于是信仰教育被降低到中级德育的层次。如《伦理学大辞典》（修订本）把信仰界定为："从内心深处对某种理论、思想、学说的尊奉，并以此作为自己行动的指南。"①

常识告诉我们，一个真正的信仰对象，它不仅让信仰者坚信其思想、主义、学说、理论，还要让信仰者仰慕、仰望、敬畏、敬仰。一个真正能够成为人的信仰的对象，应当是不能为人的理性所认识与把握的，是不能为人在时空范围上所接近甚至进入的，人只能去直觉、体验、感受，否则，就难以让人仰望、敬畏。总之，信仰对象具有非理性的因素，具有人格或拟人格因素。简言之，信仰包括三要素：坚信、敬仰、敬畏。当今我国信仰教育或道德信仰教育的最紧迫的任务之一，就是寻找一个具有这三要素的科学的信仰对象。许多宗教信仰具有信仰的三要素，但不具科学性。

从培养目标的名称上看，基础德育主要在于培养"守道德的人"，理性德育主要在于培养"懂道德的人"，信仰德育主要在于培养"信道

① 朱贻庭主编：《伦理学大辞典（修订本）》，上海辞书出版社2011年版，第45页。

德的人"。守道德的人未必懂道德或信道德，懂道德的人未必守道德或信道德，信道德的人就会主动追求道德而守道德却未必懂道德。因此，只有既守道德、又懂道德，并且信道德的人，才是达到道德最高境界而真正有道德的人。

第六篇

德育实施论

第十一章　间接德育论

在德育的实践方式、实施途径、德育课程等问题上，一直存在着两条道路、两类课程的争论。两条道路（途径）分别是：直接德育与间接德育。直接德育就是直接进行道德教学，主要途径是在学校开设专门的德育课程（如《品德与生活》、《品德与社会》、《思想品德》等），由专门的教师组织学生进行教学。间接德育其实是一个概称，包含许多具体的形式，如：学科德育渗透（教书育人）、班主任德育工作、教育教学管理中的德育（管理育人）、后勤服务工作中的德育（服务育人）、校园环境德育、活动德育、日常生活德育、艺术德育、隐性德育，等等。

在许多人看来，当今我国德育实效比较差，主要体现在直接德育方面，于是间接德育越来越得到重视，直接德育越来越遭到批判。

随着科学技术的飞速发展、生产力的发达和社会的进步，越来越多的工作、职业已经或正在追求实现专业化。教育事业也一样，正在追求专业化。作为教育有机构成部分之一的德育，当然也应追求专业化。与专业德育相对应的是经验德育。

于是，德育就可能有四种形态：（1）直接的经验德育；（2）直接的专业德育；（2）间接的经验德育；（4）间接的专业德育。那么，学校德育究竟需要哪些德育形态呢？是四种都需要吗？

一、间接德育的作用与意义

间接德育的主要作用、功能在于养成学生的习俗道德和道德行为习惯。直接道德教育是很难培养习俗道德的。如果不依靠间接德育而只是指望通过直接德育来培养习俗道德，那几乎是注定难以成功的。因为道德品质是人的个性特征、人格特性中的一部分。而人格、个性是一个人的人生经历所造就的，是人的一切社会关系的总和，是难以通过直接的道德教学在短时间内培养的。对于这个问题，许多德育大家早已有了深刻的论述。

（一）苏格拉底：美德不可教

中外许许多多的哲学家、伦理学家、教育学家几乎一致认为，苏格拉底提出了"美德即知识"的观点。一些研究者在此基础上还认为，苏格拉底提出了"美德可教"的结论。例如国内一本比较有影响的德育原理著作指出："在苏格拉底看来，美德就是知识或智慧……所以说，美德即知识。知识可教，故美德可教。"[①] 实际上，无论是在《美诺篇》还是在《普罗泰戈拉篇》，苏格拉底都没有在最后结论性地明确提出"美德即知识"、"美德可教"这样的观点。

在《美诺篇》中，年轻的贵族子弟美诺向苏格拉底请教美德是否可教，苏格拉底认为首先要弄清楚美德本身是什么，然后才可以讨论美德是否可教。于是，美诺先后列举了一些美德并对美德下了各种定义，但都被苏格拉底一一否定。美诺泄气了，于是苏格拉底引入了"学习就是回忆"的观点，意在鼓励美诺继续思考美德是什么。但是美诺坚持要讨论"美德是否可教"。于是苏格拉底不得不讨论该问题，指出这有两种情况："要么假定它是可教的，要么假定它是不可教的。"[②] 因为：第

---

① 黄向阳：《德育原理》，华东师范大学出版社2000年版，第70页。
② 柏拉图：《柏拉图全集》第一卷，王晓朝译，人民出版社2002年版，第518页。

一，"如果美德不是知识，那么人们有可能教吗？"因为"人所教的都是知识";① 第二，"如果美德是某种知识，那么它显然可教。"② 接下去就要判定美德是不是知识。通过长时间地探讨，苏格拉底指出：像节制、正义、勇敢、聪明等心灵特性，这些心灵的性质"凭其自身既不是有益的也不是有害的，但若有智慧或愚蠢出现，它们就成为有益的或有害的了。如果我们接受这个论证，那么美德作为某种有益的事物，一定是某种智慧"，"心灵本身的东西要成为善的，取决于智慧。这个论证表明智慧一定是有益的成分，而我们同意美德是有益的，二者相合，所以我们可以说，美德整个地或部分地是美德。"③ 美德为什么不是知识？苏格拉底继续论述指出，如果美德是知识，因为美德是有益的，所以一定有人在教这种知识，一定有美德教师。但是，他从没见过一个美德教师。所以苏格拉底最终得出了结论："我们同意过不存在美德的教师，所以美德不可教，不是知识"，"由于美德不可教，我们无法再相信它是知识……知识并非公共生活的向导。"④ 那么，美德从何而来？苏格拉底提出："美德既不是天生的又不是靠教育得来的。拥有美德的人通过神的恩赐得到美德而无需思索。"⑤

在《普罗泰戈拉篇》中，苏格拉底首先发起进攻，直指普罗泰戈拉的要害，否定其毕生的事业追求（传授修辞学、美德等）："我并不认为这种事情可以拿来教别人……"随后通过类比、列举事实，指出：

---

① 柏拉图：《柏拉图全集》第一卷，王晓朝译，人民出版社 2002 年版，第 518 – 519 页。

② 柏拉图：《柏拉图全集》第一卷，王晓朝译，人民出版社 2002 年版，第 519 页。

③ 柏拉图：《柏拉图全集》第一卷，王晓朝译，人民出版社 2002 年版，第 521 页。这个结论"美德整个地或部分地是美德"在咱们看起来是错误的，很可能这里出现了翻译错误或编辑校对错误，或许本来应该是"美德整个地或部分地是智慧"。

④ 柏拉图：《柏拉图全集》第一卷，王晓朝译，人民出版社 2002 年版，第 534 页。

⑤ 柏拉图：《柏拉图全集》第一卷，王晓朝译，人民出版社 2002 年版，第 535 – 536 页。

"基于这些事实，我不相信美德可教。"① 普罗泰戈拉则认为美德可教，在普罗泰戈拉看来，美德是如语言一样，是人们在生活中所学到的。第一个回合普罗泰戈拉取胜。苏格拉底不甘示弱，继续进攻，提出了美德的内涵、外延、种类及其相互之间的关系等问题。通过长时间的辩论，苏格拉底得出："关于什么应该害怕什么不应该害怕的知识就是勇敢。"② 普罗泰戈拉似乎失败了，垂头丧气，以沉默相对。苏格拉底只好自己回顾、总结，却大吃一惊：如果美德是知识，而知识是可教的，因此美德也是可教的，这就与自己开始的观点"美德不可教"自相矛盾了。为什么会出现这样的结果？如何对待这个结果？首先，苏格拉底在这场辩论中的主要意图不是探求真理，而是批判普罗泰戈拉，否定其美德可教的观点，批判智者和修辞学家贩卖知识、玩弄辞藻、蛊惑青年的行径。这一意图是在去见普罗泰戈拉之前就非常明确地表现出来了的。其次，得出这一观点连苏格拉底自己也感到意外、奇怪、矛盾，因此表示愿意与普罗泰戈拉继续讨论下去："我感到有一种最强烈的冲动，想要弄清它。我应当继续我们当前的谈话，下定决心弄清美德本身和它的基本性质。然后我们可以返回到美德是否能教这个问题上来。"③ 然而普罗泰戈拉已经没有兴趣讨论下去了，对话结束。可见，"美德即知识，美德可教"的结论不是最后结论，更不是苏格拉底原先就有的，也不是他希望得出的结论。

《柏拉图全集》的翻译者王晓朝先生曾经指出："《美诺篇》从内容或形式上看都是《普罗泰戈拉篇》的续篇，它继续讨论美德能不能教，进而讨论美德的本性和它的整体性。"④ 因此，与《普罗泰戈拉篇》相比，我们更应该相信《美诺篇》中最后的结论：美德不是知识，美德

---

① 柏拉图:《柏拉图全集》第一卷，王晓朝译，人民出版社 2002 年版，第 441 页。
② 柏拉图:《柏拉图全集》第一卷，王晓朝译，人民出版社 2002 年版，第 487 页。
③ 柏拉图:《柏拉图全集》第一卷，王晓朝译，人民出版社 2002 年版，第 488 页。
④ 王晓朝编:《柏拉图读本》，新世界出版社 2007 年版，第 150 页。

不可教。实际上，在《美诺篇》中，苏格拉底除了认为"美德不可教，美德不是知识"外，认可或接受了普罗泰戈拉的许多观点，如"勇敢是自信"、"美德来自神的恩赐"等。

（二）亚里士多德论习俗道德的培养

亚里士多德根据德性的心理属性，把德性区分为两类："其中的一大类是理智上的德性，另一大类是伦理上的德性。智慧和谅解以及明智都是理智德性。而慷慨与谦恭则是伦理德性。"① 这两种德性在人们身上是如何形成和发展起来的呢？亚里士多德认为："理智德性大多由教导而生成、培养起来的，所以需要经验和时间。伦理德性则是由风俗习惯沿袭而来。"②

可见，在他看来，理智德性可以通过教育而培养，但是伦理德性（即品德、美德）是难以通过直接的道德教学来培养的，只能通过间接途径形成。亚里士多德反复论述了这一点：

"不崇尚美好行为的人，不能称为善良，不喜欢公正行为的人，不能称为公正，不进行自由活动的人，不能称为自由，其他方面亦复如是。"③

"正如其他技术一样，我们必须先进行现实活动，才能得到这些德性。我们必须制作所要学习的东西，在这些东西的制作之中，我们才学习到要学的东西。例如，建造房屋，才能成为营造者，弹奏竖琴，才能成为琴手。同样，我们做公正的事情才能成为公正的，进行节制才能成为节制的，表现勇敢才能成为勇敢的。……正是在待人接物的行为中，我们有的人成为公正的，有的人成为不公正的。正是因为在犯难冒险之

① 亚里士多德：《尼各马科伦理学》，苗力田译，中国人民大学出版社 2003 年版，第 24 页。

② 亚里士多德：《尼各马科伦理学》，苗力田译，中国人民大学出版社 2003 年版，第 25 页。

③ 亚里士多德：《尼各马科伦理学》，苗力田译，中国人民大学出版社 2003 年版，第 4 页。

中，由于习惯于恐惧或者习惯于坚强，有的人变成勇敢的，有的人变成怯懦的。欲望和愤怒也是这样，有的人成为节制而温和的，有的人成为放纵而暴戾的。在这些事情上，有的人这样干，有的人那样干，各行其是。总的说来，品质是来自相同的现实活动。所以，一定要十分重视现实活动的性质，品质正是以现实活动而区别。"①

"公正的人由于做了公正的事，节制的人由于做了节制的事，如果不去做这些事，谁也别想成为善良的人。"②

因此，"从小就养成这样或那样的习惯不是件小事，相反，非常重要，比一切都重要。"③ 尤其对于那些天赋比较差的人，更需要通过间接途径去养成伦理德性。

亚里士多德指出：有关德性的理论、使人高贵的理论，"它们虽然似乎也有力量去鼓舞青年们的慷慨，使那些生性高尚、真正热爱善良的人归于德性，但它却没有能力去促使大多数人去追求善和美。这些人，在天性上就是不顾羞耻，只知恐惧。他们避开邪恶并不是由于羞耻，而是由于惩罚。他们过着感情的生活，追求着自己的快乐和生产这些快乐的手段，他们躲避相反的痛苦。他们甚至从未想到过真正的善良和快乐。……理论怎样来塑造这类的人呢？"④ 亚里士多德认为："理论和教育，我想并不是所有的人都有同样的能力。须通过习惯来培养学生们的灵魂对高尚的爱好和对丑恶的憎恶"，因为"那些按照情感过生活的人，是不会同意和听从理论劝告的。那么，像这样一些人，……一般说

① 亚里士多德：《尼各马科伦理学》，苗力田译，中国人民大学出版社 2003 年版，第 26 页。
② 亚里士多德：《尼各马科伦理学》，苗力田译，中国人民大学出版社 2003 年版，第 31 页。
③ 亚里士多德：《尼各马科伦理学》，苗力田译，中国人民大学出版社 2003 年版，第 27 页。
④ 亚里士多德：《尼各马科伦理学》，苗力田译，中国人民大学出版社 2003 年版，第 229 页。

来，情感是不能为语言所动的，只有强制。"① 具体地说，就是用法律来规范。"如一个青年人不是在正确的法律下长成的话，很难把他培养成一个道德高尚的人。因为，节制和艰苦的生活是不为多数人所喜欢的，特别是对青年人。所以要在法律的约束下进行哺育，在变成习惯之后，就不再痛苦了。"亚里士多德正确地认识到，仅仅在未成年时期进行法律约束还不够。"就是在长大成人之后还应继续进行这种训练，并且养成习惯。我们还需要与此相关的法律，总的说来，关于整个一生的法律。多数人宁愿服从强制，也不服从理论，接受惩罚而不接受赞扬。"② 总之，他认为："我们也许是通过法律而成为善良的人。"③

（三）马克思、恩格斯的论述

首先，马克思、恩格斯反对在学校直接进行习俗道德的教育，反对道德价值教育。因为在他们看来，在阶级社会，习俗道德教育、道德价值教育，都是在灌输和说教统治阶级的道德意识，是反动的，是限制个人自由发展的。而在没有阶级对立的社会，学校直接道德教育是多余的。因为道德是社会的产物，是环境、实践、生活的产物。所以他们在设计未来的全面发展教育时，没有提德育。

道德属于社会意识的范畴，而社会意识受社会存在所决定。个人意识、包括个人的道德思想、道德观念等同样如此，本质上是由个人的生产方式、生活方式、一切社会关系的总和决定的。总之，物质第一、意识第二。对于世界、对于社会、对于个人都如此。因此，要改变或提高人民的道德意识、道德水平，不能简单地直接去改变，而应通过更为根本性的途径，即首先改变人民的物质生产与物质生活状况，改变人民的

---

① 亚里士多德：《尼各马科伦理学》，苗力田译，中国人民大学出版社 2003 年版，第 230 页。

② 亚里士多德：《尼各马科伦理学》，苗力田译，中国人民大学出版社 2003 年版，第 230 页。

③ 亚里士多德：《尼各马科伦理学》，苗力田译，中国人民大学出版社 2003 年版，第 232 页。

生产关系、社会关系。这些状况改变之后，人民的道德意识的改变就是水到渠成、自然而然的了。所以，并不需要专门花费大量时间去直接从事改变人民的道德。

不改变人的物质生活条件，而直接去改变人的道德，直接进行道德教育，是"扬汤止沸"，治标不治本。

在没有阶级对立的社会，在人民占有生产资料、人民当家做主的社会，制度公正，社会公正，法制健全，社会秩序良好，各种社会活动非常规范化，社会和谐。在这样的社会里，没有竞争，只有竞赛。人与人之间是亲密的同志关系、朋友关系、兄弟姐妹关系。在这种合乎人性的、合理的社会关系（社会生产关系、社会生活方式、适合交往关系等）中，人们自然会产生道德意识、养成道德品质。例如，恩格斯在19世纪40年代早期对英国的部分纺织工人进行深入调查之后就发现，虽然他们没有受过什么学校教育，但是"他们极其虔诚、受人尊敬，过着正直而又平静的生活"；工人们和附近的农民、乡绅一样，"都是'值得尊敬的'人，是好的当家人，过着合乎道德的生活，因为他们那里没有使人过不道德生活的诱因。"①

恩格斯还发现，在法国的一些乡村，"这些农民是善良的、好客的、愉快的人，他们对外来的人很殷勤，很关切，虽然他们操着令人讨厌的方言，但他们毕竟是非常真实的彬彬有礼的法国人。……那些离大路很远的村子里的农民尤其是这样。"②

总之，马克思主义经典作家的道德理论表明：道德不是一种独立的社会现象，没有绝对的道德（价值），道德是相对的、派生的。道德的产生具有客观条件。整个社会的道德，是政治、经济、文化的一种体现和产物；个人的道德，是个人的一切社会关系的总和，是个人的出身、成长以及个人的政治、经济等条件决定和产生的。

① 王磊选编：《马克思恩格斯论道德》，人民出版社2011年版，第88－89、142页。
② 王磊选编：《马克思恩格斯论道德》，人民出版社2011年版，第142、173页。

（四） 陶行知的论述

陶行知也认为，习俗道德、道德行为习惯是难以通过学校的直接道德教育进行培养的。他反对专门的直接道德教育，反对教育、训育分开各自进行。他认为脱离生活、实践的直接道德教育是没有用的。

"过的是随地吐痰的生活，虽天天写卫生的笔记，不算是受着卫生的教育。"①

"平日过的是少爷小姐的生活，便念尽了汗牛充栋的劳动书，也不算是劳动教育；平日过的是奴隶牛马的生活，便把《民权初步》念得透熟，熟得倒过来背，也算不了民权教育。"② "举个例来说吧，有一个儿子，他是喜欢赌博的，他的母亲训斥他。不过他的母亲却悄悄地到邻舍去赌博了，他在窗内看见他的母亲赌博，于是也到别处去赌博了。这个孩子过的是赌博生活，受的是赌博教育，不期而然而成赌博的人生。"③

对于习俗道德，陶行知强调在生活中、通过生活、为了生活而进行培育。陶行知倡导的是一种全面主义的德育，即德育贯穿于一切活动、生活、实践之中，一切教育、生活、实践、活动，都应具有德育性。

"是好生活即是好教育，是坏生活即是坏教育。有目的的生活即是有目的的教育。无目的的生活即是无目的的教育。有计划的生活即是有计划的教育。无计划的生活即是无计划的教育。合理的生活即是合理的教育。不合理的生活即是不合理的教育。日常的生活即是日常的教育。进步的生活即是进步的教育……生活教育是运用生活的力量来改造生活，他要运用有目的有计划的生活来改造无目的无计划的生活。"④

---

① 董宝良主编：《陶行知教育论著选》，人民教育出版社 1991 年版，第 391 页。
② 董宝良主编：《陶行知教育论著选》，人民教育出版社 1991 年版，第 348－349 页。
③ 董宝良主编：《陶行知教育论著选》，人民教育出版社 1991 年版，第 388 页。
④ 董宝良主编：《陶行知教育论著选》，人民教育出版社 1991 年版，第 286 页。

"高尚的生活是高尚的教育；下流的生活是下流的教育。"①

"在服务上学习服务。"②

"在民主的生活中学习民主。在争取民主的生活中学习争取民主。在创造民主的新中国的生活中学习创造民主的新中国。"③

（五）其他论述

研究者们在概述 20 世纪 20 年代美国心理学家哈桑和梅等人的相关研究时总结指出："传统的道德学科教育所进行的道德规范教授与儿童的实际行为几乎无关。"有的教育学家甚至认为："正是道德教学把孩子教坏了"，"当我去掉一个坏孩子业已接受的道德教学时，他自动地变成了一个好孩子。"④

黄向阳指出："其实，在学校当中，对学生道德发展更具影响力的，与其说是道德课，不如说是各科教学、党团少先队组织的各种课外活动以及其他形式的集体活动"，"事实上，直接的道德教学作用相当有限"，"直接的道德教学不但效果很差，甚至没有效果，而且会产生消极的后果。"⑤

二、间接德育不必专业化

当今时代，许多工作、职业在追求实现专业化。教育领域也一样，德育领域也一样。经验德育是低水平的、低效的，是与时代发展不相适应的。德育一定要追求实现专业化。但是，各种间接德育活动，似乎都没有必要专业化，也很难实现专业化。

---

① 董宝良主编：《陶行知教育论著选》，人民教育出版社 1991 年版，第 348 页。
② 董宝良主编：《陶行知教育论著选》，人民教育出版社 1991 年版，第 637 页。
③ 董宝良主编：《陶行知教育论著选》，人民教育出版社 1991 年版，第 624 页。
④ 檀传宝：《德育原理》，北京师范大学出版社 2006 年版，第 168 页。
⑤ 黄向阳：《德育原理》，华东师范大学出版社 2000 年版，第 178、192 页。

当前国内有一些德育学家在呼唤和追求教师德育专业化。教师德育专业化不等于德育教师专业化。教师德育专业化不是指德育课教师要专业化，而是指德育之外的教师要在德育领域专业化，如语文教师、数学教师、物理教师、体育教师、美育教师等等，要在德育方面专业化。因为所有的教师其实都承担着在思想品德方面教育学生的责任，所有的教师都应教书育人，所以所有的教师都需要在德育领域专业化。

按照这样的思路，教育教学管理者、学校后勤服务工作者、学校党团队会工作者，由于他们都应"管理育人"、"服务育人"、"活动育人"，那么他们也应德育专业化吗？还有父母，在孩子的思想品德发展方面影响巨大，父母也应德育专业化吗？这几乎是不可能的事情。那么，就仅仅要求智育、体育、美育领域的学科教师实现德育专业化，可以吗？

在我们看来，也不应要求智育、体育、美育学科的教师在德育领域专业化。如果认为应当要求他们德育专业化，那么根据同样的道理，是不是也应要求智育学科教师体育专业化、美育专业化呢？是不是也应要求体育教师美育专业化呢？是不是也应要求德育课教师美育专业化呢？

语文教师、数学教师、物理教师……他们正在各自的语文、数学、物理等领域追求实现专业化。现在还要求他们德育专业化，要求一个人在两个领域实现专业化，这样的要求过高了吧！

另一方面，要求智育、体育、美育等课程的教师们德育专业化，那么德育教师还有存在的意义吗？其他教师实现德育专业化之后，随时都可以承担专门的德育课程的教学工作呀！那么德育学科教师的独特性何在呢？人人都是专业的德育教师了，那么就取消专门的德育课程吗？这是很不现实的。

所以，结论就是：智育、体育、美育领域的教师，以及教育教学管理人员、学校后勤服务人员等等，都没有必要也很难实现德育专业化。间接德育没有必要专业化，间接德育就是经验性德育。只有直接德育才需要专业化。

间接的经验德育与直接的专业德育之间的区别主要有：

（1）在德育目标与内容上，经验德育主要就是培养习俗道德，诸如诚实、爱心、勇敢、遵守、勤劳、公正、爱国等等这样的美德、品格或道德规则、道德规范。

那么，习俗道德是否可以或应当通过直接的经验德育乃至直接的专业德育来培养呢？前面已经叙述了一些大德育家的认识：习俗道德不可教。即便我们强力而教，表面上看起来，或许能够通过直接道德教育来培养习俗道德。但是，这终究是在岸上学游泳的行为。即便我们在课堂上通过直接道德教育把学生的习俗道德培养得很好，很成功，但是学生一离开课堂，如果校园生活是缺乏良好的秩序、规范的，那么绝大部分学生的习俗道德很快就降低了。即便校园的各种生活、学习活动是秩序良好的，而学生一旦离开校园进入社会，如果社会的许多活动是缺乏良好秩序、规范的，那么绝大部分学生的习俗道德很快就会降低。

可见，习俗道德本来就是来于生活、实践，回用于生活、实践。习俗道德反映了一个社会的道德水平，反映了一个社会的道德风尚。所以，如果一个社会的道德水平比较低，而妄图通过学校的直接道德教育培养学生的习俗道德，即便暂时会成功，但是终究会失败。只要学生一进入社会，为了适应社会，很可能会放弃所学到的习俗道德。

当今国外流行的美德教育（品格教育、品德教育等）实际上是直接道德教育与间接道德教育的结合，是全面主义的德育。一个社会需要通过直接的道德教育来培养习俗道德、道德价值，往往有两个原因：第一，政治的需要；第二，社会各个领域的秩序、规范、制度、习俗风尚等不够好，导致个体在日常的社会生活、工作、学习中难以养成良好的行为习惯。

当社会各个领域的秩序、规范等不够好、难以养成个体良好的行为习惯时，就用直接的美德教育来培养个体的行为习惯，这是事倍功半的事情。这是当今我国学校德育"实效比较差"的根本原因。

（2）经验德育，只能培养学生在道德方面的"知其然"，难以培养学生"知其所以然"。因为绝大部分德育教师自己也不真正明白"所以然"。例如：许多人知道要诚实、要热爱祖国、要感恩父母……但是许多人并不真正知道为什么要这样。因此，经验德育似乎有"以其昏昏，使人昭昭"的味道。专业德育就是要教育学生不仅知其然，更要知其所以然。

（3）经验德育、间接德育，可以培养学生成为好孩子、好公民，达到道德发展的第四阶段，难以把学生培养到第五、第六阶段。只有专业德育才可能把学生培养进入第五、第六阶段。而专业德育难以培养习俗道德，难以培养好孩子、好公民。

三、间接德育终结论

间接德育，就是要求发挥学科教学、生活、教育教学管理、学校后勤服务、党团队会和班级活动、社会实践、环境等实践活动的德育功能，达到培养学生道德的目的。

但是，德育领导与管理者、德育工作者经常发现困难重重。"各环节协调一致发挥整体性教育的力量，不是轻易就能实现的；又如，'人人负责实施道德教育'在实际工作中可能造成'人人都不管道德教育'的弊病；而且，道德教育的成果很难用量化的形式表现出来，道德教育易于流于形式，等等。"①

以学科德育渗透为例，存在的问题是：要么缺乏渗透，要么渗透过度。例如在我国 20 世纪六七十年代，学校的学科德育渗透就太过度了。社会许多领域的工作中都要求"思想挂帅"，要求"红"，反对只专不

---

① 班华主编：《现代德育论》，安徽人民出版社 2001 年版，第 161 页。

红。20 世纪 80 年代以来，学科德育渗透的总体情况又是渗透不够。学科德育渗透过多，会导致"片面的'德化'倾向"，"将各科教学都变成直接的道德教学，从而失去间接德育的优势，忘记各科教学的'本职'任务的危险"。①

学科德育渗透以及各种间接德育之所以存在种种始终难以根本解决的问题，根本原因在于：学科教学、管理、服务、生活、课外校外活动、环境等等，本质上并不是德育。

教学永远具有教育性，教学具有德育功能，但是教学本质上并不是德育。

管理活动具有德育功能，但是管理本质上并不是德育。

服务具有德育功能，但是服务的本质不是德育。

生活具有教育功能、德育功能，但是生活的本质不是德育。

生产劳动、政治活动、文化活动、军事活动……都具有不同程度的教育功能、德育功能，但是这些活动的本质不是德育。

所以，试图把那些具有德育功能的活动变成德育，刻意去发挥它们的德育功能，是一厢情愿和主观主义的态度与做法。

我们应当还记得，我国 20 世纪八九十年代的教育本质问题研究中，一些研究者就把教育的功能当成了教育的本质。例如提出了"教育是生产力"、"教育是上层建筑"、"教育是文化"等教育本质观。这是一种"错位"现象。② 同样，生产劳动、政治、经济、文化、军事、生活、管理、服务……如果因为这些活动具有教育功能、德育功能，因而就把它们的本质当成教育、德育的话，同样是一种错位现象。所以，德育渗透、间接德育、全面主义德育，都是错误的，都应当进行批判。

（一）教书育人、学科德育渗透之批判

首先，"教书"就是一个落后的教育概念。"教书"是传统教育

---

① 檀传宝：《德育原理》，北京师范大学出版社 2006 年版，第 178 页。
② 郑金洲：《教育本质研究十七年》，《上海高教研究》1996 年第 3 期。

"三中心"中的其中两个中心：第一，"教"是单方面的教师的行为，是教授、传授的意思。因此，"教"不等于教育或教学。"教"是传统教育"三中心"的"教师中心"。先进的教育教学理念是"对话、交往、理解"等，而不是教师单方面的传授、讲授、教授。第二，先进的教育教学理念不是教"书"，而是"教学"、是培养"人"。"书"是传统教育三中心里的"书本中心"。在先进的教育理念中，教育教学的任务不是"教书"，而是"教学"、"经验、活动"，教育学生学会学习，培养学生、发展学生。

其次，"教书育人"，人们往往理解为：教师一方面要教书，一方面要育人。"教书育人"成为"教书"和"育人"两件事。这样的理解是错误的。

教书育人，是指本来意义上的教书本来就具有育人功能。但是，在应试教育等片面的、异化的教书活动中，如果教师仅仅在乎学生知识的掌握、技能的训练、考试的分数与名次，那样的教书就难以发挥育人作用。

学科德育渗透的本意，不在有意识地、刻意地在学科教学中，在引导和教育学生探求知识、培养能力等教学活动中，故意地、外在地把道德因素渗透进去，也不在于刻意地、过多地去挖掘、发挥学科内在的道德因素。

学科教学、学科课程有自己的本质、属性、作用与价值，它们的本质不是德育。以物理教育为例：2001 年版《全日制义务教育物理课程标准》对物理课程的性质是这样定义的："要让学生学习初步的物理知识与技能，经历基本的科学探究过程，受到科学态度和科学精神的熏陶；它是以提高全体学生的科学素养、促进学生全面发展为主要目标的自然科学基础课程。"在义务教育阶段，物理课程的价值主要是：（1）通过从自然、生活到物理的认识过程，激发学生的求知欲，让学生领略自然现象中的美妙与和谐，培养学生终身的探索兴趣。（2）通过基本知识的学习与技能的训练，让学生初步了解自然界的基本规律，使学生能逐步客观地认识世界、理解世界。（3）通过科学探究，使学生经历基本的科学探究过程，学习科学探究方法，发展初步的科学探究能力，形成尊重事实、探索真理的科学态度。（4）通过科学想象与科学推理方法的结合，发展学生的想象力和分析概括能力，使学生养成良好的思维习惯，敢于质疑，勇于创新。（5）通过展示物理学发展的大体历程，让学生学习一些科学方法和科学家的探索精神，关心科技发展的动态，关注技术应用带来的社会进步问题，树立正确的科学观。

可见，只要物理教育真正像上面这样去追求，而不是引导学生把学习物理当作牟取个人将来功名的敲门砖，不搞题海战术，不追求考试分数，在教育教学中努力培养学生对学习的直接兴趣，而不是培养学生的间接兴趣（为了外在的兴趣、目的而学习），在这样的物理教学中，学生的人格、个性、品质、思想观念、精神世界，自然会得到健康的发展。哪还要刻意去渗透什么呢？如果说需要方向上的引导，那就是要引导学生学习物理为人类服务，不要刻意地把别的什么价值观念渗透进去。

在关注技术应用带来的社会进步问题时，一定要坚持真理、客观。例如转基因粮食问题，就不要人云亦云、囫囵吞枣地灌输我国存在粮食安全问题，所以需要转基因等高产量高科技粮食。如果一定要与学生探讨粮食安全问题，那就要从市场经济的观点入手：我国真的存在粮食（数量）安全吗？我国的粮食数量不够吗？如果粮食不够，如果真正实行市场经济，那么通过市场调节，粮食价格就会上涨，农民就会大量去种植粮食，于是就不会存在粮食安全问题呀！可是现在却存在一些非常奇怪的现象：一方面是全国上下几乎一致认为我国粮食不够，存在粮食安全问题；另一方面是市场上粮食价格那么低，比大部分水果、蔬菜的价格还低，农民纷纷放弃种植粮食。此外，粮食价格那么低，农民不愿意种植粮食，而转基因粮食、高科技高产量粮食却大量种植。这是怎么回事呢？当今我国的粮食安全问题，恐怕更严重的在于粮食品种数量的减少、粮食质量的下降（高科技高产量粮食的营养、味道等的下降）。

刻意地进行德育渗透，结果很可能是适得其反。不仅可能伤害学科教育本身，还可能伤害德育。

所以，没有必要去渗透。学科教育的本质不是德育。要求物理课程教师渗透德育，是过分的、不合理的要求。物理课程教师只要认真做好本职工作，按照物理教育的本质去进行教学，那么这样的物理教育自然而然会发挥德育功能。

"按照物理教育的本质去进行教学"，包含三方面的含义：一是在物理教育教学的目标、任务方面，应按照前面阐述的去追求。二是物理教育教学的过程、方法，不能是传授、讲授、题海训练等，而应按照教学的本质进行。教学的本质应是对话、探究、理解、交往等。第三，教育教学过程应在良好的秩序、民主平等尊重等的人际关系中规范地进行。闹哄哄的课堂、七嘴八舌、打打闹闹、学生随意走动，师生言行举止随意，或者教师专制、灌输，打击辱骂学生……在这样的教学氛围、环境中，怎么可能养成学生良好的品质与行为习惯呢？

（二）管理育人、管理渗透德育之批判

教育教学管理人员不可能在德育领域专业化，他们只是管理人员，不是德育工作者。不应给他们两项工作任务。任何人做事应当一心一意，不应一心二用。管理工作就是管理工作，不是德育工作。管理的本质不是教育、德育。

只要按照管理的本质和合理的、最先进的管理（如规范化、制度化、人性化、民主化等）进行管理活动，在管理活动中对被管理者平等、尊重，等等，管理活动自然而然会发挥德育功能。无论是班主任的管理、班级管理、学生参与管理，还是学校层面的各种教育教学管理，都能够发挥德育功能。

管理育人，不是一面进行管理，一面进行育人，而是指合理的、规范的、科学的、民主的、人性的管理，自然而然具有德育功能。反之，如果进行专制管理、命令化管理、非人性化管理、野蛮管理、把管理当作控制，必然产生德育负作用。

（三）服务育人之批判

服务是否具有德育作用，在于如何服务、服务本身做得如何，而不在于是否刻意渗透了德育。如果真的把服务对象当上帝，平等对待服务对象、尊重服务对象，把服务对象当人，真诚相待，不欺诈、不牟取暴利，这样的服务自然就具有德育作用。如果把自己对他人的服务当作对他人的恩赐，以卖方市场的态度对待，服务过程中怠慢、刁难服务对象，冷言冷语、冷若冰霜、居高临下，以"是我在养活你"的态度对待，甚至把服务当作了管理他人，则非但没有德育作用，反而具有德育负作用。

（四）生活育人之批判

按照陶行知的意思，生活本身就具有教育意义，生活本身就是教育，生活即教育。这里似乎出现了这样的问题：真理向前一步，就变成了谬误。把生活的本质当成了教育，这就错了。生活是什么？《现代汉语词典》（第5版）定义为："人或生物为了生存和发展而进行的各种活动。"生活具有教育功能、德育功能，但是生活就是生活，生活的本质不是教育。

过快乐、幸福的生活，有意义的生活，丰富的生活，是人的目标、追求。按照陶行知的认识，教育是为生活服务的，教育是生活的工具。但是，为了渗透德育而刻意去设计生活，把生活德育化，这就颠倒了生活与德育的关系。这就把生活当作了德育的途径、工具。

无论是学校、教师，还是家长、党政领导，社会组织的负责人，等等，在设计和规划人的生活时，并不需要刻意思考其德育性，只要按照生活的本质，按照科学、健康、高尚的生活理念来规划生活，那么生活自然就会发挥德育作用。不应要求相关负责人成为德育工作者，一定要刻意从德育的角度去设计规划生活。这对他们是不切实际的要求。

（五）活动育人批判

班级组织、学生兴趣小组、共青团组织、少先队组织、学生会组织等，这些组织都有自己的章程，对各自的性质、宗旨、目的等都有明确的规定。它们只要按照它们自己的章程去组织开展自己的活动，如各种课外活动、校外活动，如文艺活动、体育活动、科技兴趣活动，三下乡活动，共青团组织活动、少先队组织活动、学生会活动、班级活动等，就自然而然会发挥德育作用。我们不应要求这些组织的负责人、活动的组织者领导者都成为德育工作者，刻意渗透德育因素。这些组织在制订它们的章程时，如果能够考虑到邀请德育工作者参加，讨论它们的章程，就非常了不起了！

此外，校园环境设计规划、学校的各种活动，我们都不应要求它们渗透德育。总之，我们不应要求人人都成为德育工作者。就像体育工作者只管他们自己的体育工作，不会也不应要求德育工作者同时成为体育工作者一样，就像美育工作者只管他们自己的美育工作，不会也不应要求其他人成为美育工作者一样，就像管理工作人员、服务工作人员只管自己的本职工作，不会也有应要求别人成为管理者、服务者一样，我们有什么理由要求别人同时也成为德育工作者呢？我们有什么理由要求别人在他们自己的工作中渗透我们的工作因素呢？德育工作就应由德育工作者来负责。"学生的品德发展，大家负责，人人负责"，结果必将是人人都不负责。

每个人只要做好自己的本职工作，一心一意地做自己的工作，学生的品德发展自然就有保障了。要求人人都负责学生的品德发展，这是缺乏社会分工的思想，是落后的思想。劳动、工作发展的方向就是分工越来越精细、专业化。

表面上看，上面这些分析显得很偏激、片面。实际上，我们完全是依据马克思、恩格斯的道德理论和教育理论所进行的分析。

间接德育是一种不道德的、不人道的德育，存在为了目的而不择手段的嫌疑。因为它是在没有征得学生的同意的前提下，就把一些思想意识和道德价值通过间接的途径教给学生，学生是在没有理性认识的情况下就被动接受了。间接德育不是诉诸学生的理性，而是诉诸学生的非理性，如模仿、暗示、观察、榜样、熏陶、熏染、感染、建立条件反射式的行为训练，等等。所以，间接德育该终结了！思想意识与道德价值的教育，应当直接、正面进行，应当诉诸学生的理性，应当接受批判、质疑，与学生一起探索发现思想意识与道德价值背后的事实基础，而不能正面把各种价值直接灌输给学生。

个体思想品德的发展，非常类似个体语言的发展，思想意识、道德价值、语言都是在日常生活中发展的。

第十二章　直接德育论

　　直接道德教育有不同的途径、方式、形式。例如：升国旗仪式上的讲话、班主任在班集体上的相关讲话、朝会早操等活动中的讲话，老师在课间或课外对学生的个别相关谈话，学科教学活动中教师有关学习目的、课堂纪律、秩序等的讲话，考试纪律的宣讲，学生守则与学校规章制度的学习、考勤活动等等。

　　在各种直接道德教育活动中，组织性、计划性、系统性、目的性、持久性最强的方式，就是国家、地方或学校开设思想道德相关课程（德育课程）、安排专任教师组织学生进行的德育课程教学。下面专门探讨这种方式的直接道德教育教学。

　　直接德育有两个发展阶段：直接的经验德育、直接的专业德育。

一、直接经验德育反思

　　当今我国的直接道德教学，依然处于经验水平，科学性、专业性很低。这种低水平的道德教学，体现在许多方面，诸如：

　　（1）教师在一定程度、一定范围内是"以其昏昏，使人昭昭"。许多教师自己也不明白：做人为什么要诚实、勇敢、节制、感恩、爱国、爱学校……在思想道德领域只是"知其然而不知其所以然"。于是，他们只好照本宣科，拿教材上的内容给学生朗读、讲解、背诵、考试，或者把某些思想意识、道德价值、道德教条、道德信息、道德命令、道德规则等灌输给学生，再进行训练、训诫、考试等。

（2）不少中小学德育课程教师是半路出家，他们没有接受过德育专业的专业教育，是语文、数学、化学、英语、历史等师范专业改行或兼职承担德育课教学。目前我国针对中小学德育课教师而设置的专科、本科专业，只有思想政治教育专业。但是思想政治教育专业毕业的合格的专科、本科学生，实际上难以胜任专业的德育课教学，他们在德育专业化方面并不成功。主要原因是：第一，思想政治教育专业即便开设了伦理学课程，但是目前国内外的伦理学并不成熟，所以难以学到道德起源、本质、规律等方面的真理。第二，思想政治教育专业即便开设了教育学、教育心理学等相关课程，也往往是当公共课开对待的。一些高校的思想政治教育专业甚至没有开设这些课程，只开设了《思想政治教育学》、《思想政治课教学法》这样的课程。第三，我国高校的思想政治教育专业恐怕都没有开设生物人类学、道德发展心理学等方面的课程。学生对人类与其他动物的关系、人的本性、个体道德发展的过程与规律等方面，基本上没有什么理论知识。

（3）经验德育在德育目的、任务、培养目标等方面，缺乏科学、专业、理性的认识，只是遵照执行政治任务。实际上，直接德育在目的上，不应培养习俗道德，而应设定为培养理性道德，发展道德理性，掌握道德真理，摆脱道德的盲目性，成为道德的主人。至于道德信仰如何培养，我们还没有专门进行研究，这里暂时不涉及。

经验德育的一个突出的表现，就是妄图培养和发展学生的道德认知、道德情感、道德意志、道德信念、道德行为习惯等。而究竟什么是科学、合理的道德信念信仰、如何培养道德意志等问题，学术界都还没有搞清楚。至于道德情感、道德行为习惯，更是直接德育难以直接培养的。上一章已经阐述了，美德、道德行为习惯是难以直接地教的。在课堂上培养道德情感，也是很难的。实际上，道德情感更主要是通过实际生活中师生之间、同学之间的相互关心、帮助等来培养，还有温馨的集体生活、集体活动的培养，文学艺术的感染、陶冶，环境的熏染，学校、家庭的关怀照顾，等等。

由于直接德育本来就难以培养习俗道德，直接德育的目标、任务就不应设定在培养习俗道德，但我国的直接德育课程教学却试图培养习俗道德。当不可避免地不会成功时，人们就一致批判我国德育（主要技术直接道德教学）的实效比较差，转而强调间接德育。

（4）德育的经验性，主要原因之一在于德育学科的不成熟，许多理论的片面、理论的缺乏等。当今我国的德育学，与我国的教育学一样，很不成熟，只有各种理论的混杂，一些理论甚至是矛盾的。许多理论是从别的学科移植来的，属于德育学自己的理论还很少。在德育学的学科体系上，也比较混乱，各种知识板块的组合存在着随意性，缺乏内在的系统性、逻辑性。

看来，德育课程教学的专业化、德育专任教师的专业化，势在必行。

二、专业德育散论

专业德育在性质上，属于事实教育，而不是价值教育。虽然也涉及许多思想意识、道德价值，但是专业德育不是要把价值简单地教给学生，而是引导学生探索、发现价值背后的事实、本质、规律。所以，专业德育属于智育的范畴。这样，就不违背马克思、恩格斯全面发展教育不包括德育的思想。

专业德育在内容、任务上，不只是道德教育，还包括世界观、人生观、价值观、法律等的教育。但是，与价值教育不同，专业德育是要引导学生一起去探讨、发现科学的世界观、人生观、价值观，引导学生一起探索、发现法律的本质、意义等。专业德育只是引导学生一起发现科学的世界观、人生观、价值观等，而不是把这些现成的东西灌输给学生。学生自主选择接受或不接受。

我国教育学、德育学等领域经常提到这样一条原则："思想性与科学性相结合"。如果某种东西具有思想性而没有科学性，那么如何结合呢？是要还是不要呢？可见这样的一条原则是缺乏操作性的。实际上，凡是具有科学性的东西，都具有思想性。具有思想性的东西，却不一定具有科学性。所以，这条原则的实际含义或许是：具有思想性的东西，要分析探讨它是否具有科学性！如果没有科学性，就不要。具有科学性的东西，要寻找或赋予它以思想性。例如科学技术，要使它为人类服务，为中国服务，为中国人民服务，而不能危害人类、危害中国、危害中国人民。

专业德育的教学，与物理教学、数学教学、语文教学等智育课程的教学类似，师生之间是民主、相互尊重的关系，教学的本质是对话，教学的具体方法如探究、合作、发现、讨论等。当然，专业德育教学也有自己独特的方法，那就是诸如苏格拉底的反诘法、孔子的扣竭法、柯尔伯格的道德两难问题法，等等。

三、专业德育过程的起点："多开端说"批判

在我国的绝大多数德育学教科书中，对于德育过程的阐述，提出了一个"德育过程的多开端说"。多开端说是指：德育活动既可以从培养学生的道德认识开始，也可以从培养学生的道德情感开始，还可以从培养学生的道德意志开始，又可以从培养学生的道德行为习惯开始，更可以从培养学生的道德信念开始。为什么可以从知、情、意、行的任何一端开始呢？因为：第一，"知、情、意、行具有相对独立性和相互渗透作用"；第二，"受教育者每一种思想品德的形成，其知、情、意、行

的发展的方向和水平，是经常处于不平衡状态的。"①

在我们看来，多开端说是不够科学的。知、情、意、行确实具有相对的独立性。但是，缺乏理性的情可能是盲目的情、矫情，缺乏理性的意志可能是顽固，缺乏理性的行为习惯可能是奴性；错误而顽固的意志可能阻碍理性认识，缺乏理性的行为习惯可能妨碍理性道德的培育。所以，科学和专业的德育活动应当从提高道德认识开始。一个知、情、意、行的发展处于不平衡状态的学生而言，是一个道德发展有缺陷、有问题的学生，不是一个正常的道德发展的学生。但是，即便是对于这样的学生，德育活动同样要从晓之以理开始。有人可能会说：如果这样的学生，其道德认识发展超前于其道德行为习惯的发展，难道还要从培养道德认识开始吗？回答：第一，其道德认识，其实并不深刻，不彻底，不过是知其然而已，或者是抽象的认识，不是切身的理解、体验。第二，专业德育的基本任务、目标不在培养道德情感、道德行为习惯。知、情、意、行发展不平衡的原因，在于这样的学生的日常生活、社会关系、人际关系等出了问题。或者是其家庭出了问题，或者是学校生活不规范、不民主、缺乏关怀，或者是同学关系、师生关系等不正常……所有这些问题，需要从改善他们的生活和社会关系开始。课程德育教学活动是难以改变的。

专业德育过程，应从提高道德认识开始。对此，早已就德育学家隐隐认识到了。南京师大《教育学》指出："一般说，道德的认识是道德情感和道德行为的思想基础和内在动力。学生中的有些错误言行，不道德行为，往往出自缺乏必要的是非观念，或由于道德上的无知造成的。"②

人的任何行为，任何心理活动的产生，都是由感觉、知觉、认识开始的。不同的认识产生不同的情感、态度、行为。例如：在黑暗的夜晚，

① 王逢贤：《学校德育过程特点初探》，《教育研究》1979 年第 3 期。
② 南京师范大学教育系编：《教育学》，人民教育出版社 1984 年版，第 267－268 页。

在一个偏僻的地方，我们独自一人正走着路，面前突然出现一个高大的身影，手拿刀棒。我们看见之后，立刻就产生恐惧、害怕的情绪，马上想逃跑。但是，那个人对我们说话了，我们听出来是自己的父亲或兄弟。于是我们心理上马上放松，产生安全感，不是逃跑，而是走上前去。

即便是其他动物的本能行为，也是从知觉、认识开始的。

专业德育是培养理性道德的教育。理性道德，顾名思义，就是具有理性的道德。反之就是盲目的、习俗的道德。所以，培养理性道德当然要从理性开始。间接德育、德育渗透、德育过程的多开端说……这些都是经验德育时代的产物。

（一）儒家德育活动起点：格物

儒家经典《礼记·大学》提出：格物、致知、诚意、正心、修身、齐家、治国、平天下。修身即个人的道德学习与道德修养。修身与品德的养成，不是一次性可以完成的过程，不是单一的过程，而是一个复杂的过程，包括多个阶段的组合，各个阶段存在前后相连的必然关系：

（1）道德修养（修身）的前提在"正心"，即端正心术，不要有非分之想，不要有各种不正当的贪欲。因为一旦心术不正，必然不择手段，步入邪路，决无提高修养的可能。可见，道德教育的一个规律就在于使学生端正心术。

（2）怎样才能够端正心术呢？须知，心术不正的人，不择手段、不务正业、专干坏事，能够获得额外的利益呀！儒家指出了正心的前提在于诚意，即老老实实，态度真诚，规规矩矩，实事求是。唯有端正态度，意念真诚，才能够端正心术，屏蔽各种欲念。所以，诚意是修身与道德教育的另一个规律。

（3）如何才能够做到老老实实、实事求是、态度真诚？只有掌握科学知识、科学真理。因为获得了真知才懂得，做事要符合客观规律，违背规律必然失败、遭到惩罚。在我国提倡不信上帝、不信苍天、不信任何神仙菩萨等，而只信仰唯物主义的当今社会，有什么能够让人敬畏的呢？敬畏法律？敬畏人民？一些人根本就不把人民和法律放在眼里。唯有客观规律！只有客观规律能够惩罚违背规律的人！人若认识到这一点，才可能敬畏规律，才可能"诚意正心"，才可能抛弃非分之想，老老实实、规规矩矩、实事求是，端正思想走正路。这是修身的关键。要掌握客观规律、获得真理，那就要"格物"，即研究事物。

可见，研究事物、把握事物的本质、规律，或者真理，这是道德发展、道德修养的第一步，是起点。德育就应从此开始。

（二）柏拉图对德育活动起点的认识

柏拉图以善、智慧、正义等为最高追求。在柏拉图创办的阿卡德米学园大门口，写着一句箴言："不懂几何学者，禁止入内。"为什么？几何、自然科学，与人的道德发展、道德修养有什么必然关系吗？台湾哲学家傅佩荣指出："几何学除了代表抽象能力……之外，也蕴涵了品行端正的意思。"[1] 柏拉图创办的大学很成功，他自己也名气大振。学园经常举办学术报告。有一次，学园门口公告的学术报告的主题是"善"。于是，听众云集，会场爆满。但是很少人能够听懂。因为柏拉图大谈特谈数学。为什么？善与数学有什么关系？原来，"他的想法是：若是缺少数学抽象能力，人生是不可能称为'善'的。"[2]

西方一个基本的思想是：人若长期从事抽象思维活动，那么人的理性就得到发展。而发达的理性，就能够驾驭人的欲望和激情。遵从理性的生活，就是善的生活，就是幸福的生活。而且，理性发展的结果就是智慧，而智慧是最高的美德。

总之，格物、致知、穷理、尽性，能够使人认识社会、世界、人类自己，能够拓展人的视野，开阔人的胸怀；能够使人看到，在物欲之外，还有辽阔、苍茫的宇宙；能够使人明白，个人是渺小的，耽于物欲是目光短浅、胸无大志的，因此是可悲的；就能够养成科学精神和科学态度，具有实事求是和理性精神，能够以客观、理性、冷静的态度去对待人生、社会，超越物欲，追求智慧，把自己的生命与外界世界融合为一，和谐相处。

四、杜威的直接道德教学思想

杜威虽然提倡全面主义德育、间接德育、德育渗透，但是他并没有由此走向极端，反对直接道德教学。实际上，他曾经高度赞扬并深入探讨过直接道德学。

（一）直接道德教学的基本任务之一：掌握真正的道德知识

道德知识有两种，一种是有关道德、伦理的定义、看法、理论假说等，甚至是有关道德的信息、命令等。另一种是真正的、科学的道德知识。杜威首先要求我们认清这两种道德知识，这是直接道德教学的前提。他在谈到学校的道德目的时指出："一位当代英国哲学家曾经要人们注意到道德观念和关于道德的观念之间的区别。凡是能够影响行为，使行为有所改进和改善的观念就是'道德观念'。同样可以说，凡是属于（不论是算术的、地理的或生理学的）使行为变得更坏的那一类观念就是不道德的观念；可以说，与道德无关的观念就是对行为没有影响、既不使它变得更好也不使它变得更坏的观念和片段的知识。那么，'关于道德的观念'，在道德上可以是漠不关心的，或不道德的或道德的。在关于道德的观念，关于诚实、纯洁或仁慈的知识中，没有使这些观念自动地转变为良好的品格或良好的行为的性质。"①

其实，所谓"关于道德的观念"，也就是有关道德的一些肤浅的、表面的知识，如人们有关诚实的含义、定义、界定，有关道德的起源、本质、作用与意义的看法、观点等。这些认识、知识、看法或者是对道

① ［美］杜威：《学校与社会：明日之学校》，赵祥麟等译，人民教育出版社 2004年版，第 136 页。

德的表面的认识，因而不够深刻，是"知其然而不知其所以然"的知识，或者是不够正确的认识，带有很大的猜想、假设的成分。所以，这些观念才难以影响品格或行为。那么，这样的教育没有什么效果也就毫不奇怪了。

　　杜威提醒我们对这两种道德观念进行区分是非常重要的。因为在道德教育实践中，我们教给学生的大部分有关道德的知识就是"关于道德的观念"，而非"道德观念"即真正的道德知识。杜威提醒我们要特别注意区分这两类道德知识："在道德观念即任何一种成为品格的一部分、因而也成为行为的起作用的动机的一部分的那种观念和关于道德行为的观念即也许仍然是缺乏活力的和不起作用的、如同很多关于埃及考古学的知识的那种观念之间的区别，是讨论道德教育的根本问题。"①

　　所以，道德教育就应当是进行"道德观念"的教育，即真正的道德知识的教育。"教育者的职责就是务必使儿童和青少年所获得的观念最大限度地是用这样一种充满活力的方式获得的，即它们是指导行动的活动的观念，是动力。这种要求和这种机会使道德目的在一切教学中普遍存在并居于主导地位。"②

（二）对缺乏真理性的道德知识教学的批判

　　到目前为止，人类关于道德的知识多是属于"关于道德的知识"，远非道德真理性的道德知识。因此，道德知识教育基本上就是"关于道德的知识"、"关于道德的观念"的教育；由此所形成的课，就是"关于道德的课"。这种"关于道德的课"的教学效果怎样呢？杜威指出："'关于道德'的课当然就是别人有关德行和义务的想法的课。只有在学生以同情和尊敬之情关注别人的思想感情并受到激励时，这样的课才

---

① ［美］杜威：《学校与社会：明日之学校》，赵祥麟等译，人民教育出版社2004年版，第136页。
② ［美］杜威：《学校与社会：明日之学校》，赵祥麟等译，人民教育出版社2004年版，第136页。

有效。如果没有这种关注别人感情的态度，这种功课对性格的影响不会大于关于亚洲山脉的知识对他的性格的影响。如果只有一种奴性的关注，就会增加对别人的依赖，而把行为的责任交给有权势的人。事实上，直接的道德教学只有在少数统治多数的社会群体中才有效果。之所以有效，不是由于教学本身，而是由于整个政权加强这种教学，教学不过是一件小事情。"① 总之，"当我们考虑到通过教育使道德成长的整个领域时，直接道德教学的影响，充其量说，比较地在数量上是少的，在影响上是微弱的。"②

（三）对待知识德育和直接道德教学的科学态度

知识德育、直接道德教学存在种种问题，是否就应当简单地抛弃，然后另寻其他德育理论与途径来替代呢？这不是科学的态度。因为这很可能是从一个极端走向另一个极端。科学的态度首先是：正视问题，分析原因，从中寻找对策与出路，而非简单地推倒重来，另起炉灶。根据这样的思想，杜威曾经专门分析和探讨了直接道德教学和知识德育问题。

杜威首先提到了两种对立的观点：一是支持学校里的伦理学教学，二是专家一致反对教授伦理学。杜威列举了专家反对的理由有：（1）它犯了将伦理学教学等同于操纵和强行灌输道德戒律的错误。（2）固定的道德教学只是直接产生于学校内的事件的教学，十有八九是形式上的和例行公事式的，结果是用许多一知半解的戒律使儿童的头脑变得麻木不仁。（3）如果道德教学被看作是行为规范的固定教学，而不是儿童自己的良心的培养，则存在着对某种病态般的良心进行培养的危险。（4）存在着创造出令人厌恶的道学先生，很可能是伪君子的危险。③

---

① ［美］杜威：《民主主义与教育》，王承绪译，人民教育出版社 2001 年版，第 373 页。
② ［美］杜威：《学校与社会：明日之学校》，赵祥麟等译，人民教育出版社 2004 年版，第 137 页。
③ ［美］杜威：《道德教育原理》，王承绪等译，浙江教育出版社 2003 年版，第 276 - 277 页。

杜威认为，这些批判其实还不够彻底。在他看来，直接的道德教学的种种做法"都是伦理学的科学方法及其科学目标的讽刺画"，"反复灌输道德规则和为数众多的惯例一样不可能形成人的品德。"①

既然直接的伦理学教学存在各种问题，那么我们就需要分析其原因：是理念错了？是教学任务或内容错了？还是教学方法错了？杜威指出：如果对直接的伦理学教学的批判"仅仅是反对学校里的一切伦理学学科的教学，如果它没有在相反的方面提出如何用正确的道德教学来代替错误的道德教学的问题，我认为我们将不会受益无穷。如果被正确地理解的话，它是反对虚妄的道德观和错误的伦理学理论的运动；危险在于，我们可能认为它的意思是，正被讨论的伦理学理论本身也许并无不妥，但是在学校里却不得其所。"② 杜威的意思是：如果反对直接道德教学的原因不是因为伦理学理论本身有问题，而是教学方法有问题，那么这样的归因是危险的。在杜威看来，问题正在于伦理学理论本身有问题。杜威对康德的义务论伦理学、直觉主义伦理学、功利主义伦理学等都有所批判。所以，他提到的"关于道德的课"、"关于道德的观念"等，都是基于那些有缺陷的伦理学理论。

（四）　正确的伦理学理论可以直接进行教学

既然直接的伦理学教学的问题首先是由于它基于一种错误的伦理学理论，那么，如果基于一种正确的伦理学理论，是否可以进行直接教学呢？杜威认为："我希望听从于某种特定的伦理学理论的概念，在我看来，以之为基础的理论似乎完全适于课堂教学；事实上，不但是可教的，而且为任何完全适应环境的课程所不可或缺。"③

---

① ［美］杜威：《道德教育原理》，王承绪等译，浙江教育出版社 2003 年版，第277 页。
② ［美］杜威：《道德教育原理》，王承绪等译，浙江教育出版社 2003 年版，第277 页。
③ ［美］杜威：《道德教育原理》，王承绪等译，浙江教育出版社 2003 年版，第277 页。

杜威所持的伦理学理论是怎样的理论呢？他说："如果我理解准确的话，伦理学是起作用的人际关系的表现。那么，在任何合适的伦理学学习中，学生并没有研究严格的和固定的行为规则；他在研究人们在复杂的交往关系中密切相关的方式。他并没有以内省的方式研究他自己的情绪和道德态度；他在研究客观事实，犹如客观存在的发电机的操作或流体静力学。它们也是主观的，但是其主观意义是指，既然学生本人与复杂的行为有密切的关系，伦理关系是他感兴趣和关注的方面，而这是流体的运动或发电机的操作所不可能具有的方面。"①

对于杜威所理解的这种伦理学，他认为"应该从最低年级起就教授这一学科"②。但是，他以中学为例，比较详细地阐述了如何进行直接教学的问题。

（五）直接道德教学的具体做法

杜威认为，正确的伦理学教学，不是让学生辩论抽象、空洞的道德规则，而是提出具体的实际问题，例如要不要给乞讨者施舍。在提出问题时，教师不应该把它作为"道德"问题予以强调，只是指出，这是一个实际问题。问题提出来之后，教师"首先应该表明，问题不在于做什么，而在于如何决定做什么"。因为讨论的目标在于"使他们养成在心里解释人们相互交往的某一真实情景，和为此征求关于如何行事的教导的习惯。因而，教师的一切问题和建议必须指向帮助学生培养关于此种情景的想象力。"③

讨论中，教师要特别注意不让学生泛泛而谈，应将他们的观点引入正被考虑的问题。"一言以蔽之，核心问题在于，在内心不断地密切注

① ［美］杜威：《道德教育原理》，王承绪等译，浙江教育出版社 2003 年版，第278 页。
② ［美］杜威：《道德教育原理》，王承绪等译，浙江教育出版社 2003 年版，第278 页。
③ ［美］杜威：《道德教育原理》，王承绪等译，浙江教育出版社 2003 年版，第278－279 页。

意某种真实的交往情景，想象某个穷困潦倒的人向特定的别人乞求。"①

对于这样的问题，在我们看来，可能觉得太简单了，有什么好讨论的呢？可能我们根本不去想那么多，随便给一点钱吧，如果怀疑是假乞讨者，就少给或不给吧！在我们看来，没有什么可深入讨论的。但是杜威曾在一班大学生进行过讨论。某个大学生声称，他将依次对之进行排列以决定如何行事：查明需要是真实的还是假定的；检查其性质，是直接的有关事物的需要，还是遥远的；是物质需要还是精神需要；检查需要的原因：缺乏能源，无能力，不测事件，疾病，酗酒之类的恶习，失业；查出个体的历史记录，他的身份，他的家庭、邻居、密友，工作能力，一技之长；发现他的性格和气质以便调整方法；检查个体自己的需要和能力，他本人在时间和金钱上的花费；等等。以上还仅仅是学生在第一天就给出的答案。② 一个看似简单的问题，在讨论中，却引发学生产生了这么丰富的思想！

杜威指出："如果道德理论的教学有什么实际价值的话，它有诸如此类的价值，即有助于受教育者养成亲自认识他置身于其中的实际情景的性质的习惯。于是，这种方法的目标在于，培养对起作用的人际关系的富于同情心的想象力；这种努力目标可以代替道德规则的训练。"③

在这样的讨论中，学生通过想象某种情景，"逐渐深切体会到一切人际交往的典型特点。这些典型特点是伦理学理论的内容；换而言之，没有什么伦理学分析不止乎发现社会中人类活动的一般特点。"④ 在讨

---

① ［美］杜威：《道德教育原理》，王承绪等译，浙江教育出版社 2003 年版，第 279 页。

② ［美］杜威：《道德教育原理》，王承绪等译，浙江教育出版社 2003 年版，第 279 页。

③ ［美］杜威：《道德教育原理》，王承绪等译，浙江教育出版社 2003 年版，第 279 页。

④ ［美］杜威：《道德教育原理》，王承绪等译，浙江教育出版社 2003 年版，第 280 页。

论中，教师还要注意区分学生的情绪和理性。既要引发学生的同情心和乐善好施的品性，但是行为又要符合理性。

那么，这样的讨论对学生道德发展有什么作用呢？杜威指出："任何逐日理解这些事实已有数周、数年的学生，认识到认真研究情势和权衡对策对处理许多救济问题来说是必不可少的学生……能更好地在心理准备上理解动机在道德讨论中的真正涵义。学生可能会理解冲动和品行中的理性的相关位置和意义是怎样的，理解那些如此侧重于行为的理性的学说的意义"，"在学习这种学科达数周之后，学生有可能理解的一切行为的另一典型方面是，所有个体的相互联系的典型性……"①

所以在杜威看来，这样的教学"倘若由一位能胜任本行的教师来处理的话，其重要性几乎能与中学里所教的任何学科相提并论"。②

杜威认为："道德行为的这两个因素，即冲动的位置与智力的位置，以及任何人类行为中需被考虑和集中注意的种种关系，我认为，也许可被教授给所有年轻人直至中学生。"③ 而且，这样的道德教学还可以深入到道德律、义务的性质、理想等范畴。

（五）直接道德教学的意义及与其他学科的关系

在中小学和大学的课程越来越多、学生的课业负担越来越重的情况下，还有必要开设专门的道德课程吗？这样的课程与其他课程之间是什么关系？

杜威指出："假如其他学科与这门学科的关系并不密切，对它们来

---

① ［美］杜威：《道德教育原理》，王承绪等译，浙江教育出版社 2003 年版，第 280－281 页。

② ［美］杜威：《道德教育原理》，王承绪等译，浙江教育出版社 2003 年版，第 280 页。

③ ［美］杜威：《道德教育原理》，王承绪等译，浙江教育出版社 2003 年版，第 281 页。

说反而更坏——它们是需要退让的学科，而不是它。"①

杜威一再强调这样的道德教学不是伦理学理论的教学，他说："我所竭力主张的并不是伦理学研究；它是伦理关系的研究，也就是说，关于我们大家都成为其中一员的复杂世界的研究。只要存在着使普通学生熟悉几何学、物理学、拉丁语或希腊语的纷繁难懂之处的一种理由，就有 20 种理由让他熟悉他的甘苦所依赖的关系的性质，令他兴致勃勃地、习惯于怀着富于同情心的想象力考察那些关系。"②

杜威反复强调道德教学的意义，指出："这门科目是如此重要，在处理该科目时发挥作用的脑力如此举足轻重并处于如此高的水平，以至于伦理学教材必须为其他学科提供衡量标准。反之则不然。"③ 也就是说，其他学科渗透德育的全面德育模式，究竟如何进行，要以伦理学课程的教学为参照标准。"除非通过从此处所概述的立场出发来研究道德材料，并借助于此处所暗示的理想，否则对学生来说，要充分理解文学或历史的意义便是不可能的事。"④

杜威的上述观点是否言过其实？是否过于夸大了直接道德教学的作用？他说："我本人并不担心我夸大了伦理学学科的重要性，而且很高兴我几乎言过其实。"⑤

① ［美］杜威：《道德教育原理》，王承绪等译，浙江教育出版社 2003 年版，第 282 页。
② ［美］杜威：《道德教育原理》，王承绪等译，浙江教育出版社 2003 年版，第 282 页。
③ ［美］杜威：《道德教育原理》，王承绪等译，浙江教育出版社 2003 年版，第 282 页。
④ ［美］杜威：《道德教育原理》，王承绪等译，浙江教育出版社 2003 年版，第 282 页。
⑤ ［美］杜威：《道德教育原理》，王承绪等译，浙江教育出版社 2003 年版，第 283 页。

主要参考文献

《马克思恩格斯选集》第 1 卷，人民出版社 1995 年版。

《马克思恩格斯选集》第 2 卷，人民出版社 1995 年版。

《马克思恩格斯选集》第 3 卷，人民出版社 1995 年版。

《马克思恩格斯选集》第 4 卷，人民出版社 1995 年版。

《马克思恩格斯全集》第 19 卷，人民出版社 2006 年版。

《马克思恩格斯全集》第 26 卷，人民出版社 2014 年版。

《共产党宣言》，人民出版社 1997 年版。

《1844 年经济学哲学手稿》，人民出版社 2000 年版。

《资本论》第 1 卷，人民出版社 1975 年版。

马克思、恩格斯：《马克思恩格斯论文学与艺术》上，陆梅林辑注，人民文学出版社 1982 年版。

柏拉图：《柏拉图全集》第一卷，王晓朝译，人民出版社 2002 年版。

［德］康德：《道德形而上学基础》，孙少伟译，中国社会科学出版社 2009 年版。

［德］康德：《论教育学》，赵鹏等译，上海人民出版社 2005 年版。

［德］恩斯特·卡西尔：《人论》，甘阳译，上海译文出版社 2004 年版。

［德］福尔克·阿尔茨特、伊曼努尔·比尔梅林：《动物有意识吗》，马怀琪等译，北京理工大学出版社 2004 年版。

［法］安德烈·孔特－斯蓬维尔：《小爱大德：人类的 18 种美德》，吴岳添译，中央编译出版社 2006 年版。

［法］涂尔干：《道德教育》，陈光金等译，上海人民出版社 2006 年版。

［法］萨特：《存在主义是一种人道主义》，周煦良等译，上海译文出版社 2005 年版。

［美］爱德华·O. 威尔逊：《社会生物学：新的综合》，毛盛贤等译，北京理工大学出版社 2008 年版。

［美］爱德华·奥斯本·威尔逊：《论人性》，方展画等译，浙江教育出版社 2001 年版。

［美］安·兰德等：《自私的德性》，焦晓菊译，华夏出版社 2007 年版。

［美］埃里克森：《同一性：青少年与危机》，孙名之译，中央编译出版社 2015 年版。

［美］班杜拉：《思想和行动的社会基础：社会认知论》，林颖等译，华东师范大学出版社 2001 年版。

［美］戴安·泰尔曼等：《生活价值教育培训者手册》，李宝荣等译，北京师范大学出版社 2005 年版。

［美］达里奥·马埃斯特里皮埃里：《猿猴的把戏：动物学家眼中的人类关系》，吴宝沛译，电子工业出版社 2014 年版。

［美］杜威：《道德教育原理》，王承绪等译，浙江教育出版社 2003 年版。

［美］杜威：《学校与社会：明日之学校》，赵祥麟等译，人民教育出版社 2004 年版。

［美］杜威：《民主主义与教育》，王承绪译，人民教育出版社 2001 年版。

［美］弗朗斯·德瓦尔：《黑猩猩的政治》，赵芊里译，上海译文出

版社 2014 年版。

　　[美] 柯尔伯格：《道德教育的哲学》，魏贤超译，浙江教育出版社 2000 年版。

　　刘海年、王家福主编：《中国人权百科全书》，中国大百科全书出版社 1998 年版。

　　[美] 理查德·道金斯：《地球上最伟大的表演：进化的证据》，李虎等译，中信出版社 2013 年版。

　　[美] 兰迪·拉森、戴维·巴斯：《人格心理学》，郭永玉等译，人民邮电出版社 2011 年版。

　　[美] 麦特·里德雷：《美德的起源：人类本能与协作的进化》，刘珩译，中央编译出版社 2004 年版。

　　[美] 迈克尔·加扎尼加：《谁说了算？自由意志的心理学解读》，闫佳译，浙江人民出版社 2013 年版。

　　[美] 帕尔玛：《为什么做个好人很难》，黄少婷译，上海社会科学院出版社，2010 年版。

　　[美] 萨姆·哈里斯：《自由意志：用科学为善恶做了断》，欧阳明亮译，浙江人民出版社 2013 年版。

　　[美] 托马斯·利科纳：《培养品格》，施李华译，线装书局、中国社会科学出版社 2005 年版。

　　[美] 威廉·贝内特编：《美德书》，何吉贤主译，中央编译出版社 2006 年版。

　　[美] 威廉姆·庞德斯通：《囚徒的困境》，吴鹤龄译，北京理工大学出版社 2008 年版。

　　[美] 肖恩·加拉格尔：《解释学与教育》，张光陆译，华东师范大学出版社 2009 年版。

　　[美] 休·拉福莱特：《伦理学理论》，龚群主译，中国人民大学出版社 2008 年版。

［英］德斯蒙德·莫利斯：《裸猿》，何道宽译，复旦大学出版社2010年版。

［英］理查德·道金斯：《自私的基因》，卢允中等译，中信出版社2012年版。

［英］休谟：《人性论》，关文运等译，商务印书馆2005年版。

［瑞士］让·皮亚杰：《儿童的道德判断》，傅统先、陆有铨译，山东教育出版社1984年版。

班华主编：《现代德育论》，安徽人民出版社2001年版。

陈尚志主编：《人学原理》，北京大学出版社2005年版。

程炼：《伦理学导论》，北京大学出版社2008年版。

董宝良主编：《陶行知教育论著选》，人民教育出版社1991年版。

傅佩荣：《一本书读懂西方哲学史》，中华书局2010年版。

《古代汉语词典》，商务印书馆1998年版。

黄向阳：《德育原理》，华东师范大学出版社2000年版。

孔宪铎、王登峰：《基因与人性》，北京大学出版社2009年版。

茅于轼：《中国人的道德前景》，暨南大学出版社2008年版。

南京师范大学教育系编：《教育学》，人民教育出版社1984年版。

人民教育出版社教育室编：《马克思恩格斯列宁论教育》，人民教育出版社1993年版。

孙岳：《历史文本的翻译问题——以〈独立宣言〉的汉译过程为例》，《首都外语论坛》（年刊）2007年，中央编译出版社。

檀传宝：《德育原理》，北京师范大学出版社2006年版。

王磊选编：《马克思恩格斯论道德》，人民出版社2011年版。

王玉梁：《当代中国价值哲学》，人民出版社2004年版。

王玉梁：《21世纪价值哲学：从自发到自觉》，人民出版社2006年版。

王广辉主编：《人权法学》，清华大学出版社2015年版。

王晓朝编：《柏拉图读本》，新世界出版社2007年版。

徐显明主编：《人权法原理》，中国政法大学出版社2008年版。

《现代汉语词典》第5版，商务印书馆2005年版。

袁刚等编：《杜威在华讲演集》，北京大学出版社2004年版。

亚里士多德：《尼各马科伦理学》，苗力田译，中国人民大学出版社2003年版。

朱贻庭主编：《伦理学大辞典》（修订本），上海辞书出版社2011年版。

李琳：《强迫让座：用法律绑架道德》，《中国社会导刊》2008年第16期。

王逢贤：《学校德育过程特点初探》，《教育研究》1979年第3期。

温玉顺、张迪：《国外拆迁故事是真的还是假的》，《文苑》2011年第3期。

Yoyo：《美国枪击案频发为何仍不禁枪》，《青年与社会》2012年第9期。

郑金洲：《教育本质研究十七年》，《上海高教研究》1996年第3期。

朱志方：《价值还原为事实：无谬误的自然主义》，《哲学研究》2013年第8期。

李学智：《"地理环境决定论"的谬误与正确——从孟德斯鸠、黑格尔到马克思》，《中国社会科学院报》，2008年11月13日，第8版。

马各：《李步云：愿把一生献给中国的人权研究和教育培训事业》，《中国社会科学报》2011年6月28日第16版。